회사에서 바로 **통**하는

한글 NEO
FOR STARTERS

신면철 지음

한빛미디어
Hanbit Media, Inc.

지은이 신면철 (bavo@paran.com)

(주)익스터디 대표이사, 두목넷 사무자동화 부분 대표 강사로 IT 자격증 분야에서 '왕두목'이라는 애칭으로 활발히 활동하고 있습니다. 경기공업대학 외래 교수, 철도대학 특강 교수로 강의했습니다. 저서로는 《회사에서 바로 통하는 엑셀+파워포인트+워드 2016&한글 NEO》(한빛미디어, 2016), 《회사에서 바로 통하는 엑셀+파워포인트+워드 2016》(한빛미디어, 2016), 《회사에서 바로 통하는 엑셀+파워포인트+워드 2013&한글 2014& 윈도우 10》(한빛미디어, 2016), 《이기적 정보처리기사 필기/실기》(영진닷컴, 2016) 등이 있습니다.

회사에서 바로 통하는
한글 NEO FOR STARTERS

초판발행 2017년 6월 28일

지은이 신면철 / **펴낸이** 김태헌
펴낸곳 한빛미디어(주) / **주소** 서울시 마포구 양화로 7길 83 한빛미디어(주) 실용출판부
전화 02-336-7129 / **팩스** 02-336-7124
등록 1999년 6월 24일 제10-1779호 / **ISBN** 978-89-6848-809-2 14000

총괄 임규근 / **책임편집** 전정아 / **기획** 배윤미 / **편집** 장용희
디자인 내지 천승훈, 표지 오필민 / **전산편집** 오정화
영업 김형진, 김진불, 조유미 / **마케팅** 박상용, 송경석, 조승모, 변지영 / **제작** 박성우, 김정우

이 책에 대한 의견이나 오탈자 및 잘못된 내용에 대한 수정 정보는 한빛미디어(주)의 홈페이지나 아래 이메일로 알려주십시오.
잘못된 책은 구입하신 서점에서 교환해 드립니다. 책값은 뒤표지에 표시되어 있습니다.

한빛미디어 홈페이지 www.hanbit.co.kr / 이메일 ask@hanbit.co.kr

지금 하지 않으면 할 수 없는 일이 있습니다.
책으로 펴내고 싶은 아이디어나 원고를 메일(writer@hanbit.co.kr)로 보내주세요.
한빛미디어(주)는 여러분의 소중한 경험과 지식을 기다리고 있습니다.

자랑스러운 토종 국산 워드프로세서 한글 NEO

회사에서 어떤 업무를 맞게 되든지 꼭 사용하는 소프트웨어 중 하나가 워드프로세서입니다. 그중에서도 한글 NEO는 국산 소프트웨어의 대표 주자로서 꾸준한 관심과 사랑을 받고 있습니다. 전 세계에서 자국 워드프로세서를 보유하고 있으며 사용률까지 높은 국가는 우리나라뿐입니다. 컴퓨터를 처음 접했던 학창 시절, 과제를 하며 한글을 처음 만났던 그 신기함이 아직도 기억납니다. 시간이 흐르면서 조금씩 발전하는 한글은 마치 함께 성장하는 친구 같습니다. 이렇게 오랜 친구를 소개할 수 있는 기회를 준 한빛미디어에 감사 인사를 드립니다.

'핵심기능실습'으로 문서 작성의 기본기를 다져라!

이 책은 한글에서 입력하고 문서 편집하기, 글꼴과 문단, 쪽 꾸미고 도형 및 개체 활용하기, 표 꾸미기 등 실무를 할 때 꼭 필요한 핵심기능 56개로 구성했습니다. 이제 막 한글에 입문한 사용자라면 CHAPTER 01과 CHAPTER 02에서 한글을 다루는 데 필요한 기본기를 다지고 전반적인 한글 NEO의 화면 구성과 기능을 익힐 수 있습니다. CHAPTER 03부터 CHAPTER 08까지는 기본기를 바탕으로 워드프로세서 한글의 다양한 기능을 빠르게 습득할 수 있도록 구성했습니다. 실무 중 헷갈리기 쉬운 내용이나 알아두면 좋은 내용은 '쉽고 빠른 한글 NOTE'에 상세히 담았으므로 학습할 때 참고해주기 바랍니다.

실무 예제로 익혀 문서 작업의 달인이 된다!

이 책의 내용을 순서대로 학습하고 독자 여러분의 실제 업무 문서에 적용하는 작업을 반복하다 보면 머지않아 한글 달인에 가까워질 수 있으리라 생각합니다. 기초 기능 학습과 실무 활용은 실력을 쌓을 수 있는 가장 좋은 방법입니다. 이 책과 함께 외산 워드프로세서에 지원하지 않는 쉽고 간편한 한글 NEO의 기능별 세부 설정을 마음껏 즐겨보기 바랍니다.

2017년 6월

신면철

핵심기능실습으로 업무에 바로 써먹는
한글 기능만 빠르게 익힌다!

☀ 회사에서 바로 통하는 현장밀착형 3단계 학습 전략

STEP 03

STEP 02

STEP 01

한눈에 보기

핵심기능실습을 시작하기 전에 꼭 알아두어야 할 한글 개념 설명이나 이론 학습이 필요한 부분을 소개합니다.

핵심기능실습

실무에서 꼭 필요한 56가지 한글의 핵심기능을 빠르게 익혀 업무에 효율적으로 활용하는 방법을 배웁니다.

혼자해보기

완성 파일 미리 보기와 힌트를 살펴보면서 핵심기능실습에서 배운 내용을 다시 한 번 복습합니다.

바로 통하는 TIP

따라 하기 과정에서 헷갈리기 쉬운 내용을 팁으로 수록했습니다.

쉽고 빠른 한글 NOTE

학습에 유용한 정보, 알고 넘어가면 좋을 참고 사항을 상세히 소개합니다.

최적화된 실무 예제로
한글을 단숨에 마스터한다!

☀ **일 잘하는 직장인이 꼭 알아야 할 한글 핵심기능 56**

회사에서 바로 통하는 키워드

문서 저장, 문서 암호, 자동 저장 설정, 한자 입력, 한자 사전에 단어 등록, 메모, 책갈피, 하이퍼링크, 맞춤법 검사, 문서 번역, 클립보드, 글꼴 꾸미기, 형광펜, 강조점, 취소선, 자간, 장평, 글자 모양 복사, 줄 간격, 문단 여백 설정, 들여쓰기, 내어쓰기, 개요 번호, 문단 번호, 스타일 적용, 스타일 편집, 스타일 추가, 찾아 바꾸기, 문단 꾸미기, 편집 용지 설정, 머리말, 꼬리말, 쪽 번호, 조판 부호, 다단, 페이지 구역, 각주, 미주, 차례, 그림 캡션, 그림 삽입, 그림 위치 설정, 그림 꾸미기, 클립아트 삽입, 도형 꾸미기, 모양 복사, 표 삽입, 표 크기 조절, 표 이동, 줄/칸 삽입, 줄/칸 삭제, 셀 합치기, 셀 나누기, 표 나누기, 표 붙이기, 표 오름차순 정렬, 표 내림차순 정렬, 인쇄 미리 보기, 쪽 보기, 쪽 여백 설정, 문서 일부만 인쇄하기, 인쇄 범위 옵션, 끊어 찍기, 역순 찍기, 소책자 모양, 회색조 인쇄, 인쇄 용지 변경, 변경 내용 추적, 개인 정보 찾아 바꾸기, 보안 암호, 개인 정보 숨기기

회사에서 바로 통하는 실무 예제

계약직 연봉 계약서, 지출결의서, 근로 계약서, 위임장, 부서별 업무분장, 부동산 임대차 계약서, 감리 계약서, 희망퇴직자모집공고, 물품공급 계약서, 임시주주총회 소집통지서, 상가 분양 계약서, 재직증명서, 납부 신청서, 검사 결과 안내문, 물품구매 내역서, 채권가압류 신청서, 친목 체육대회 제안서, 행사 안내서, 주간 업무 계획서, 차입금 내역표, 경력 확인서, 신원조사명단

핵심기능실습

한글을 다룰 때 반드시 알아야 할 기본 기능과 활용 방법을 소개합니다. 핵심기능을 따라하면서 기본 기능을 충실히 익힐 수 있습니다.

실습 파일 & 완성 파일

한글 기능을 익히는 데 최적화된 예제만 선별해 수록했습니다. 예제를 따라 한 후 결과를 비교해볼 수 있습니다.

실행 결과 보기

단계별 따라 하기 완료 후 확인할 수 있는 실행 결과 및 주요 변화 내용을 한 번 더 설명해줍니다.

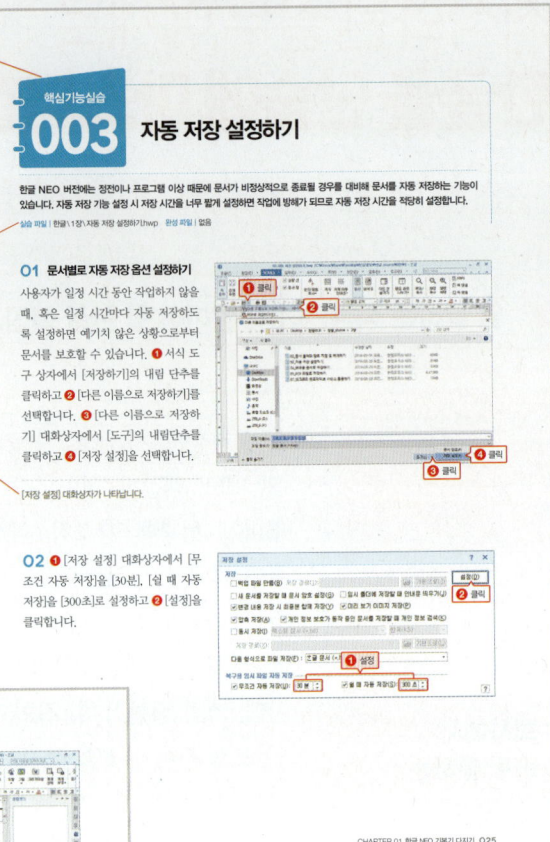

핵심기능실습

003 자동 저장 설정하기

한글 NEO 버전에는 정전이나 프로그램 이상 때문에 문서가 비정상적으로 종료될 경우를 대비해 문서를 자동 저장하는 기능이 있습니다. 자동 저장 기능 설정 시 저장 시간을 너무 짧게 설정하면 작업에 방해가 되므로 자동 저장 시간을 적당히 설정합니다.

실습 파일 | 한글\1장\자동 저장 설정하기.hwp 완성 파일 | 없음

01 문서별로 자동 저장 옵션 설정하기
사용자가 일정 시간 동안 작업하지 않을 때, 혹은 일정 시간마다 자동 저장하도록 설정하면 예기치 않은 상황으로부터 문서를 보호할 수 있습니다. ❶ 서식 도구 상자에서 [저장하기]의 내림 단추를 클릭하고 ❷ [다른 이름으로 저장하기]를 선택합니다. ❸ [다른 이름으로 저장하기] 대화상자에서 [도구]의 내림단추를 클릭하고 ❹ [저장 설정]을 선택합니다.

[저장 설정] 대화상자가 나타납니다.

02 ❶ [저장 설정] 대화상자에서 [무조건 자동 저장]을 [30분], [쉴 때 자동 저장]을 [300초]로 설정하고 ❷ [설정]을 클릭합니다.

02 블록 설정해 문단 복사하기
예제 문서에서 총무 담당의 분장 업무 중 빨간 글씨로 적힌 내용을 아래쪽 인사 담당 부분으로 이동해보겠습니다. ❶ 이동할 문단을 드래그해 블록 설정하고 ❷ [편집] 메뉴를 클릭한 후 ❸ [오려두기]를 클릭합니다.

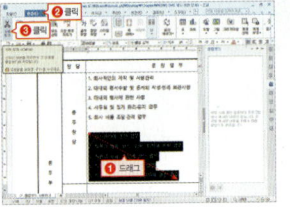

오려 낸 내용이 [클립보드] 작업 창에 복사됩니다.

03 문단 붙여넣기
❶ 인사 담당의 빈칸을 클릭하고 ❷ [클립보드] 작업 창에서 앞서 복사한 내용을 클릭합니다.

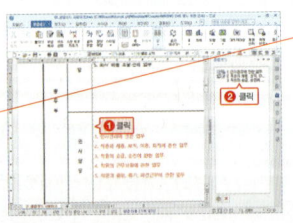

인사 담당란에 오려둔 내용이 붙여 넣어집니다.

바로 통하는 TIP [클립보드] 작업 창을 이용하는 이유는 이곳에 저장된 내용들이 순서대로 보이므로 이전에 복사하거나 오려둔 내용을 문서에 추가할 수 있기 때문입니다. 바로 직전에 복사하거나 오려낸 내용은 단축키 [Ctrl]+[V]로 붙여 넣을 수 있습니다.

쉽고 빠른 한글 NOTE 마우스로 끌어 문단 이동하기
내용을 단순히 이동할 경우에는 굳이 클립보드를 이용하지 않고 마우스 드래그 앤 드롭으로도 쉽게 실행할 수 있습니다. ❶ 이동할 문장이나 문단을 블록으로 설정한 후 ❷ 선택한 영역을 마우스 왼쪽 버튼으로 클릭한 채 이동할 위치로 드래그해 드롭합니다.

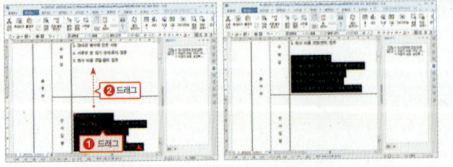

바로 통하는 TIP

예제 실습 중 헷갈리기 쉬운 부분을 정리해줍니다.

쉽고 빠른 한글 NOTE

한글을 다루는 데 필요한 유용한 정보, 알고 넘어가면 좋을 참고 사항을 상세히 소개합니다.

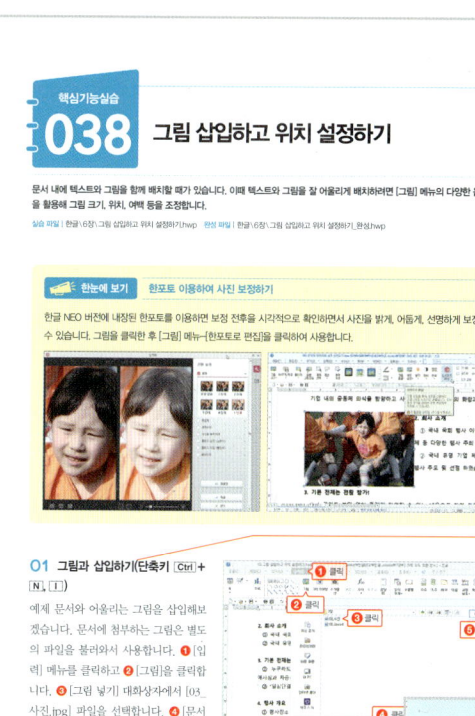

한눈에 보기

한글의 개념 및 이론 학습이 필요한 부분을 핵심기능실습 전에 미리 확인할 수 있습니다.

따라 하기 단계별 제목

핵심기능실습의 각 과정을 단계별 제목으로 표시하여 작업의 순서를 한눈에 파악할 수 있습니다.

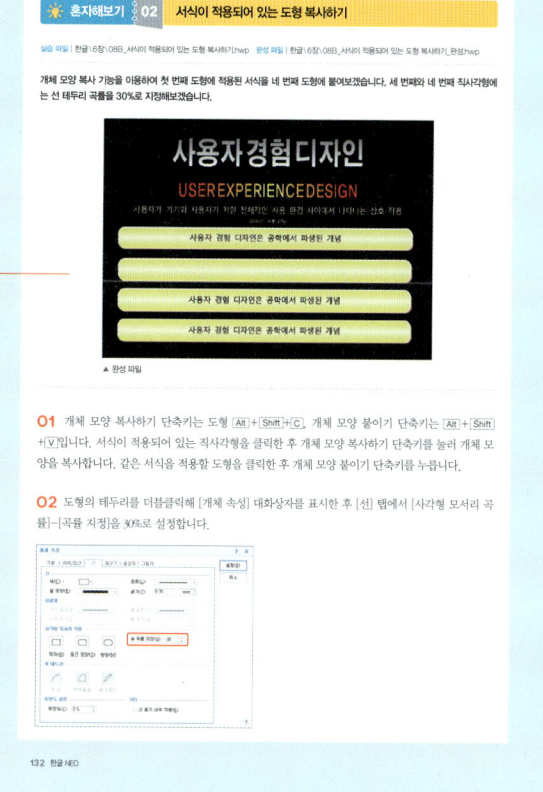

혼자해보기

핵심기능실습에서 배운 내용을 복습할 수 있습니다.

⸺ CHAPTER 03 ⸺
문서 편집과 글꼴 꾸미기

⸺ CHAPTER 04 ⸺
문단 꾸미기

CHAPTER 05
쪽 꾸미기

CHAPTER 06
도형 및 개체 활용하기

CHAPTER 07
표 꾸미기

CHAPTER 08
인쇄하기 및 고급 기능 활용하기

CHAPTER

01

한글 NEO
기본기 다지기

한글 NEO 비전의 기능을 본격직으로 익히기 전에 화면 구성과
각 부분의 명칭을 익혀보겠습니다. 한글 NEO 버전을 실행하고
종료하는 방법부터 환경 설정 및 화면 확대/축소와 보기 옵션,
새 문서를 만들고 저장하는 방법 및 문서에 암호를 지정하고
해제하는 방법 등을 알아보겠습니다.

한글 NEO 기본 화면 구성 살펴보기

한글 NEO 버전의 기본 화면 구성은 다양한 형태로 변경할 수 있습니다. 기본 도구 모음은 펼침 메뉴의 기능 중에서 자주 사용하는 기능만 쉽게 사용할 수 있도록 모아놓은 것입니다. 먼저 초기 화면 구성에 대해 알아보겠습니다.

한글 NEO 화면 구성 살펴보기

한글 NEO의 작업 창 상단에는 '메뉴 탭'과 '기본 도구 상자', '서식 도구 상자'가 배치되어 있어 사용자가 빠르고 편리하게 명령을 실행할 수 있도록 도와줍니다. 본문의 상단과 좌측에는 문서 편집을 정확하고 세심하게 할 수 있도록 돕는 눈금자가 배치되어 있습니다. 문서 창 하단의 '상황선'에서는 현재 편집 위치, 보기 설정 등을 확인할 수 있어 간편하게 화면 위치나 확대/축소 비율 등을 변경할 수 있습니다.

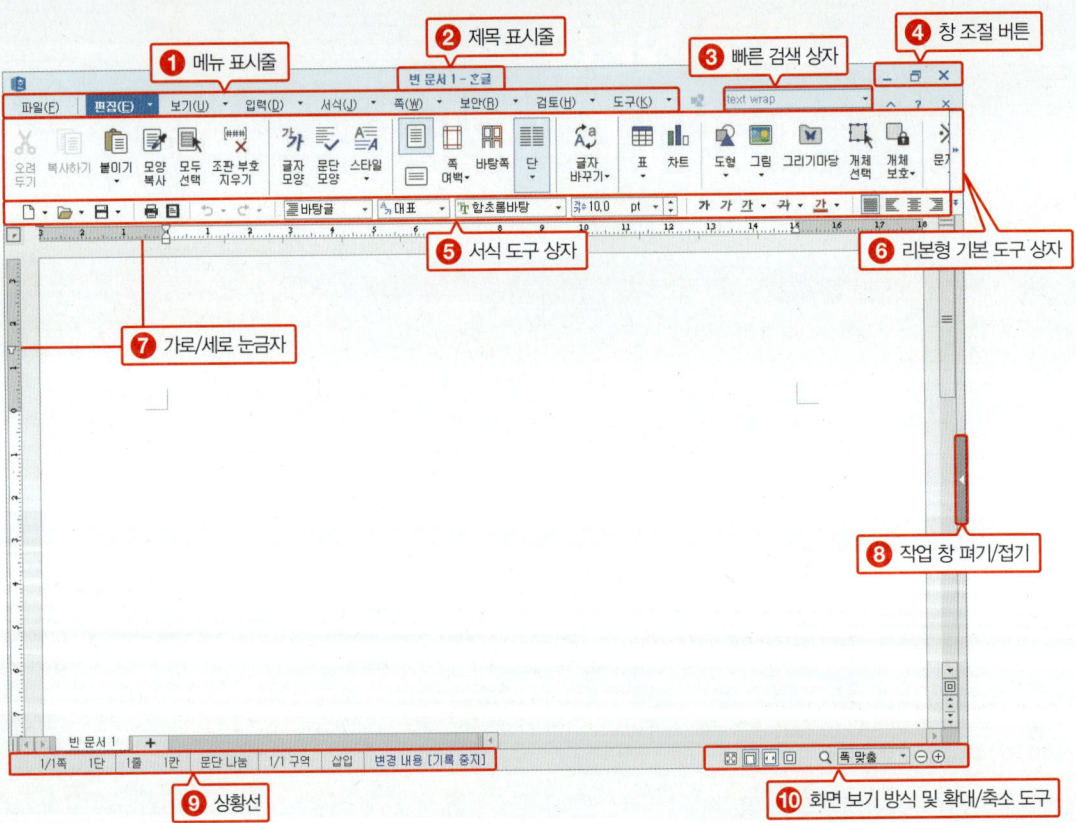

❶ 메뉴 표시줄 : 탭 방식으로 메뉴가 표시되며, 한글 2007 이전 버전과 같은 펼침 메뉴도 함께 제공됩니다.

❷ 제목 표시줄 : 현재 작업 중인 문서의 이름이 표시됩니다.

❸ 빠른 검색 상자 : 찾기 도구를 이용하지 않고도 문서 내용을 빠르게 찾을 수 있습니다.

❹ 창 조절 버튼 : 작업 중인 창을 닫거나 창의 크기를 수정할 때 사용합니다. 최소화, 전체 화면으로 보기, 닫기 중에서 선택할 수 있습니다.

❺ 서식 도구 상자 : 문서 작성 시 가장 자주 사용되는 새 문서, 문서 열기, 저장, 인쇄 등의 메뉴와 글꼴 서식, 문단 서식 등에 관련된 도구들이 아이콘 형태로 표시되어 있습니다.

❻ 리본형 기본 도구 상자 : 자주 사용하는 기능이 아이콘 형태로 표시되어 있어 빠르게 메뉴를 찾고 실행할 수 있습니다.

❼ 가로/세로 눈금자 : 문서의 상하좌우 여백, 도형이나 표의 위치와 크기, 문단 여백 등을 확인할 수 있습니다.

❽ 작업 창 펴기/접기 : 사전, 개요, 빠른 실행, 쪽, 모양, 클립보드 등의 작업을 할 때 별도의 메뉴를 클릭하지 않고도 빠르게 사용할 수 있습니다.

❾ 상황선 : 현재 문서의 페이지 수, 커서의 현재 위치, 문자의 삽입/수정 상태, 변경 내용 기록 등의 상태가 표시됩니다.

❿ 화면 보기 방식 및 확대/축소 도구 : 화면 보기 방식을 쪽 윤곽, 쪽 맞춤, 폭 맞춤 중에서 선택할 수 있고, 화면을 확대하거나 축소할 수 있습니다.

쉽고 빠른 한글 NOTE **단축 메뉴에서 도구 상자 접기/펴기**

메뉴 표시줄의 빈 공간에서 마우스 오른쪽 버튼을 클릭하면 그림과 같이 단축 메뉴가 나타납니다. [도구 상자 접기/펴기]를 선택하여 적용할 수 있습니다.

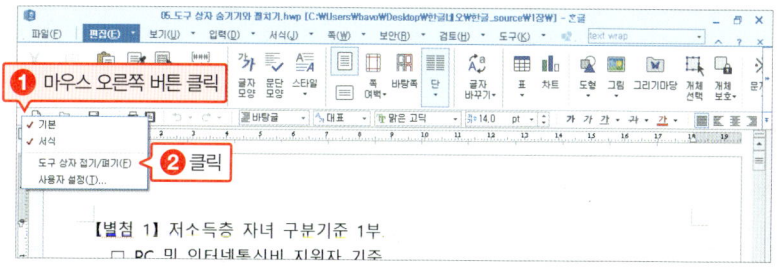

한글 NEO 버전의 새로운 기능 살펴보기

한글은 국내에서 가장 널리 사용되고 인정받는 프로그램입니다. 출시 이후부터 꾸준히 업데이트되면서 오피스 문서 제작을 지원해왔습니다. 한글 NEO 버전에서는 어떤 기능이 업데이트되었는지 꼼꼼하게 살펴보겠습니다.

● 동영상 문서 삽입

웹사이트에 게시된 동영상을 문서에 포함하지 않고도 바로 재생할 수 있습니다. YouTube 영상을 삽입하고 재생하기 위해서는 Adobe Flash Player Plug-in이 설치되어 있어야 합니다.

● 편집 화면 회색조 보기

컬러 인쇄가 불필요할 경우 양질의 회색조 인쇄물을 출력할 수 있도록 화면과 미리 보기 화면에서 결과물을 회색조로 볼 수 있습니다.

● 소책자 모양으로 인쇄하기

여러 쪽으로 구성된 문서를 소책자로 인쇄할 수 있습니다. 쪽 순서가 자동으로 재배열되어 인쇄됩니다.

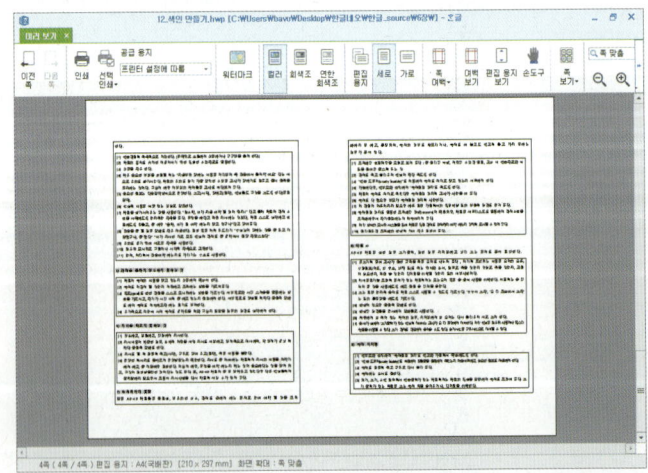

🔵 줄 번호 매기기

문서 전체 또는 일부에 줄 번호를 표시하거나 숨길 수 있습니다. 줄 번호를 사용하면 문서의 각 줄 앞에 번호가 표시되어 한 쪽에 포함된 줄 수를 쉽게 확인할 수 있습니다.

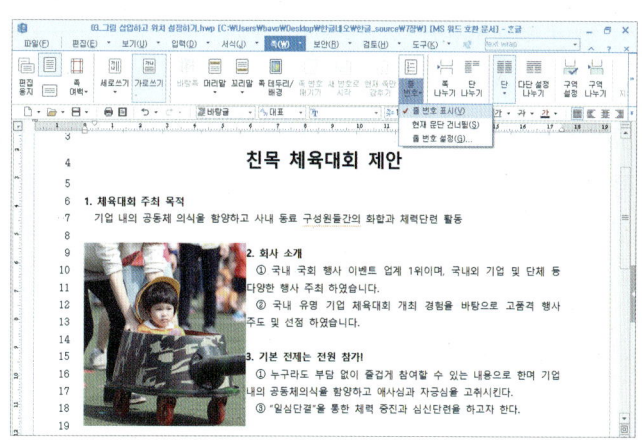

🔵 실시간 사전 검색 및 상용구 입력 기능

단어를 입력하는 동시에 단어의 뜻을 검색하고 등록된 상용구를 지체 없이 선택하여 입력할 수 있는 기능이 추가되었습니다. 실시간 사전을 사용하기 위해서는 프로그램을 설치할 때 한컴 사전을 미리 설치해야 합니다. 실시간 상용구 검색 기능 또한 사전 상용구를 등록한 후 사용할 수 있습니다.

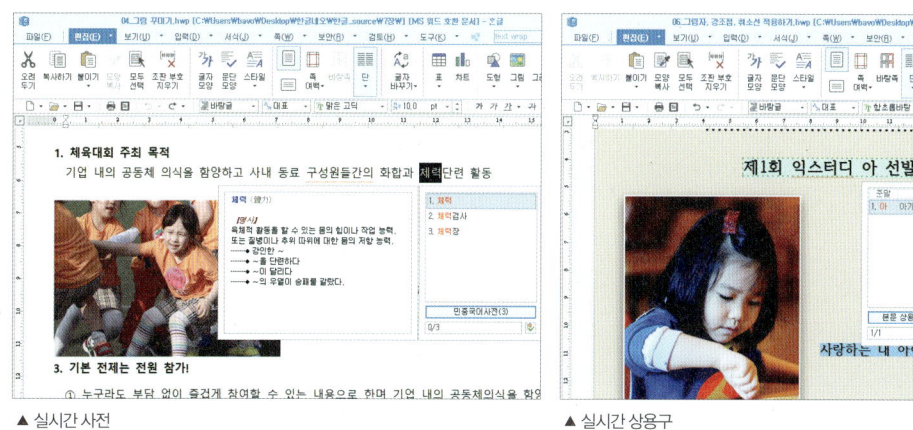

▲ 실시간 사전   ▲ 실시간 상용구

🔵 다국어 번역 기능

다양한 언어로 번역 기능을 제공합니다. 본문은 물론 머리말, 꼬리말, 미주, 각주, 메모까지 선택한 글자를 원하는 언어로 번역해줍니다. 번역 가능한 언어로는 영어, 일본어, 중국어, 아랍어, 독일어, 스페인어, 러시아어 등이 있습니다.

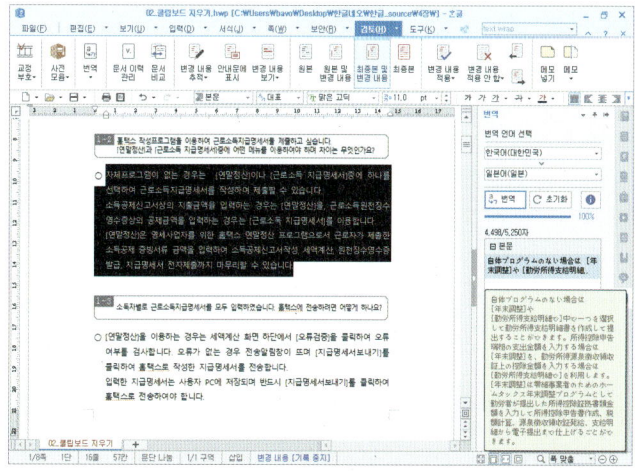

개인 정보 바꾸기

문서에 포함된 개인 정보를 찾아서 사용자가 설정한 형태로 간단하고 빠르게 변환하는 기능을 제공하여 문서 내의 개인 정보를 보호할 수 있습니다.

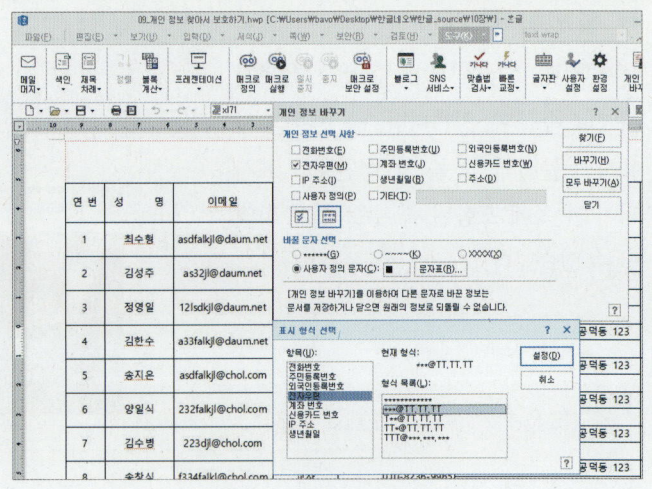

PDF 문서를 오피스 문서로 변환

보안이 되어 있지 않은 PDF 문서를 오피스 문서로 불러와 편집할 수 있습니다.

개방형 파일 포맷 지원

KS 표준 문서 HWPX를 지원합니다. 또한 글로벌 문서 표준 ODF뿐만 아니라 글로벌 문서 표준인 OOXML 파일과 호환성을 높였습니다.

핵심기능실습 001

새 문서 만들어 저장하기

한글 NEO 버전을 실행하면 빈 문서가 표시되며 바로 새로운 문서를 만들 수 있습니다. 새 문서를 만들고 저장하거나 다른 이름으로 저장하는 방법을 알아보겠습니다.

실습 파일 | 없음   완성 파일 | 없음

01 새 탭으로 새 문서 만들기(단축키 Ctrl + Alt + T)

새 창을 열지 않고 현재 열려 있는 작업 창에 탭을 추가하여 새 문서를 작성하는 방법입니다. 한 문서 파일에 여러 개의 문서를 탭 형식으로 배열해 다른 문서로 전환하거나 참조를 빠르게 처리할 수 있습니다. ❶ 서식 도구 상자에서 [새 문서]의 내림 단추를 클릭하고 ❷ [새 탭]을 선택합니다.

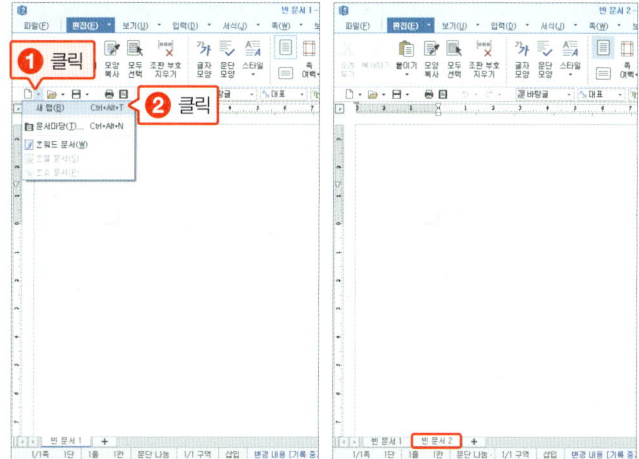

[빈 문서 1] 탭의 오른쪽에 새 탭이 추가됩니다.

바로 통하는TIP [파일] 메뉴-[새 문서]-[새 탭]을 선택해도 되지만 단축키를 사용하면 좀 더 편리하게 새 문서를 만들 수 있습니다.

02 저장하기(단축키 Alt + S)

❶ 서식 도구 상자에서 [저장하기]를 클릭하고 ❷ [다른 이름으로 저장하기] 대화상자의 [저장 위치]에서 저장할 위치를 선택합니다. ❸ [파일 이름]에 **저장하기**를 입력하고 ❹ [저장]을 클릭합니다.

[빈 문서 2] 탭이 '저장하기.hwp'로 저장됩니다.

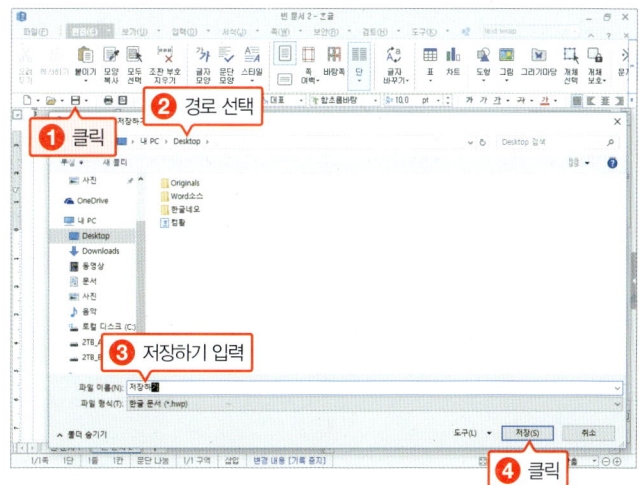

바로 통하는TIP 문서를 저장하지 않은 상태로 [파일] 메뉴-[끝]을 선택하거나 단축키 Alt + X 를 눌러서 문서를 종료하면 [끝] 대화상자가 나타나 [빈 문서 1] 탭을 저장할지 물어봅니다. 저장 여부를 선택한 후 문서를 닫습니다. 새 탭을 이용하면 문서 창을 여러 개 열지 않고 한 창에서 새 문서를 작성할 수 있다는 장점이 있으나 각각의 탭은 별개의 문서이므로 종료 시에는 탭별로 저장해야 합니다.

현재 문서를 다른 이름으로 저장하기

현재 편집 중인 문서 파일을 그대로 두고 작업 내용을 새로운 파일로 저장하려면 [다른 이름으로 저장하기]를 사용합니다. 예를 들어 한글에서 기본으로 제공하는 이력서 서식 문서를 불러와 개인 이력서를 작성했다면 한글에서 불러온 서식 파일을 그대로 두고 별도의 파일로 저장할 수 있습니다.

파일의 저장 위치, 저장할 파일 이름, 파일 형식 등은 [다른 이름으로 저장하기] 대화상자에서 새롭게 설정할 수 있습니다.
① 서식 도구 상자에서 [저장하기]의 내림 단추를 클릭하고
② [다른 이름으로 저장하기]를 선택합니다(단축키 Alt +
V). ③ [다른 이름으로 저장하기] 대화상자의 [저장 위치]에서
저장할 위치를 선택합니다. ④ [파일 이름]에 **다른이름으로**를
입력하고 ⑤ [저장]을 클릭합니다.

'다른이름으로'라는 파일명으로 저장되면서 문서 탭 이름도
[빈 문서 2] 탭에서 [다른이름으로] 탭으로 변경됩니다.

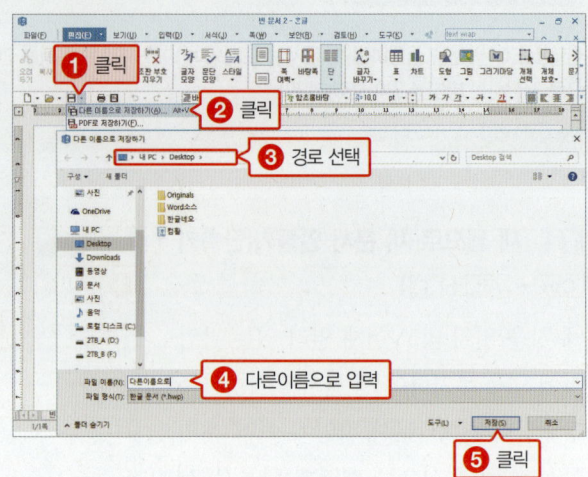

핵심기능실습 002 문서 불러와 암호 지정 및 해제하기

이미 저장해둔 문서는 언제라도 필요할 때 불러와 인쇄하거나 재편집하여 사용할 수 있습니다. 또한 문서에 암호를 지정해 이를 입력해야 문서를 열 수 있도록 설정해보겠습니다.

실습 파일 | 한글\1장\문서 불러와 암호 지정 및 해제하기.hwp   완성 파일 | 없음

01 문서 불러오기(단축키 Alt + O)

저장한 문서를 다시 편집하기 위해 불러오려면 **❶** 서식 도구 상자에서 [불러오기]를 클릭합니다. **❷** 예제 폴더에서 실습에 사용할 [02_문서 불러와 암호 지정 및 해제하기.hwp] 파일을 선택하고 **❸** [열기]를 클릭합니다.

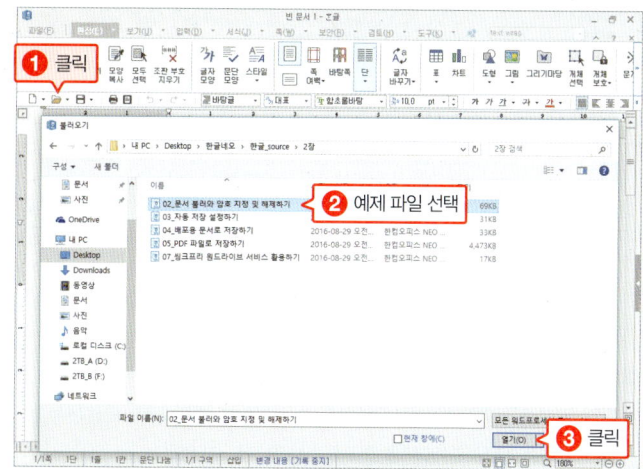

02 사단법인 설립 등기 신청서 양식 문서가 열립니다.

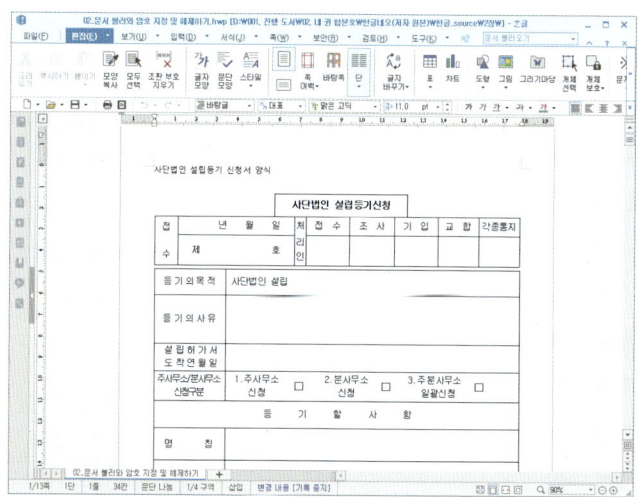

[파일] 메뉴−[불러오기]를 선택하거나 단축키 Alt + O, 또는 서식 도구 상자에서 [불러오기]를 클릭하면 [불러오기] 대화상자가 나타납니다. 문서가 저장된 폴더 위치를 지정하여 파일을 찾거나, 불러올 파일의 형식을 지정하여 관련 파일만 표시한 후 문서를 선택할 수 있습니다. 최근에 편집한 문서는 [불러오기] 대화상자의 왼쪽 메뉴 영역에서 [최근 문서]를 클릭해 최근에 사용한 문서를 빠르게 불러올 수 있습니다.

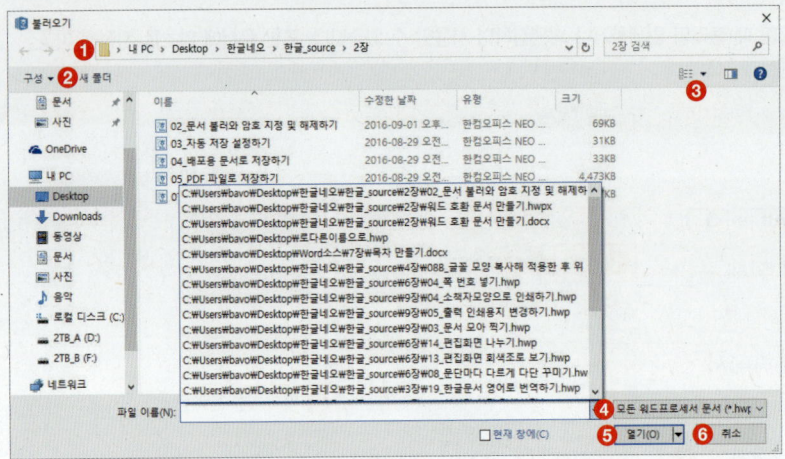

① **찾는 위치** : 문서를 찾을 해당 위치(폴더)를 선택합니다.

② **새 폴더** : 현재 폴더 아래에 새 폴더를 생성합니다.

③ **보기** : 목록에 파일이 표시되는 방식을 다양하게 지정할 수 있습니다.

④ **파일 형식** : [불러오기] 대화상자에 표시할 파일 형식을 선택합니다. 한글 문서뿐만 아니라 다양한 형식의 문서를 선택할 수 있습니다.

⑤ **열기** : 파일을 선택하고 [열기]를 클릭하면 선택한 문서가 열립니다.

⑥ **취소** : [불러오기] 대화상자를 닫습니다.

---

03 문서에 암호 설정하기

불러온 문서 파일에 암호를 지정하여 타인이 무단으로 문서를 열람하지 못하도록 설정해보겠습니다. ❶ 서식 도구 상자에서 [저장하기]의 내림 단추를 클릭하고 ❷ [다른 이름으로 저장하기]를 선택합니다.

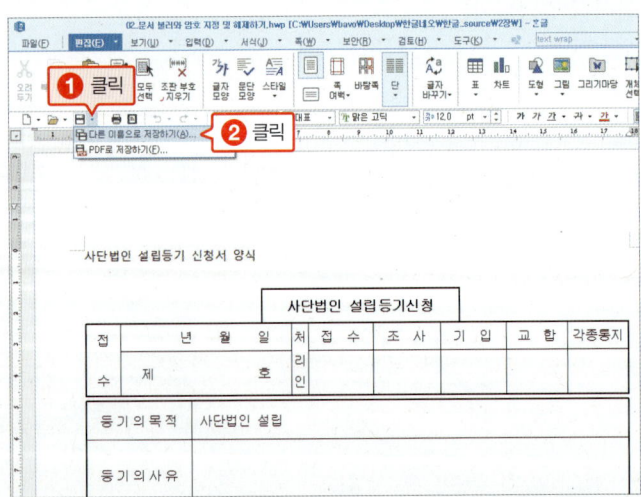

04 ❶ [다른 이름으로 저장하기] 대화상자의 [저장 위치]에서 저장할 위치를 선택합니다. ❷ [도구]의 내림 단추를 클릭하고 ❸ [문서 암호]를 선택합니다. [문서 암호 설정] 대화상자가 나타나면 ❹ [문서 암호/암호 확인]에 **12345**를 동일하게 입력하고 ❺ [설정]을 클릭합니다.

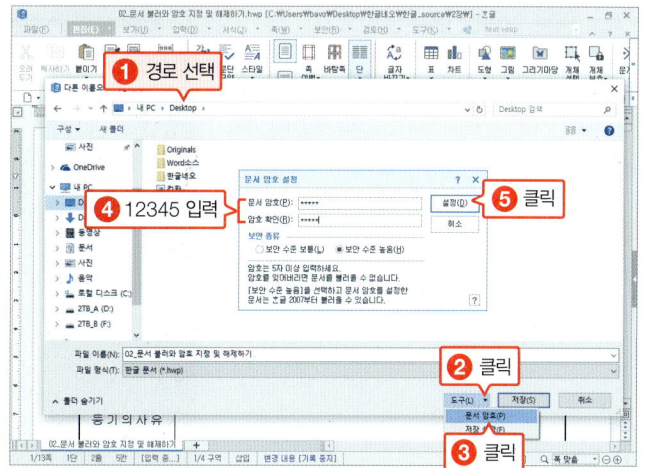

05 [저장]을 클릭해 문서를 저장합니다.

지정한 폴더에 암호가 설정된 '02_문서 불러와 암호 지정 및 해제하기.hwp' 파일이 저장되었습니다.

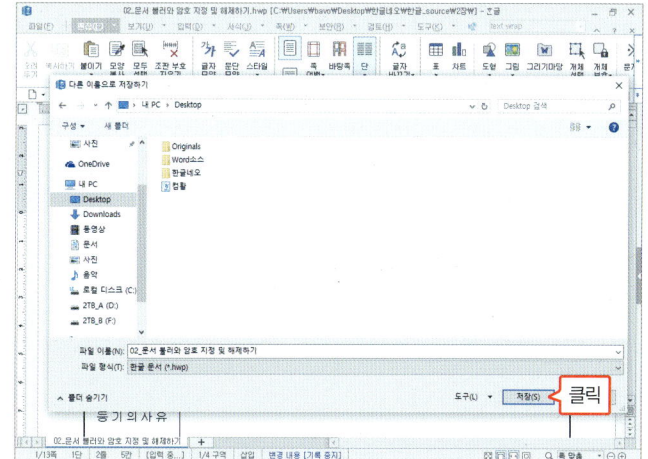

쉽고 빠른
한글
NOTE **[문서 암호 설정] 대화상자 알아보기**

[문서 암호 설정] 대화상자에서 다섯 자 이상 입력하면 암호가 설정됩니다. 입력한 암호를 정확하게 입력하지 않으면 파일을 열 수 없으므로 주의해야 합니다.

① **문서 암호** : 암호로 설정할 다섯 자 이상의 문자를 입력하는 항목입니다.
② **암호 확인** : [문서 암호]에 입력한 암호를 다시 한 번 입력하여 암호를 정확히 입력했는지 확인합니다.
③ **보안 종류** : [보안 수준 보통], [보안 수준 높음]을 제공합니다. 한글 2007 이하의 문서에서 파일을 불러오고 싶다면 [보안 수준 보통]을 선택합니다.

06 암호 설정한 문서 불러오기

암호가 제대로 설정되었는지 문서를 다시 불러와 확인해보겠습니다. 저장한 파일을 더블클릭하여 실행합니다.

바로 통하는 TIP 서식 도구 상자에서 [불러오기] 메뉴를 이용해도 됩니다.

07 [문서 암호] 대화상자가 나타나면 ❶ 앞서 설정한 암호인 **12345**를 입력하고 ❷ [확인]을 클릭합니다.

입력한 암호가 맞으면 문서가 정상적으로 열립니다. 암호를 잘못 입력하면 오류 메시지가 나타나면서 문서가 열리지 않습니다.

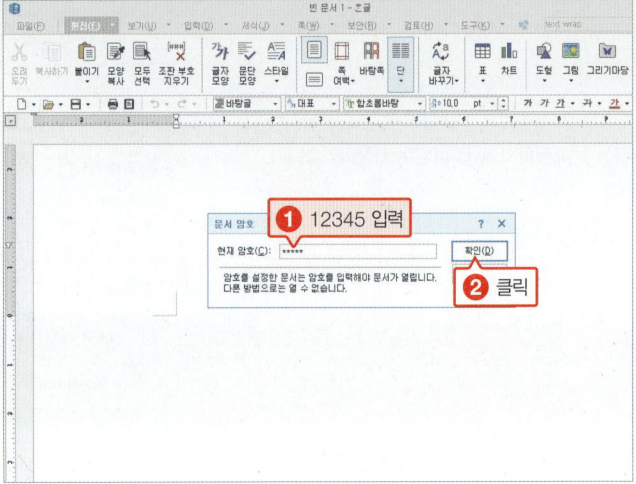

003 자동 저장 설정하기

한글 NEO 버전에는 정전이나 프로그램 이상 때문에 문서가 비정상적으로 종료될 경우를 대비해 문서를 자동 저장하는 기능이 있습니다. 자동 저장 기능 설정 시 저장 시간을 너무 짧게 설정하면 작업에 방해가 되므로 자동 저장 시간을 적당히 설정합니다.

실습 파일 | 한글\1장\자동 저장 설정하기.hwp **완성 파일** | 없음

01 문서별로 자동 저장 옵션 설정하기

사용자가 일정 시간 동안 작업하지 않을 때, 혹은 일정 시간마다 자동 저장하도록 설정하면 예기치 않은 상황으로부터 문서를 보호할 수 있습니다. ❶ 서식 도구 상자에서 [저장하기]의 내림 단추를 클릭하고 ❷ [다른 이름으로 저장하기]를 선택합니다. ❸ [다른 이름으로 저장하기] 대화상자에서 [도구]의 내림단추를 클릭하고 ❹ [저장 설정]을 선택합니다.

[저장 설정] 대화상자가 나타납니다.

02

❶ [저장 설정] 대화상자에서 [무조건 자동 저장]을 [30분], [쉴 때 자동 저장]을 [300초]로 설정하고 ❷ [설정]을 클릭합니다.

[저장 설정] 대화상자 알아보기

[저장 설정] 대화상자에서는 문서를 저장할 환경을 미리 설정한 후 적용할 수 있습니다.

① **백업 파일 만듦** : 문서를 저장할 때 백업 파일을 별도로 저장합니다.

② **새 문서를 저장할 때 문서 암호 설정** : 새 문서로 저장할 때마다 [문서 암호 설정] 대화상자가 자동으로 나타나 암호를 설정할 수 있습니다.

③ **임시 폴더에 저장할 때 안내문 띄우기** : 임시 폴더에서 불러온 파일을 임시 폴더에 저장하는 경우 문서가 삭제될 수 있으므로 다른 위치에 저장하는 것이 좋다는 안내문을 보여줍니다.

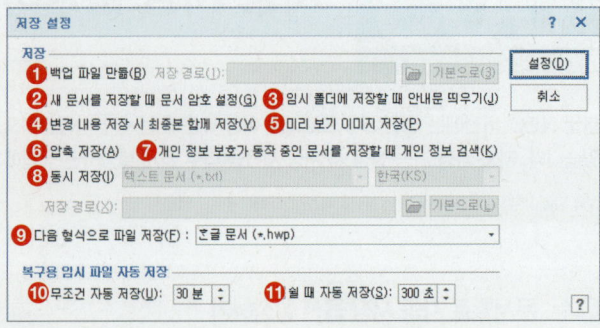

④ **변경 내용 저장 시 최종본 함께 저장** : 변경 내용을 저장할 때 마지막 문서를 함께 저장하고 싶다면 이 항목을 선택합니다.

⑤ **미리 보기 이미지 저장** : [불러오기] 대화상자의 미리 보기 창에 나타난 이미지를 문서에 저장합니다. 이 항목을 선택하면 미리 보기 속도가 빨라집니다.

⑥ **압축 저장** : 문서를 압축해서 저장합니다.

⑦ **개인 정보 보호가 동작 중인 문서를 저장할 때 개인 정보 검색** : 개인 정보 보호가 포함된 문서를 다른 이름으로 저장할 때 문서에 개인 정보가 포함되어 있으면 자동으로 개인 정보를 검색합니다.

⑧ **동시 저장** : 문서를 저장할 때 다른 형식의 파일로 동시에 저장할 수 있습니다.

⑨ **다른 형식으로 파일 저장** : 저장할 문서의 형식을 다르게 변경할 수 있습니다.

⑩ **무조건 자동 저장** : 문서를 작성할 때 일정한 시간마다 무조건 자동 저장합니다. 1분~60분 사이의 값을 지정할 수 있습니다.

⑪ **쉴 때 자동 저장** : 문서 작성 중 일정 시간 이상 작업하지 않을 때 자동 저장합니다. 1초~360초 사이의 값을 지정할 수 있습니다.

03 ❶ [다른 이름으로 저장하기] 대화상자에서 [저장]을 클릭합니다. ❷ [다른 이름으로 저장하기] 경고 메시지가 나타나면 [예]를 클릭합니다.

문서가 저장되고 자동 저장 시간이 설정됩니다. [도구] 메뉴-[환경 설정]을 선택한 후 [환경 설정] 대화상자의 [편집] 탭에서 설정 내용을 확인할 수 있습니다.

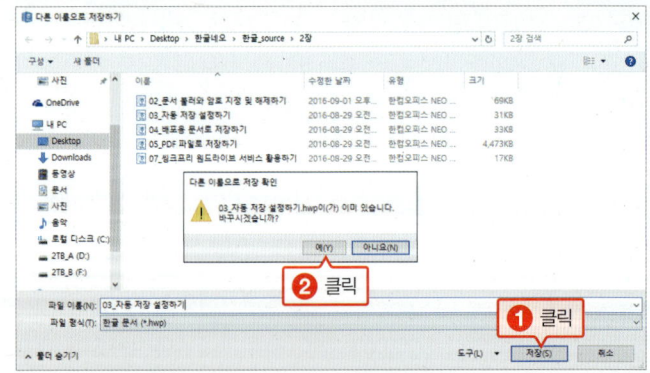

입력 및 기본 편집하기

문서에 특수 문자나 단위 기호, 한자 등을 입력하는 방법에 대해 알아보겠습니다. 자주 사용하는 한자 단어를 한자 사전에 등록하는 기능과 실수하기 쉬운 오타와 맞춤법에 어긋나는 단어를 찾아 정확하게 수정하는 맞춤법 검사 기능도 살펴보겠습니다. 이런 기능을 잘 활용하면 문서를 작성할 때 매우 유용합니다.

핵심기능실습

004 한자 입력 및 변환하기

한글을 한자로 변환하는 방법에는 여러 가지가 있습니다. 한글 음이나 부수, 획수로 찾기, 한자 사전에서 찾아 변환하는 방법 등 상황에 맞게 편리한 방법을 사용합니다.

실습 파일 | 한글\2장\한자 입력 및 변환하기.hwp   **완성 파일** | 한글\2장\한자 입력 및 변환하기_완성.hwp

01 한글을 한자로 변환하기(단축키 F9)

한글에서 한자, 한자에서 한글 변환은 글자나 단어 단위로 할 수 있습니다. 문서의 제목으로 사용된 계약직 연봉 계약서 중 '계약직'을 한자로 변환해보겠습니다. 한자로 변환할 단어인 '계약직'을 드래그하여 선택합니다.

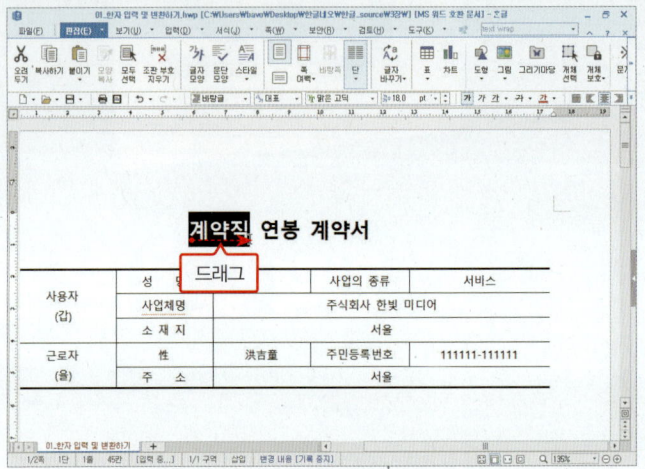

02 한자로 바꾸기

❶ F9 또는 한자 를 누릅니다. ❷ [한자로 바꾸기] 대화상자의 [한자 목록]에 제시된 한자 중 [契約]을 선택하고 ❸ [바꾸기]를 클릭합니다.

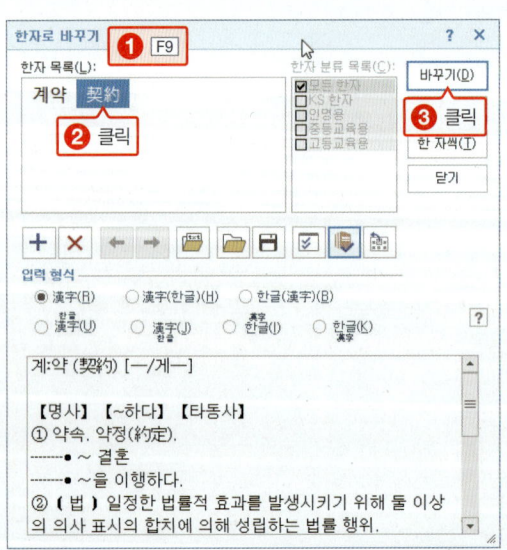

'계약직'이 '契約직'으로 변경됩니다.

바로 통하는 TIP 한자로 변환할 단어인 '계약직'에서 '계약'만 선택되는 이유는 '계약직'이라는 단어가 사전에 등록되어 있지 않기 때문입니다. 이 단계에서는 한자 사전에 이미 입력되어 있는 '계약'만 변환하고 '직'은 다음 단계에서 일반 한자로 찾아 변환합니다.

03 사전에 없는 글자를 한자로 변환하기

사전에 등록된 단어가 아닌 '직'은 글자 단위로 따로 변환해야 합니다. [한자로 바꾸기] 대화상자의 [한자 목록]에 '직'이라는 음을 가진 한자가 제시됩니다. [자전 보이기]가 기본으로 선택되어 있으므로 선택한 한자의 뜻을 보면서 알맞은 한자를 선택할 수 있습니다. ❶ '직분'이라는 의미를 가진 [職]을 선택하고 ❷ [바꾸기]를 클릭합니다.

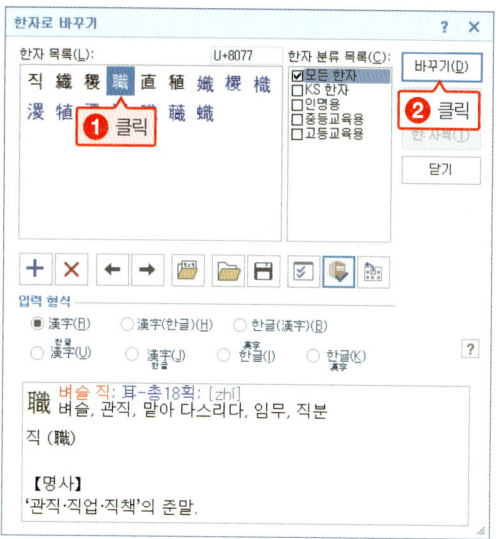

'契約직'이 '契約職'으로 변경됩니다.

바로 통하는TIP [자전 보이기 💷]를 클릭하면 [한자로 바꾸기] 대화상자 하단에 자전이 펼쳐집니다.

쉽고 빠른 한글 NOTE [한자로 바꾸기] 대화상자 알아보기

한자로 변환할 한글 단어나 글자 뒤에서 한자 를 누르면 [한자로 바꾸기] 대화상자가 나타납니다. 선택 가능한 한자 목록을 확인할 수 있으며 입력 형식을 설정할 수 있습니다.

① **한자 목록** : 한자 사전에 수록된 한자 중 선택 가능한 한자가 나타납니다. 한자는 다양한 뜻을 가지고 있으므로 자전에서 뜻을 확인한 후 정확히 선택합니다.

② **바꾸기** : 선택한 한자로 변환합니다.

③ **지나가기** : 선택한 단어를 한자로 변경하지 않을 때 클릭합니다.

④ **한 자씩** : 한자 사전에 등록되어 있지 않아 단어 단위로 제시되지 않을 때는 사용자가 직접 한자를 선택해 한 자씩 변환합니다.

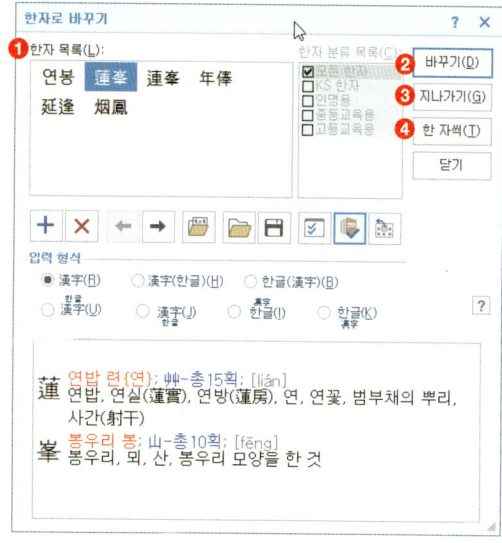

04 한자를 한글로 변환하기(단축키 Alt + F9)

한자로 입력된 근로자 성명 '洪吉童'을 한글로 변환해보겠습니다. ❶ 한글로 변환할 단어인 '洪吉童'을 드래그합니다. ❷ [편집] 메뉴 – [글자 바꾸기]의 내림 단추를 클릭하고 ❸ [한글로 바꾸기]를 선택합니다(단축키 Alt + F9).

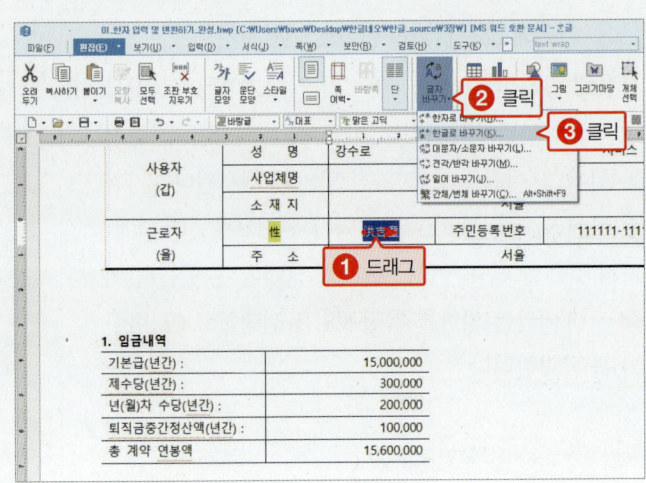

[한글로 바꾸기] 대화상자가 나타납니다.

05

❶ [한글로 바꾸기] 대화상자의 [바꿀 방법]에서 [漢字를 한글로]에 체크 표시하고 ❷ [표시 방식]에서 [한글]을 클릭한 후 ❸ [바꾸기]를 클릭합니다.

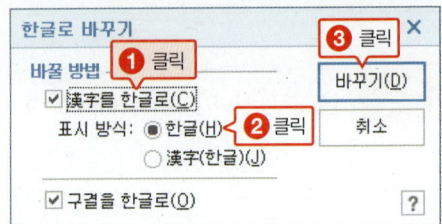

'洪吉童'이 '홍길동'으로 변경됩니다.

바로 통하는 TIP [한글로 바꾸기] 대화상자의 [표시 방식]에서 [漢字(한글)]을 선택하면 '洪吉童(홍길동)'으로 한자와 한글이 병기됩니다.

06 [한글(漢字)] 형식으로 변경하기

한글과 한자를 병기해야 할 때가 있습니다. '퇴직금' 뒤에 괄호를 넣고 한자를 함께 표시해보겠습니다. ❶ 한글과 한자를 병기할 단어인 '퇴직금'을 드래그합니다. ❷ F9 또는 한자를 누르고 ❸ [한자로 바꾸기] 대화상자의 [입력 형식]에서 [한글(漢字)]를 클릭한 후 ❹ [바꾸기]를 클릭합니다.

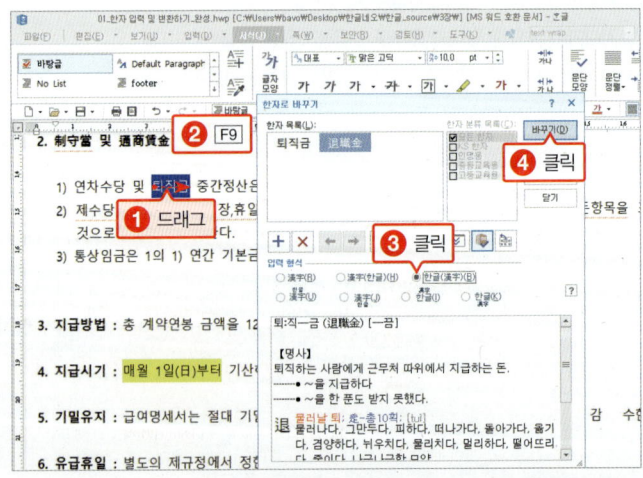

'퇴직금'이 [한글(漢字)] 표시 형식인 '퇴직금(退職金)'으로 변경됩니다.

바로 통하는 TIP [한자로 바꾸기] 대화상자의 [입력 형식]에서 한자의 표기 방식을 선택할 수 있습니다. 한자만 입력하거나 한글과 한자를 병기하고, 또는 한글이나 한자를 첨자 스타일로 변환해 입력할 수 있습니다.

07 한자 새김 입력하기(단축키 Ctrl + Shift + F9)

[한자 새김 입력]은 한자의 뜻과 음(새김)을 모두 입력해 찾는 방법입니다. 문서에는 근로자의 '성명' 입력란에 '性'만 입력되어 있습니다. '이름 명'을 새김으로 찾아 한자를 입력해보겠습니다. ❶ '性' 뒤를 클릭합니다. ❷ [입력] 메뉴의 목록 단추를 클릭하고 ❸ [한자 입력] – [한자 새김 입력]을 선택합니다(단축키 Ctrl + Shift + F9).

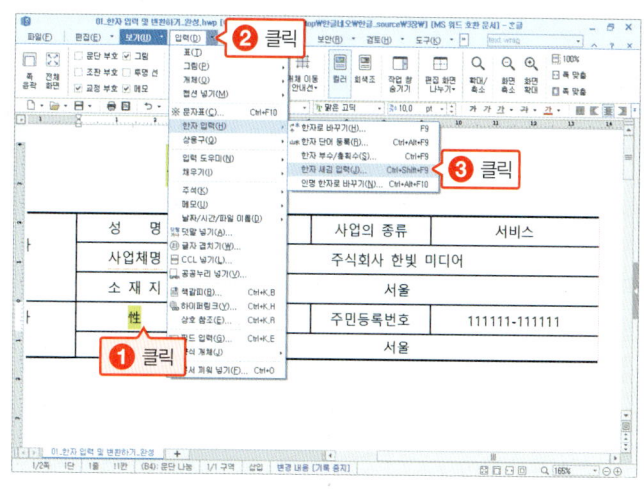

08 ❶ [한자 새김 입력] 대화상자가 나타나면 [뜻과 음]에 **이름명**을 입력하고 ❷ [넣기]를 클릭합니다.

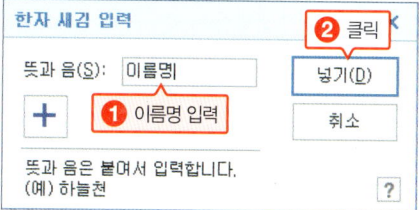

09 새김 입력 확인하기

이름 명에 해당하는 한자인 '名'이 입력됩니다.

계약직 연봉 계약서

성 명	강수로	사업의 종류	서비스
사업체명		주식회사 한빛 미디어	
소 재 지		서울	
性名	洪吉童	주민등록번호	111111-111111
주 소		서울	

바로 통하는 TIP '새김'의 사전적 의미는 '한자를 읽을 때 음만 읽는 것이 아니라 음 앞에 뜻을 풀이해 놓다'라는 것으로, 사용자가 입력하고 싶은 한자의 뜻과 음을 대화상자에 직접 입력하여 문서에 한자를 삽입하는 방법입니다. 뜻과 음을 입력할 때는 붙여서 입력합니다.

총획수와 부수 이용해서 한자 입력하기

한글에서는 일반 한자 사전에서 한자를 찾는 방식인 총획수와 부수를 이용하는 방법을 통해 한자를 입력할 수 있습니다. 입력할 한자의 음을 정확히 알지 못할 때는 이 방법을 사용해 입력합니다.

01 총획수로 한자 입력하기

① 한자를 찾을 '일' 뒤를 클릭하고 ② 단축키 Ctrl + F9 를 눌러 [한자 부수/획수로 입력] 대화상자를 실행합니다. ③ 日(해 일)을 입력할 예정이므로 [부수 획수]에서 [4]를 선택합니다. ④ [부수 목록]에서 [日(해 일)]을 선택하고 ⑤ [넣기]를 클릭합니다. '일'이 '日'로 변경됩니다.

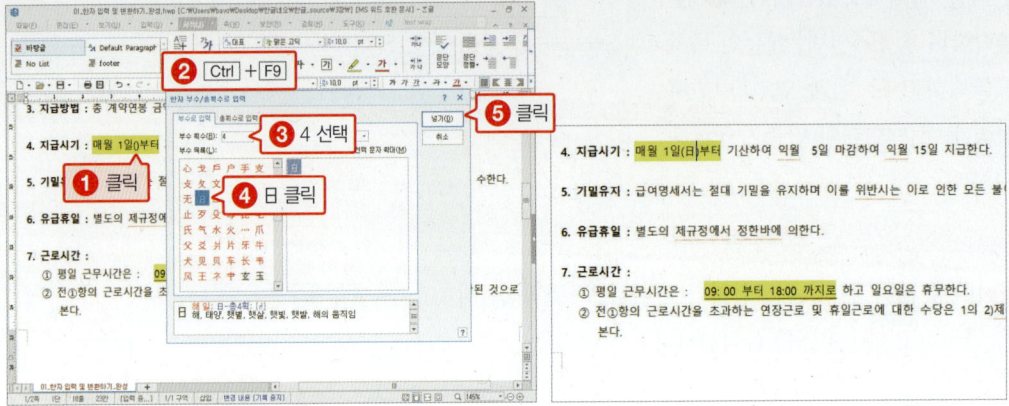

02 부수로 한자 입력하기

① 부수로 한자를 찾을 '익월' 뒤를 클릭하고 ② 단축키 Ctrl + F9 를 눌러 [한자 부수/획수로 입력] 대화상자를 실행합니다. ③ 부수에 羽(깃 우)를 입력할 예정이므로 [부수 획수]에서 [6]을 선택합니다. ④ [羽(깃 우)]를 선택하고 ⑤ [나머지 획수]에서 [5]를 선택합니다. ⑥ [翌(다음날 익)]을 선택하고 ⑦ [넣기]를 클릭합니다. '익월' 중 '익'이 '翌'으로 변경됩니다.

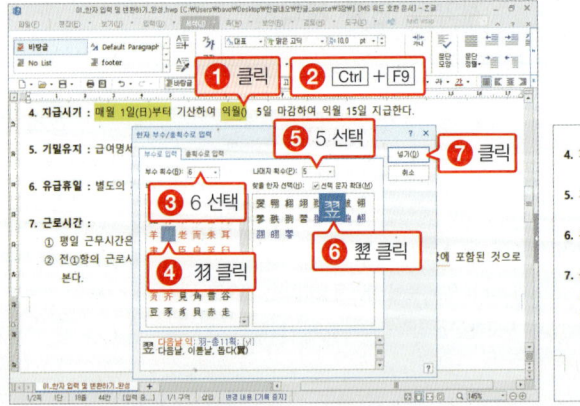

핵심기능실습 005

한자 사전에 자주 사용할 단어 직접 등록하기

한자 사전이 모든 단어를 포함하고 있지는 않습니다. 따라서 업무 환경에 따라 자주 쓰는 한자를 사전에 등록해두고 편하게 사용합니다.

실습 파일 | 한글\2장\한자 사전에 자주 사용할 단어 직접 등록하기.hwp   완성 파일 | 한글\2장\한자 사전에 자주 사용할 단어 직접 등록하기_완성.hwp

01 한자 단어 등록하기(단축키 Ctrl + Alt + F9)

예제 문서의 근로자 항목에서 한글로 입력된 '가족관계등록부'를 한자로 변환하고 한자 사전에 추가해보겠습니다. ❶ '가족관계등록부'를 드래그해 선택합니다. ❷ [입력] 메뉴의 펼침 단추를 클릭하고 ❸ [한자 입력]–[한자 단어 등록]을 선택합니다(단축키 Ctrl + Alt + F9).

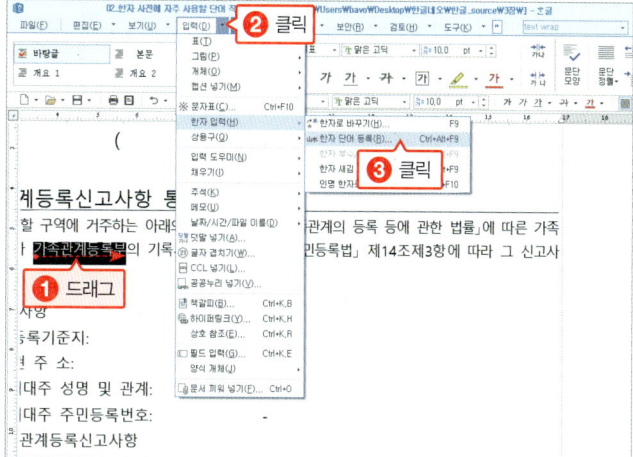

02 [한자 단어 등록] 대화상자에서 [등록할 한자 단어]의 [한글]과 [한자]에는 '가족관계등록부'가 입력되어 있습니다. ❶ [등록할 한자 단어]에서 [한자]의 '가족관계'를 드래그해 선택합니다. ❷ [한자로]를 클릭하거나 F9를 누릅니다.

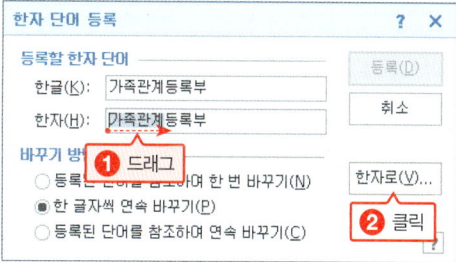

03 [한자로 바꾸기] 대화상자가 나타납니다. ❶ [한자 목록]에서 [家族關係]를 선택하고 ❷ [바꾸기]를 클릭합니다.

'가족관계'가 '家族關係'로 변환됩니다.

바로 통하는 TIP [바꾸기]를 클릭하면 한 글자씩 변환됩니다. 단어 범위를 선택하고 F9 를 누르거나 한자 를 누릅니다.

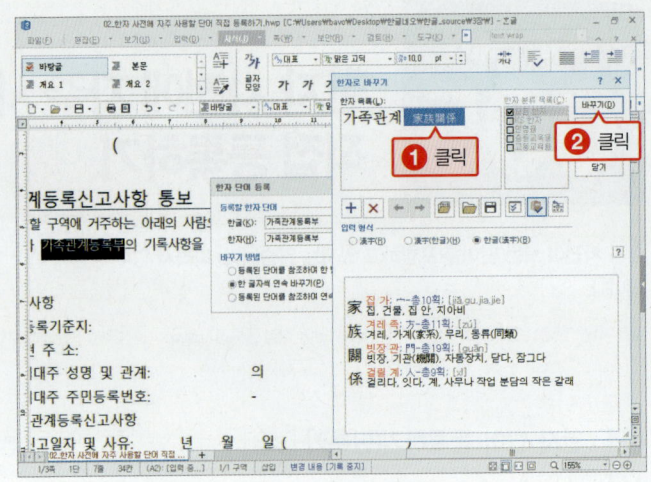

04 등록부 한자 변환하기

❶ '등록부'를 드래그해 선택하고 ❷ F9 를 누릅니다. ❸ [登錄]을 선택하고 ❹ [바꾸기]를 클릭합니다. 같은 방법으로 '부'를 '簿'로 변환합니다.

'가족관계등록부'가 '家族關係登錄簿'로 변환됩니다.

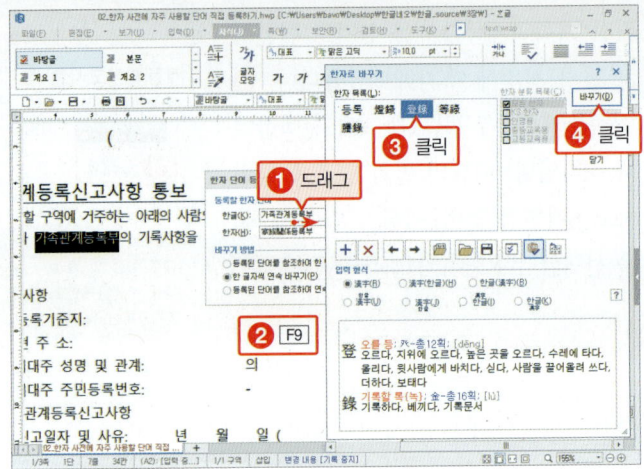

05 한자 단어 사전에 등록하기

[한자 단어 등록] 대화상자로 되돌아와 한자 변환이 완료되었는지 확인하고 [등록]을 클릭합니다.

한자 사전에 '家族關係登錄簿(가족관계등록부)'가 등록됩니다.

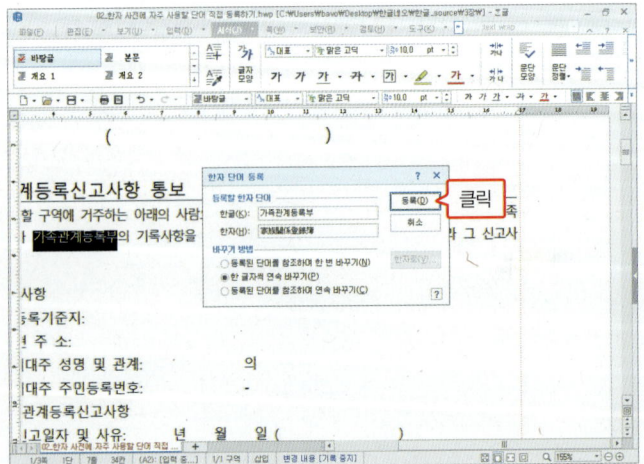

[한자 단어 등록] 대화상자 알아보기

현재 한자 사전에 등록되어 있지 않은 단어를 사용자가 사전에 추가할 때 사용합니다.

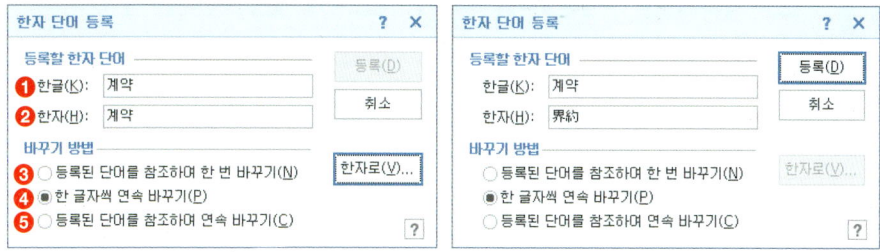

① **한글** : 등록할 한자음을 입력합니다.

② **한자** : 등록할 한자음을 한자로 변환하여 입력합니다. 우선 한글로 단어를 입력하고 [한자로]를 클릭하거나 [한자]를 눌러 [한자로 바꾸기] 대화상자를 불러온 후 [한자 목록]에서 한자를 찾아 변환합니다.

③ **등록된 단어를 참조하여 한 번 바꾸기** : [한글] 입력란에 입력된 한글을 한자로 바꿉니다. 한 번에 한 글자씩만 변환합니다.

④ **한 글자씩 연속 바꾸기** : [한글] 입력란에 입력된 한글을 한자로 바꿀 때 한 번에 한 글자씩 연속적으로 변환합니다.

⑤ **등록된 단어를 참조하여 연속 바꾸기** : [한글] 입력란에 입력된 한글을 한자 사전에 등록된 단어를 참조하여 한 단어씩 연속적으로 변환합니다.

06 등록한 한자 사전 사용하기

❶ 본문의 '가족관계등록부'를 드래그해 선택하고 ❷ [한자] 또는 [F9]를 누릅니다. ❸ [한자로 바꾸기] 대화상자에서 앞서 등록한 [家族關係登錄簿(가족관계등록부)]를 선택하고 ❹ [바꾸기]를 클릭해 한자로 변환합니다.

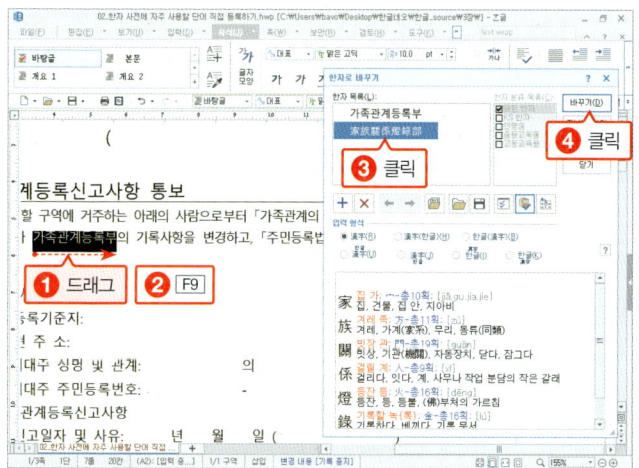

바로 통하는 TIP 한자어를 잘못 등록한 경우에는 [한자로 바꾸기] 대화상자의 [한자 목록]에서 한자를 선택한 후 [단어 지우기 ×]를 클릭합니다. 한자 사전에서 단어가 삭제됩니다.

핵심기능실습

006

문자표를 이용해 특수 문자 입력하기

문서에 특수 문자를 입력하는 다양한 방법에 대해 살펴보겠습니다. [문자표 입력] 대화상자를 이용해 빠르게 특수 문자를 찾고 추가해보겠습니다.

실습 파일 | 한글\2장\문자표를 이용해 특수 문자 입력하기.hwp   **완성 파일** | 한글\2장\문자표를 이용해 특수 문자 입력하기_완성.hwp

01 문자표를 이용해 특수 문자 입력하기(단축키 Ctrl + F10)

지출결의서 앞에 특수 문자 '■'를 입력해보겠습니다. ❶ '지출결의서' 앞을 클릭하고 ❷ [입력] 메뉴를 클릭합니다. ❸ [문자표]의 내림 단추를 클릭하고 ❹ [문자표]를 선택합니다.

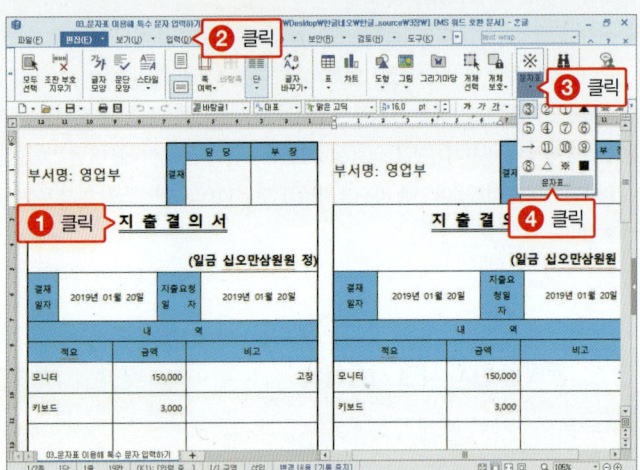

[문자표 입력] 대화상자가 나타납니다.

바로 통하는 TIP [입력] 메뉴-[문자표]를 클릭하면 최근에 사용한 문자가 자동으로 입력됩니다.

02 특수 문자 찾기

❶ [문자표 입력] 대화상자의 [사용자 문자표] 탭을 클릭하고 ❷ [문자 영역]-[기호2]를 선택합니다. ❸ [문자 선택]에서 [■]를 선택하고 ❹ [넣기]를 클릭합니다.

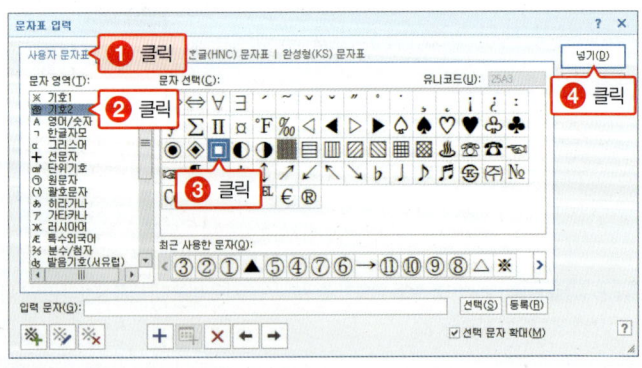

'지출결의서' 앞에 '■'가 입력됩니다.

03 원문자 입력하기

적요란의 항목 앞에 원문자 번호를 입력해보겠습니다. ❶ '모니터' 앞을 클릭하고 ❷ 단축키 Ctrl + F10 을 누릅니다. ❸ [문자표 입력] 대화상자의 [사용자 문자표] 탭 - [문자 영역] - [원문자]를 선택합니다. ❹ [문자 선택]에서 [①]을 선택하고 ❺ [넣기]를 클릭합니다.

'모니터' 앞에 원문자 '①'이 입력됩니다.

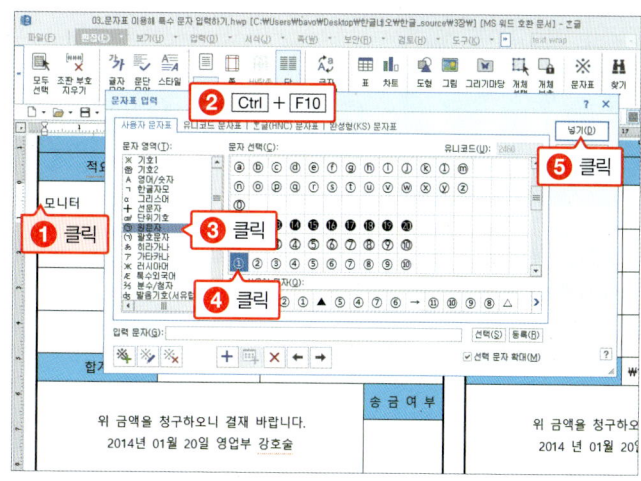

04 화살표 입력하기

비고란에는 화살표 기호를 입력해보겠습니다. ❶ 비고란의 '고장' 앞을 클릭하고 ❷ 단축키 Ctrl + F10 을 누릅니다. ❸ [문자표 입력] 대화상자의 [사용자 문자표] 탭 - [문자 영역] - [화살표]를 선택합니다. ❹ [문자 선택]에서 [➡]를 선택하고 ❺ [넣기]를 클릭합니다.

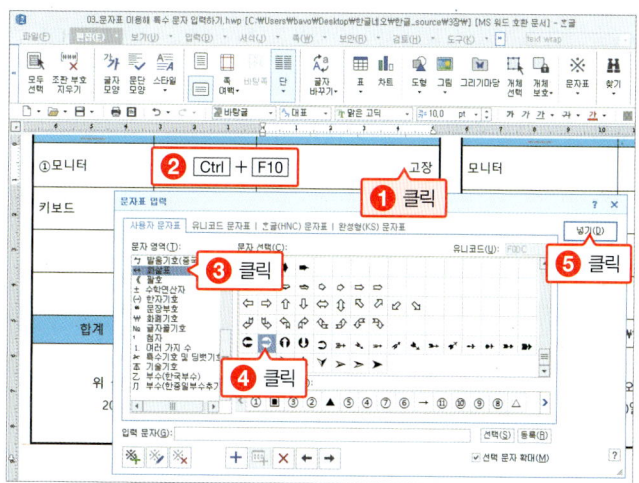

05 입력 확인하기

지출결의서 앞에 '■', 모니터 앞에 '①', 고장 앞에 '➡' 특수 문자가 모두 입력되었습니다.

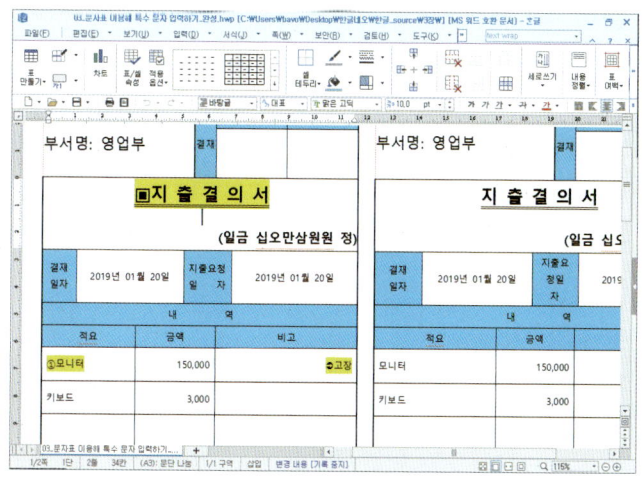

핵심기능실습

007 단위 기호 입력하기

한글 NEO에서는 기본 단위 기호를 문자표로 제공합니다. cm, cm², kg과 같은 길이, 면적, 무게 단위, $, ¥과 같은 화폐 단위 등을 쉽게 입력할 수 있습니다.

실습 파일 | 한글\2장\단위 기호 입력하기.hwp   **완성 파일** | 한글\2장\단위 기호 입력하기_완성.hwp

01 cm 입력하기

단위환산표/환율비교표 문서에서 길이 표의 빈칸에 해당 단위 기호를 입력해보 겠습니다. ❶ 길이 표에서 cm란의 ( ) 안쪽을 클릭하고 ❷ 단축키 Ctrl + F10 을 누릅니다. ❸ [문자표 입력] 대화상자의 [사용자 문자표] 탭을 클릭하고 ❹ [문자 영역] – [단위기호]를 선택합니다. ❺ [문자 선택]에서 [cm]를 선택하고 ❻ [넣기] 를 클릭합니다.

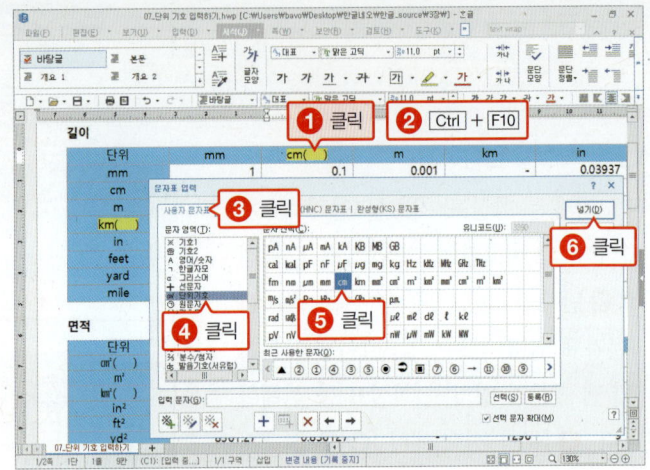

( ) 안에 'cm'가 입력됩니다.

02 통화 단위 입력하기

단위환산표/환율비교표 문서에서 통화 표의 빈칸에 해당 단위 기호를 입력해 보겠습니다. 통화와 관련된 화폐 단위 도 [문자표 입력] 대화상자에서 찾아 입 력할 수 있습니다. ❶ 통화 표에서 일본 ¥란의 ( ) 안쪽을 클릭하고 ❷ 단축키 Ctrl + F10 을 누릅니다. ❸ [문자표 입 력] 대화상자에서 [문자 영역]–[화폐기 호]를 선택하고 ❹ [¥]을 선택한 후 ❺ [넣기]를 클릭합니다.

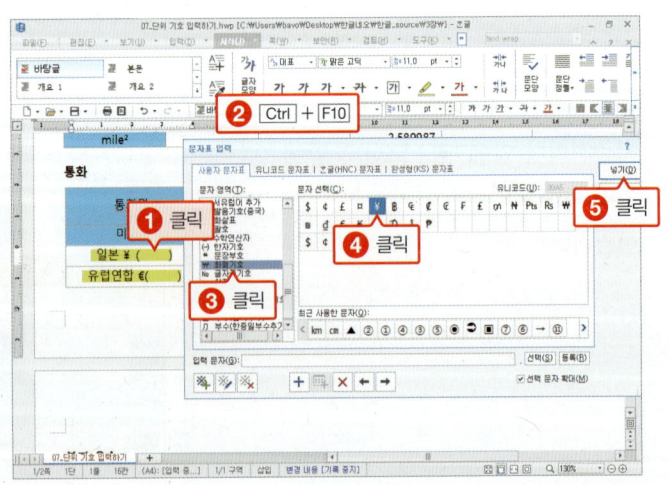

( ) 안에 통화 단위인 '¥'이 입력됩니다.

핵심기능실습 008
메모 사용하기

메모 기능은 문서 작성 중 중요한 단어나 문구에 첨삭을 붙이거나 참고할 만한 내용을 적어두는 기능입니다. 만약 누군가와 공동으로 작업하는 문서라면 상대방에게 전달할 사항을 남길 때도 사용할 수 있습니다.

실습 파일 | 한글\2장\메모 사용하기.hwp   완성 파일 | 한글\2장\메모 사용하기_완성.hwp

01 메모 삽입하기

다른 사용자와 공동으로 작업하는 문서에 메모를 삽입해 전달 사항을 남겨보겠습니다. ❶ [쪽 윤곽]을 클릭하고 ❷ 본문 첫째 줄의 '갑'을 드래그합니다. ❸ 마우스 오른쪽 버튼을 클릭한 후 단축 메뉴에서 [메모 넣기]를 선택합니다.

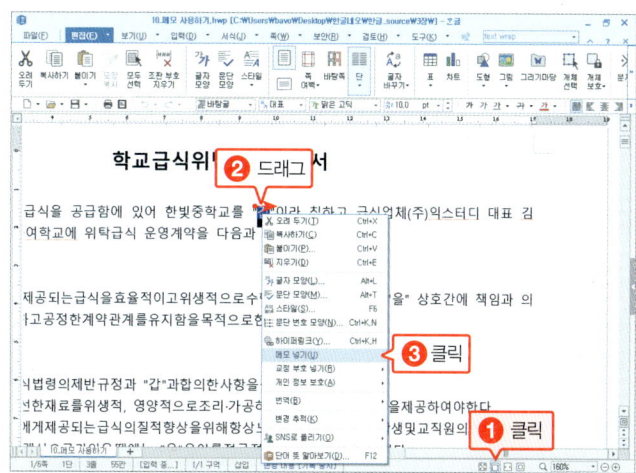

바로 통하는 TIP 메모는 쪽 윤곽이 활성화되어야 볼 수 있습니다. 이미 편집 화면에 쪽 윤곽이 활성화되어 있다면 [쪽 윤곽]은 클릭하지 않습니다.

02 메모에 전달 사항 남기기

메모에 '갑', '을'이 바뀐 것이 아닐까요?를 입력합니다.

해당 위치에 메모가 삽입되었습니다.

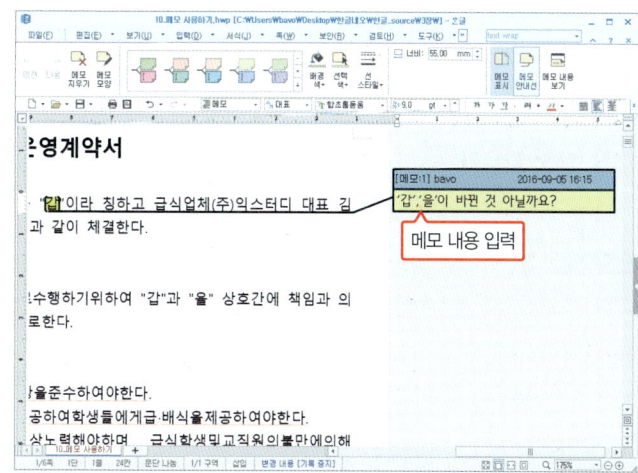

바로 통하는 TIP 메모가 삽입되면 그 위치의 단어와 메모가 안내선으로 연결됩니다. 메모가 어느 단어에 삽입되었는지 쉽게 확인할 수 있습니다.

03 메모 숨기기

삽입한 메모가 거추장스럽다면 작업하는 동안 숨겼다가 원할 때 다시 표시할 수 있습니다. ❶ 메모가 표시된 상태에서 내용이 입력된 메모를 클릭합니다. ❷ [메모] 메뉴-[메모 표시]를 클릭합니다.

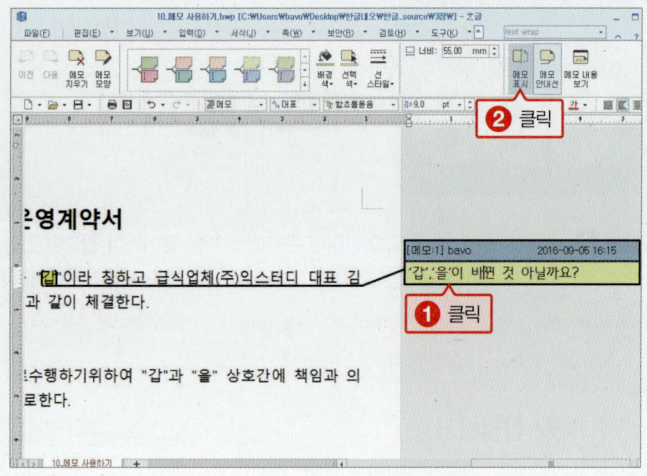

메모가 숨겨져 화면에서 사라집니다.

바로 통하는 TIP [메모] 메뉴는 메모를 선택했을 때 활성화되어 나타납니다.

04 메모 표시하기

숨긴 메모를 간단하게 다시 표시하는 방법을 살펴보겠습니다. ❶ [검토] 메뉴의 펼침 단추를 클릭하고 ❷ [메모 보이기/숨기기]를 선택합니다.

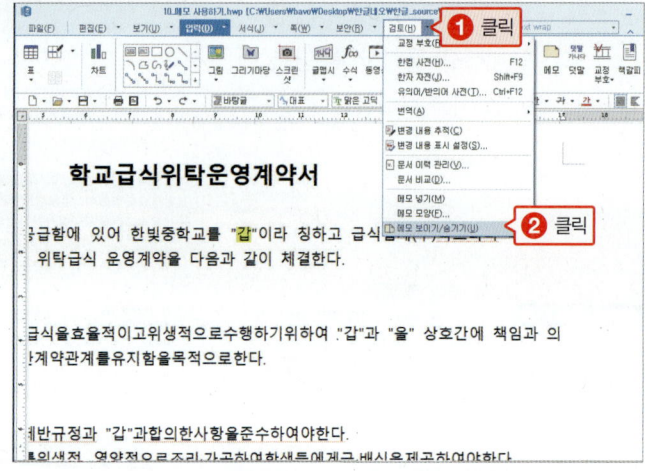

숨겨졌던 메모가 다시 화면에 나타납니다.

05 메모 지우기

메모를 문서에서 지워보겠습니다. ❶ 삭제할 메모를 마우스 오른쪽 버튼으로 클릭한 후 ❷ 단축 메뉴에서 [메모 지우기]를 선택합니다. 또는 [메모] 메뉴-[메모 지우기]를 클릭해도 됩니다.

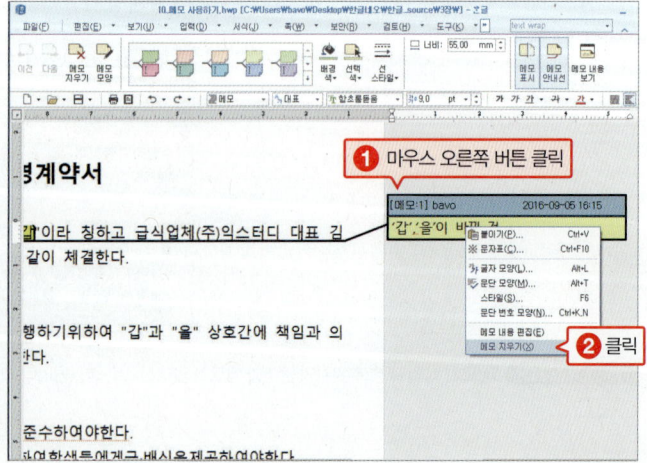

삽입되었던 메모가 삭제됩니다.

핵심기능실습 009

책갈피/하이퍼링크 이용하기

긴 문서를 작성하다 특정 위치로 이동할 때 스크롤만 사용하면 불편한 경우가 많습니다. 책갈피나 하이퍼링크 기능을 이용하면 손쉽게 원하는 곳을 찾거나 해당 위치로 이동할 수 있습니다.

실습 파일 | 한글\2장\책갈피 하이퍼링크 이용하기.hwp   완성 파일 | 한글\2장\책갈피 하이퍼링크 이용하기_완성.hwp

01 책갈피 추가하기(단축키 Ctrl + K, B)

페이지가 많은 문서에서 자주 찾아봐야 할 위치에 책갈피를 표시하여 현재의 커서 위치와 상관없이 해당 위치를 편리하게 찾아갈 수 있도록 설정해보겠습니다.
❶ 스크롤바를 내려 3쪽에 있는 '1. 제도개요'를 드래그합니다. ❷ [입력] 메뉴를 클릭하고 ❸ [책갈피]를 클릭합니다.

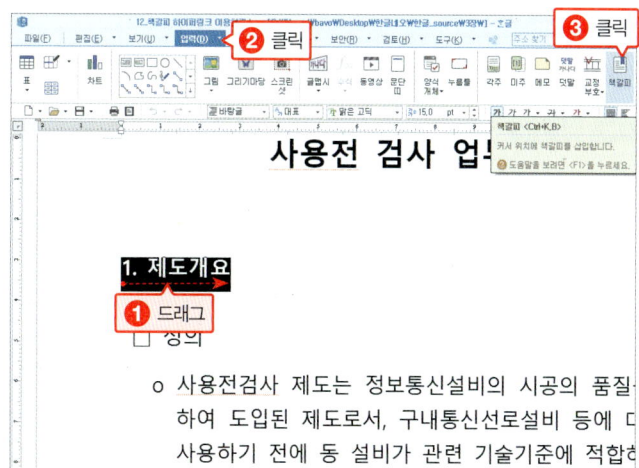

02 [책갈피] 대화상자에서 [넣기]를 클릭합니다.

[책갈피 목록]에 '1. 제도개요' 이름으로 책갈피가 추가됩니다.

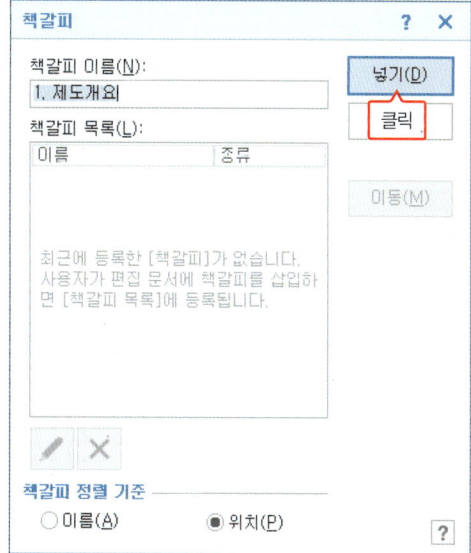

03 다른 쪽에서 책갈피를 추가한 위치로 이동해보겠습니다. ❶ 문서의 1쪽으로 이동하기 위해 단축키 [Ctrl]+[Page up]을 누릅니다. ❷ [입력] 메뉴-[책갈피]를 클릭합니다(단축키 [Ctrl]+[K], [B]). ❸ [책갈피] 대화상자의 [책갈피 목록]에서 책갈피로 추가해둔 [1. 제도개요]를 선택하고 ❹ [이동]을 클릭합니다.

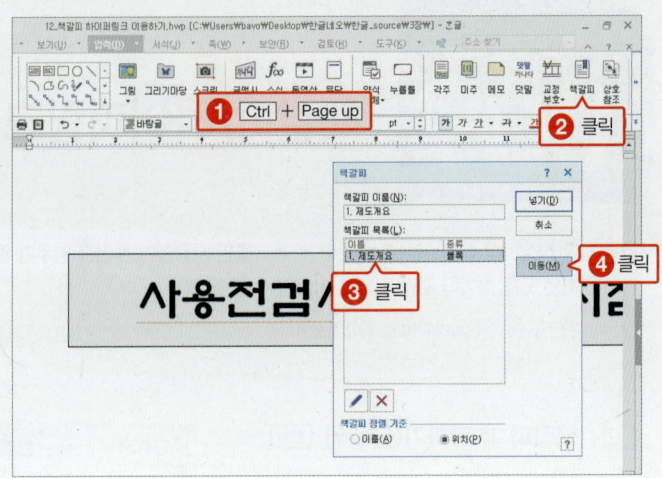

책갈피가 삽입된 3쪽의 '1. 제도개요' 위치로 커서가 이동합니다.

바로 통하는 TIP 단축키 [Ctrl]+[Page up]을 누르면 문서의 첫 페이지로, [Ctrl]+[Page down]을 누르면 문서의 마지막 페이지로 이동합니다.

쉽고 빠른 한글 NOTE **[책갈피] 대화상자 알아보기**

[책갈피] 대화상자에서는 새로운 책갈피를 추가하거나 기존의 책갈피를 편집, 수정, 삭제할 수 있습니다. 책갈피를 여러 개 추가했다면 이름 혹은 위치 순서로 정렬해서 볼 수 있습니다. 책갈피 목록에서 책갈피 이름을 선택한 후 [이동]을 클릭하면 해당 위치로 커서가 이동합니다.

① **책갈피 이름** : 책갈피로 사용할 이름을 입력합니다.

② **책갈피 목록** : 문서에 추가한 책갈피가 나타납니다.

③ **책갈피 정렬 기준** : 이름 또는 위치 순서로 정렬을 변경할 수 있습니다.

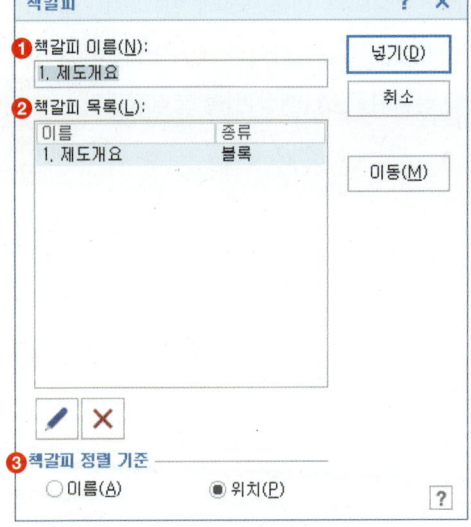

04 하이퍼링크 추가하기

하이퍼링크를 추가한 단어를 클릭하면 작성 중인 문서 내에 설정해둔 위치로 이동할 수 있을 뿐 아니라 인터넷 웹페이지, 전자우편 프로그램 등으로도 바로 연결할 수 있습니다. ❶ 2쪽의 목차에서 '제도개요'를 드래그하여 선택합니다. ❷ [입력] 메뉴-[하이퍼링크]를 클릭합니다.

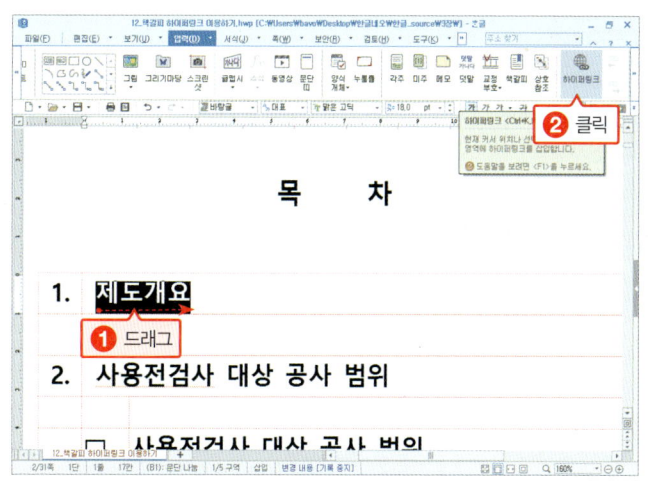

[하이퍼링크] 대화상자가 나타납니다.

05 하이퍼링크 대화상자

❶ [하이퍼링크] 대화상자의 [연결 대상] 선택창에서 앞서 설정한 책갈피인 [1. 제도개요]를 선택하고 ❷ [넣기]를 클릭합니다.

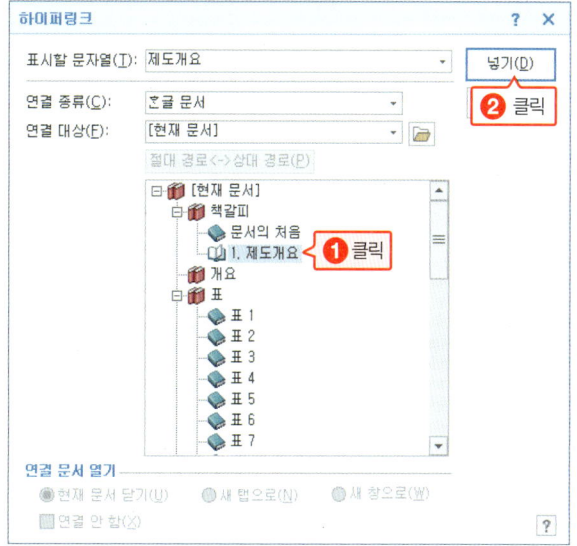

책갈피를 설정한 3쪽 본문 '1. 제도개요'로 이동할 수 있는 하이퍼링크가 추가됩니다. 2쪽 목차에서 '제도개요'를 클릭하면 3쪽의 본문에 해당하는 '1. 제도개요'로 커서가 이동합니다.

06 하이퍼링크 확인하기

하이퍼링크가 적용된 글자는 그림과 같이 글자 색이 파란색으로 변경되며 밑줄이 나타납니다.

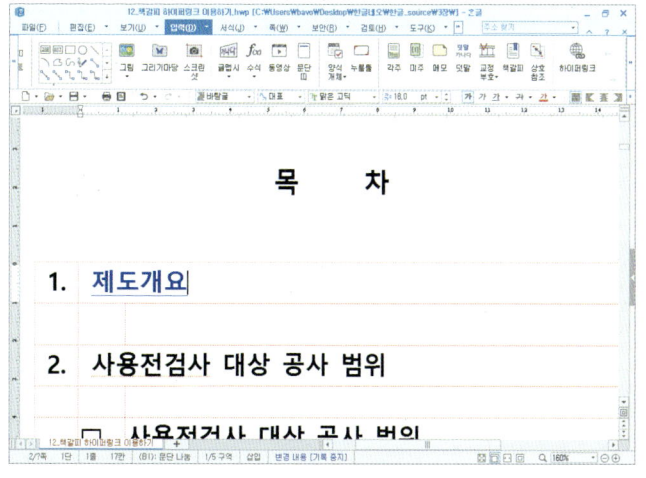

하이퍼링크만 설정되고 방문 이력이 없는 경우에는 글자 색이 파란색으로 표시되며, 클릭해서 이동한 이력이 있는 경우에는 보라색으로 나타납니다.

[하이퍼링크] 대화상자 알아보기

블록 설정한 단어나 문구에 하이퍼링크를 설정할 때 나타나는 대화상자입니다. 같은 문서 내에서 이동할 수 있을 뿐만 아니라 외부 문서나 웹사이트로도 쉽게 이동할 수 있습니다.

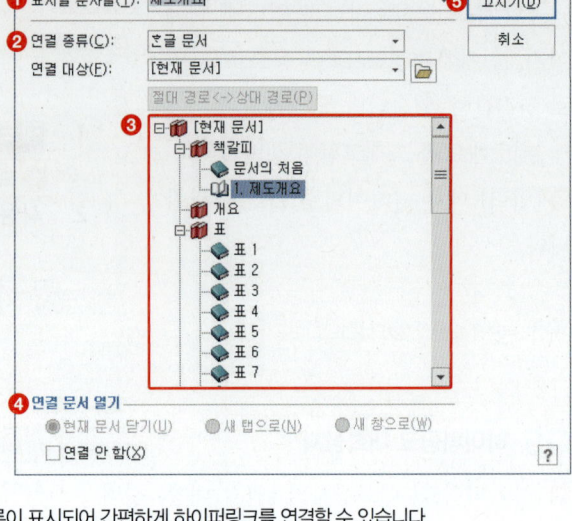

① **표시할 문자열** : 하이퍼링크를 표시할 문자열을 입력합니다. 문서 내에서 하이퍼링크를 설정한 단어를 블록으로 설정하고 대화상자를 불러오면 블록 설정한 부분이 이름으로 자동 입력됩니다. 이 이름을 변경하면 문서에서도 해당 텍스트가 수정되어 하이퍼링크가 적용됩니다.

② **연결 종류** : 하이퍼링크로 연결할 대상을 선택합니다. 한글 문서, 웹 주소, 전자우편 주소, 외부 어플리케이션 문서(다른 경로에 있는 외부 문서) 중에서 선택할 수 있습니다.

③ **연결 대상 선택 창** : [연결 종류]를 [한글 문서]나 [웹 주소]로 선택한 경우에 [연결 대상] 선택 창에서 하이퍼링크로 이동할 개체나 주소를 선택할 수 있습니다. [연결 종류]를 [웹 주소]로 선택하면 인터넷 익스플로러의 즐겨찾기에 등록된 웹사이트 목록이 표시되어 간편하게 하이퍼링크를 연결할 수 있습니다.

④ **연결 문서 열기** : 하이퍼링크에 연결된 문서를 여는 방식을 선택합니다. 현재 문서를 닫고 연결된 문서를 불러오거나 새 탭으로, 혹은 새 창으로 문서를 열 수 있습니다.

⑤ **넣기/고치기** : 하이퍼링크를 설정하고 문서에 적용할 때 [넣기]를 클릭합니다. [고치기]는 이미 적용된 하이퍼링크를 수정할 때 사용합니다.

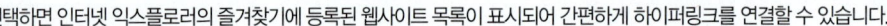

07 하이퍼링크 지우기

❶ 하이퍼링크가 적용된 단어 위에서 마우스 오른쪽 버튼을 클릭합니다. ❷ 단축 메뉴에서 [하이퍼링크 지우기]를 선택하면 하이퍼링크가 지워집니다.

바로 통하는 TIP 하이퍼링크를 고치려면 같은 방법으로 단축 메뉴에서 [하이퍼링크 고치기]를 선택하면 됩니다.

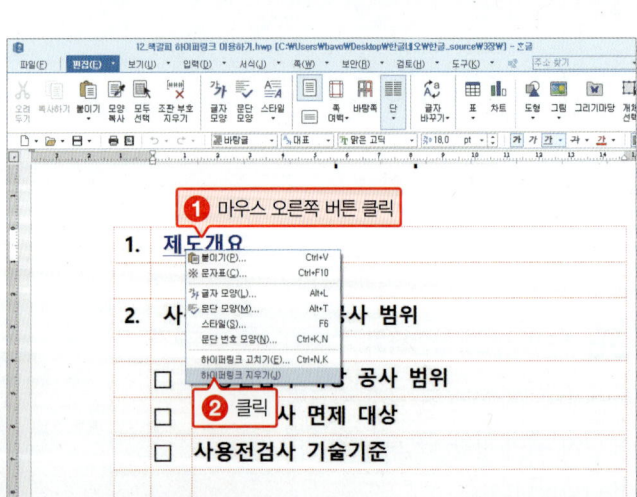

핵심기능실습

010 맞춤법 검사하기

한글 NEO에서는 맞춤법을 쉽게 검사하고 오탈자를 빠르게 찾을 수 있도록 맞춤법 검사기와 맞춤법 도우미를 제공합니다. 사전과 비교해서 맞춤법이 어긋날 경우 올바른 단어를 제시하거나 빨간색 밑줄을 표시해 틀린 부분을 확인하도록 도와줍니다.

실습 파일 | 한글\2장\맞춤법 검사하기.hwp　완성 파일 | 한글\2장\맞춤법 검사하기_완성.hwp

01 근로 계약서가 작성된 문서에서 맞춤법 검사기를 이용해 오탈자를 찾아 수정해보겠습니다. ❶ 문서의 첫 행 '근롱 계약서' 앞을 클릭합니다. ❷ [도구] 메뉴를 클릭하고 ❸ [맞춤법 검사]를 클릭합니다. ❹ [맞춤법 검사/교정] 대화상자에서 [바꿀 말]에 **근로**를 입력하고 ❺ [바꾸기]를 클릭합니다.

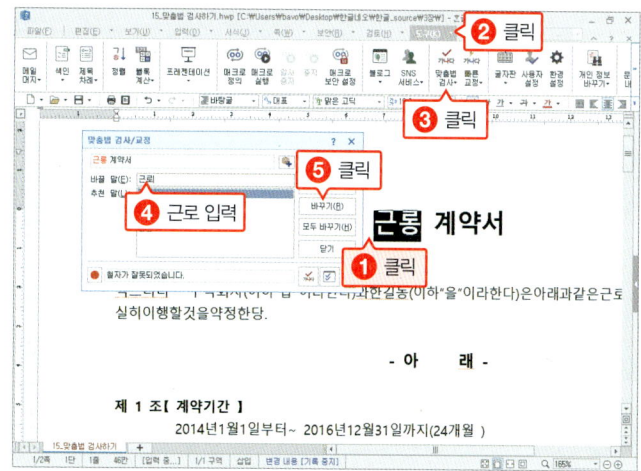

'근롱 계약서'가 '근로 계약서'로 수정됩니다.

쉽고 빠른 한글 NOTE

[맞춤법 검사/교정] 대화상자 알아보기

맞춤법 검사를 실행하면 현재 커서가 놓여 있는 곳부터 문서 끝까지 맞춤법 검사가 실행됩니다. 문서의 일부만 맞춤법 검사를 하려면 블록을 설정한 후 실행합니다. 맞춤법에 맞지 않는 단어가 검색되어 [맞춤법 검사/교정] 대화상자가 나타나면 [바꿀 말]이나 [추천 말]에 나타난 단어 중 적합한 말을 선택합니다.

① **시작** : 맞춤법 검사를 시작합니다. 항목이 있으면 [지나감]으로 표시됩니다.
② **바꿀 말** : 맞춤법에 어긋나는 경우 나타납니다.
③ **추천 말** : 맞춤법 사전의 내용을 검색해 맞춤법에 맞는 추천 말을 표시합니다.
④ **계속 지나감** : 맞춤법 검사기에서는 오류로 인식되지만 맞춤법에 맞는 경우 선택합니다.
⑤ **바꾸기** : [추천 말] 목록에서 맞는 말을 선택하고 [바꾸기]를 클릭하면 선택한 단어로 변경됩니다.
⑥ **모두 바꾸기** : 맞춤법에 어긋나는 단어를 모두 바꿉니다.

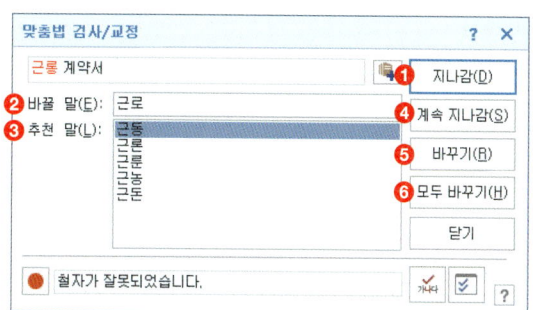

02 맞춤법이 수정되면 자동으로 다음 오류 단어로 이동합니다. 맞춤법 검사에서는 회사 이름 같은 고유 명사도 오류로 인식하는데, 이때는 [지나감]을 클릭해 넘어갑니다. [바꾸기]와 [지나감]을 이용해 문서 전체의 맞춤법을 확인하고 수정합니다.

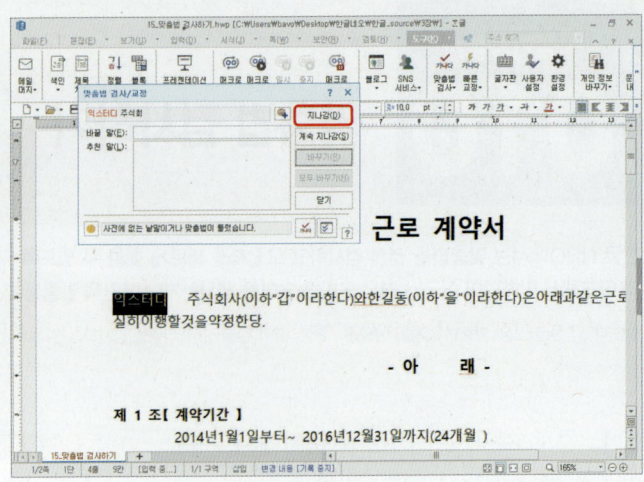

03 맞춤법 검사 마무리하기

맞춤법 검사가 끝나면 맞춤법을 계속 검사할지 묻는 메시지가 나타납니다. [취소]를 클릭해 맞춤법 검사를 종료합니다.

바로 통하는 TIP 현재 커서 위치부터 맞춤법 검사를 시작했으므로 문서의 처음부터 맞춤법 검사를 계속할지 물어봅니다. 계속 검사를 진행하거나 맞춤법 검사를 취소합니다.

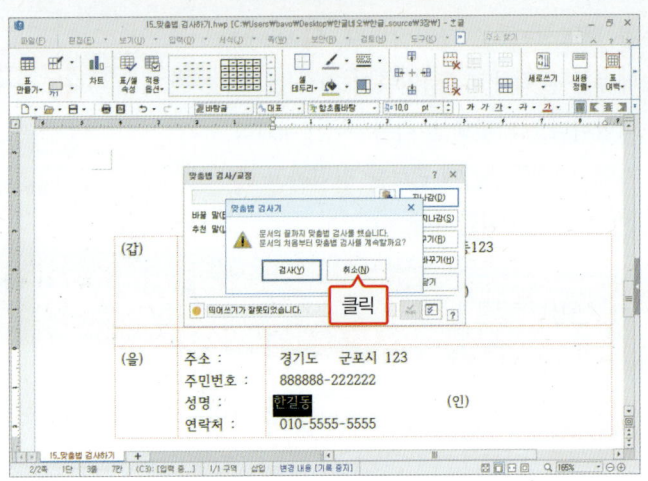

04 맞춤법 도우미 동작 활성화/비활성화하기

맞춤법 도우미가 활성화되면 오류 문장에 빨간색 밑줄이 나타납니다. 이런 표시가 문서를 보는 데 불편하다면 보이지 않도록 설정할 수 있습니다. ❶ [도구] 메뉴-[맞춤법 검사]의 내림 단추를 클릭하고 ❷ [맞춤법 도우미 동작]을 선택해 체크 표시를 해제합니다.

맞춤법 검사 도우미가 비활성화되면서 오류 문자에 표시된 빨간 밑줄이 사라집니다.

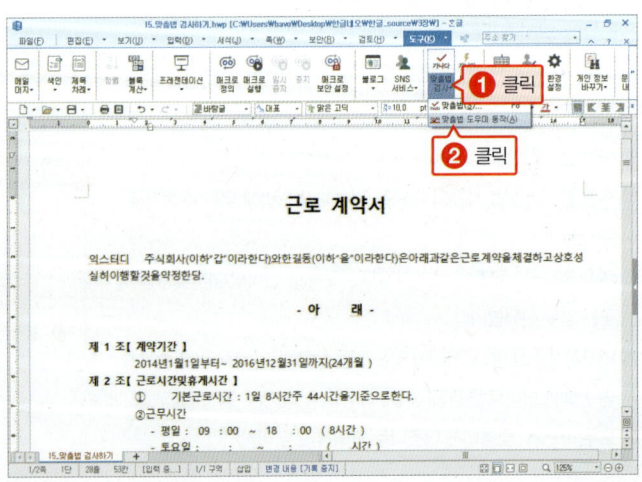

011 한글 문서를 영어로 번역하기

한글 NEO 버전에 새롭게 추가된 기능으로, 문서를 다른 언어로 번역할 수 있습니다. 기대 수준에는 미치지 못하지만 간단한 문장을 번역할 때 유용하게 사용할 수 있습니다.

실습 파일 | 한글\2장\한글 문서를 영어로 번역하기.hwp   **완성 파일** | 한글\2장\한글 문서를 영어로 번역하기_완성.hwp

01 한글 문서 영문으로 번역하기

문서의 3쪽에 삽입된 위임장을 영어로 번역해보겠습니다. ❶ 번역할 문단을 드래그하여 선택합니다. ❷ [검토] 메뉴를 클릭하고 ❸ [번역]의 내림 단추를 클릭한 후 ❹ [선택 영역 번역]을 선택합니다.

[번역] 작업 창이 나타납니다.

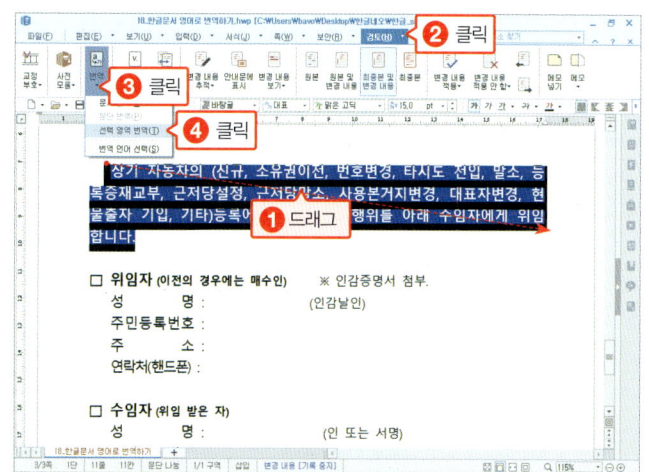

02 번역하고 문서에 삽입하기

❶ [번역] 작업 창에서 번역 언어를 [한국어(대한민국)], [영어(미국)]으로 설정합니다. ❷ [번역]을 클릭합니다. ❸ [번역] 작업 창의 [본문]에서 번역 완료된 영문 오른쪽의 내림 단추를 클릭하고 ❹ [문단 아래 삽입]을 선택합니다. ❺ [작업 창 접기/펴기]를 클릭하여 작업 창을 닫습니다.

선택 문단의 아래쪽에 번역된 영문이 추가됩니다.

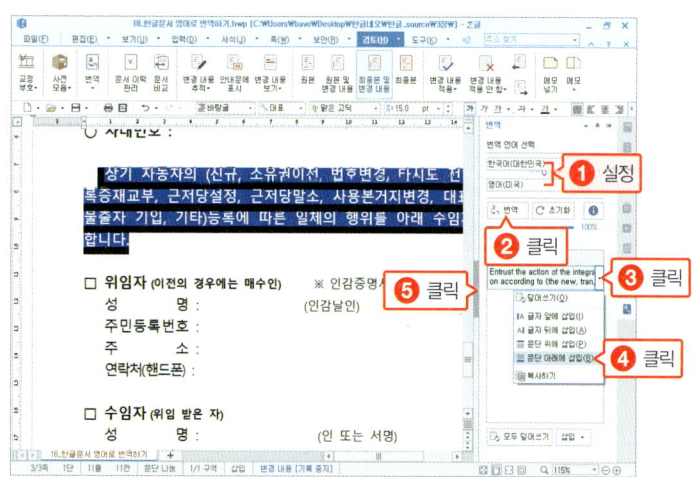

바로 통하는 TIP 번역 기능은 일일 사용량이 정해져 있습니다. 정확한 번역량은 공지되지 않았으나 일일 번역량을 초과하면 오류 메시지가 표시됩니다.

 **혼자해보기** 01 **영문 이력서를 한글로 번역하기**

실습 파일 | 한글\2장\영문 이력서를 한글로 번역하기.hwp **완성 파일** | 한글\2장\영문 이력서를 한글로 번역하기_완성.hwp

번역 기능을 이용해 영문 이력서의 일부 문단을 한글로 번역해보겠습니다.

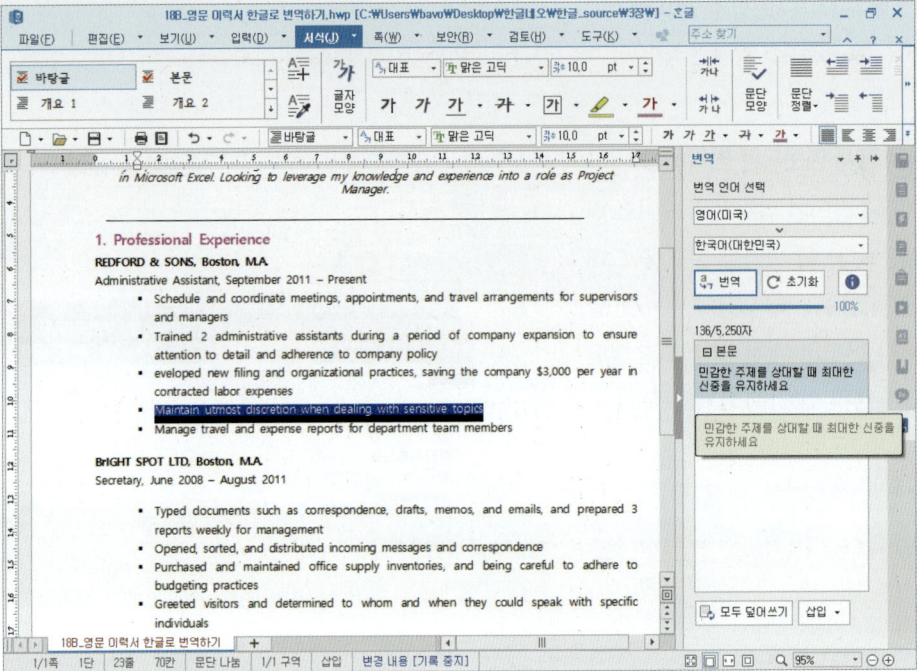

▲ 완성 파일

01 [검토] 메뉴를 클릭하고 [번역]을 클릭한 후 [번역] 작업 창을 엽니다.

02 번역할 문장을 더블클릭하거나 드래그하여 선택합니다.

03 [번역] 작업 창에서 번역할 언어를 선택합니다.

04 [번역]을 클릭하여 문서를 번역합니다.

05 번역된 항목에 마우스 포인터를 올려보면 번역된 전체 문장을 풍선 도움말 형태로 볼 수 있습니다.

CHAPTER

03

문서 편집과 글꼴 꾸미기

글꼴은 문서를 이루는 기본 요소입니다. 글꼴, 글자 색, 장평, 자간 등을 적절히 조정해야 가독성 있는 문서를 만들 수 있습니다. 특정 글자나 단어에 그림자, 강조점, 음영 등을 적절히 사용해 돋보이게 만드는 방법에 대해서도 알아봅니다.

012 클립보드 사용하기

클립보드는 복사하거나 잘라낸 내용을 잠시 보관하는 임시 기억 장소입니다. 이 내용을 확인하면서 선별해 사용할 수 있으므로 같은 내용을 여러 번 붙여 넣거나 몇 가지 내용을 번갈아 복사해야 할 때 무척 편리합니다.

실습 파일 | 한글\3장\클립보드 사용하기.hwp **완성 파일** | 한글\3장\클립보드 사용하기_완성.hwp

01 클립보드 작업 창 펴기

예제 문서를 좀 더 쉽게 편집하기 위해 클립보드를 사용해보겠습니다. [클립보드] 작업 창을 사용하면 저장한 내용을 직접 보면서 문서에 추가할 수 있습니다. ❶ 문서 오른쪽에 있는 [작업 창 접기/펴기]를 클릭하고 ❷ 작업 창 도구에서 [클립보드]를 클릭합니다.

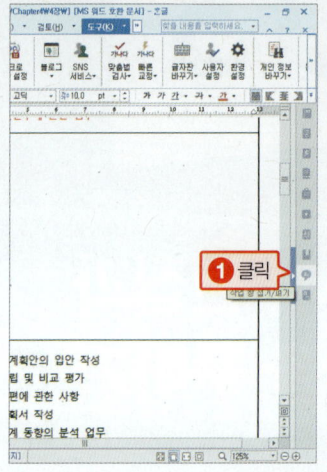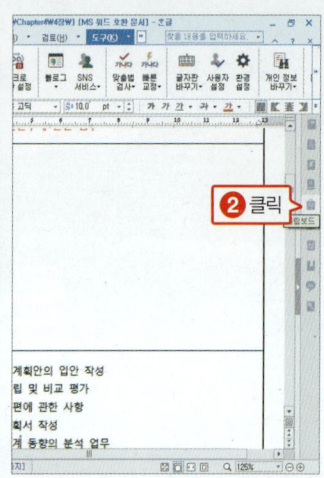

[클립보드] 작업 창이 활성화됩니다.

쉽고 빠른 한글 NOTE

[클립보드] 작업 창 알아보기

복사할 내용을 차례로 여러 개 저장해두었다가 원하는 내용을 붙여 넣을 때 [클립보드] 작업 창을 사용할 수 있습니다.

① **작업 창 메뉴** : 작업 창 메뉴를 클릭하면 우측의 작업 창 메뉴를 펼침 메뉴 형태로 별도 표시해 전환할 수 있습니다.

② **작업 창 고정/자동 숨기기** : 클릭할 때마다 작업 창 고정과 자동 숨기기가 전환됩니다. 고정 상태에서는 작업 창이 항상 열려 있으며, 자동 숨기기 상태에서는 문서 본문을 클릭하면 작업 창이 자동으로 접히고 마우스 포인터를 작업 창 쪽으로 이동하면 작업 창이 펼쳐집니다.

③ **작업 창 접기** : 작업 창을 접습니다.

④ **작업 창 접기/펴기** : 작업 창을 접고 펼 수 있습니다.

⑤ **모두 붙이기** : 현재 [클립보드] 작업 창에 저장된 내용을 문서에 모두 붙여 넣습니다.

⑥ **모두 지우기** : [클립보드] 작업 창에 저장된 내용을 모두 지웁니다.

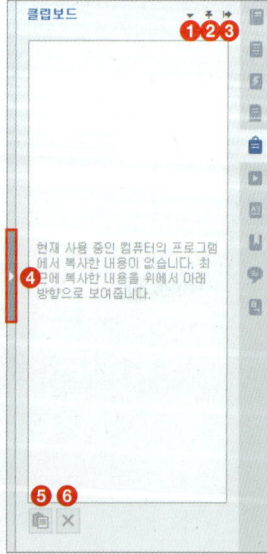

02 블록 설정해 문단 복사하기

예제 문서에서 총무 담당의 분장 업무 중에서 빨간 글씨로 적힌 내용을 아래쪽 인사 담당 부분으로 이동해보겠습니다. ❶ 이동할 문단을 드래그하여 선택하고 ❷ [편집] 메뉴를 클릭한 후 ❸ [오려두기]를 클릭합니다.

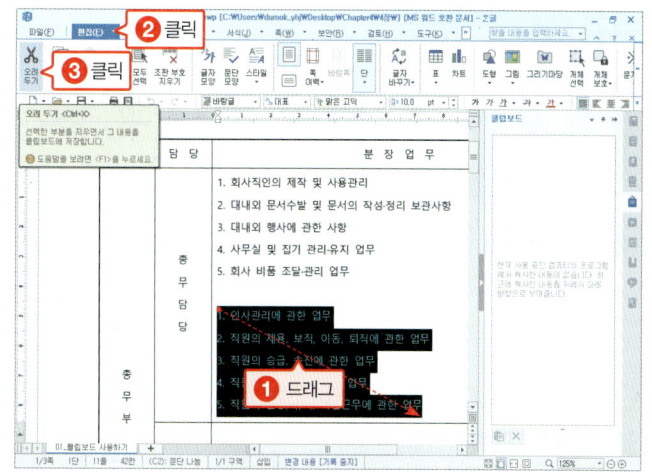

오려낸 내용이 [클립보드] 작업 창에 복사됩니다.

03 문단 붙여넣기

❶ 인사 담당의 빈칸을 클릭하고 ❷ [클립보드] 작업 창에서 앞서 복사한 내용을 클릭합니다.

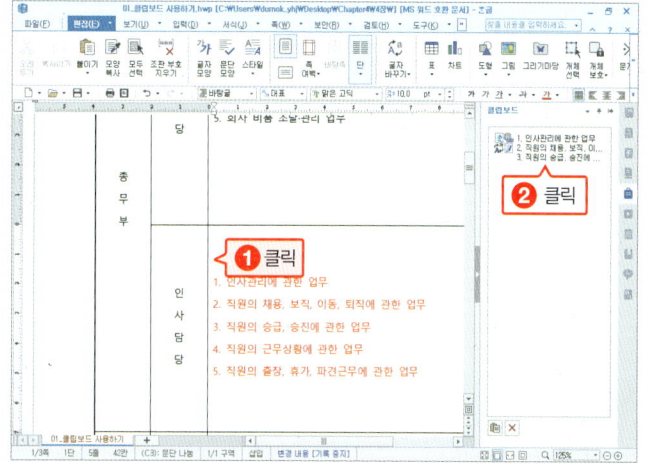

인사 담당란에 오려둔 내용이 붙여 넣어집니다.

바로 통하는 TIP [클립보드] 작업 창을 이용하는 이유는 이곳에 저장된 내용들이 순서대로 보이므로 이전에 복사하거나 오려둔 내용도 문서에 추가할 수 있기 때문입니다. 바로 직전에 복사하거나 오려낸 내용은 단축키 Ctrl + V 로 붙여 넣을 수 있습니다.

쉽고 빠른 한글 NOTE 마우스로 끌어 문단 이동하기

내용을 단순히 이동할 경우에는 굳이 클립보드를 이용하지 않고 마우스 드래그 앤 드롭으로도 쉽게 실행할 수 있습니다. ① 이동할 문장이나 문단을 블록으로 설정한 후 ② 선택한 영역을 마우스 왼쪽 버튼으로 클릭한 채 이동할 위치로 드래그 앤 드롭합니다.

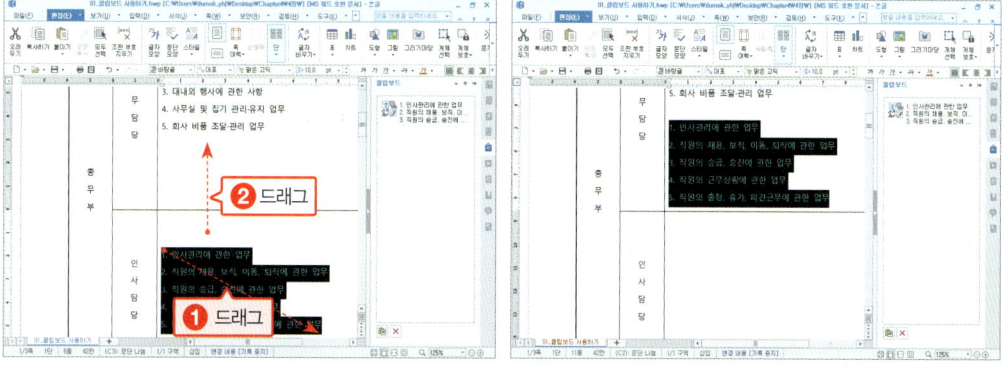

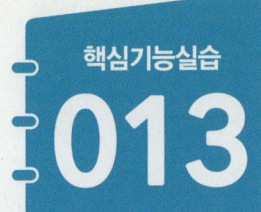

013 글꼴, 글자 색, 글자 크기 변경하기

글꼴 꾸미기는 문서 꾸미기의 기본입니다. [글자 모양] 대화상자, [서식] 메뉴의 도구 등을 이용해 글자 모양을 변경해보겠습니다.

실습 파일 | 한글\3장\글꼴, 글자 색, 글자 크기 변경하기.hwp **완성 파일** | 한글\3장\글꼴, 글자 색, 글자 크기 변경하기_완성.hwp

01 [글자 모양] 대화상자를 이용해 글꼴 변경하기(단축키 Alt + L)

문서 제목인 '한빛신문'의 글꼴 서식을 [글자 모양] 대화상자에서 변경해보겠습니다. 글꼴뿐만 아니라 글자 크기, 색, 속성 등도 바꿀 수 있습니다. ❶ '한빛신문'을 드래그해 선택하고 ❷ [서식] 메뉴의 펼침 단추를 클릭하고 ❸ [글자 모양]을 선택합니다.

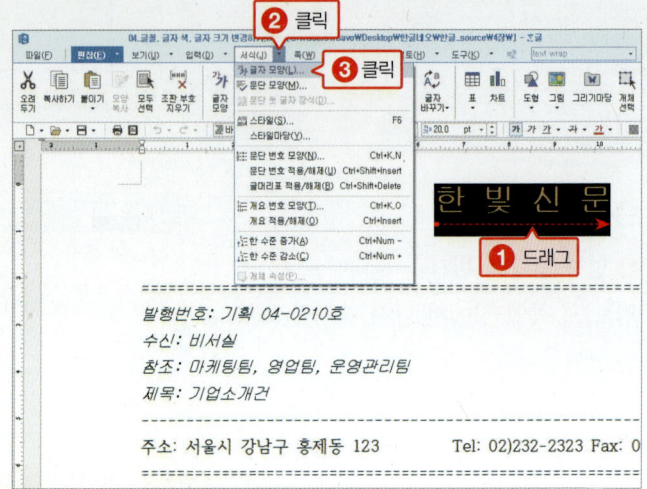

02 [글자 모양] 대화상자가 나타나면 ❶ [기준 크기]에 **20**을 입력하고 ❷ [글꼴] - [굴림체]를 선택합니다. ❸ [속성] - [진하게], ❹ [글자 색] - [검은 바다색]을 선택한 후 ❺ [설정]을 클릭합니다.

글꼴과 속성, 글자 색이 변경되었습니다.

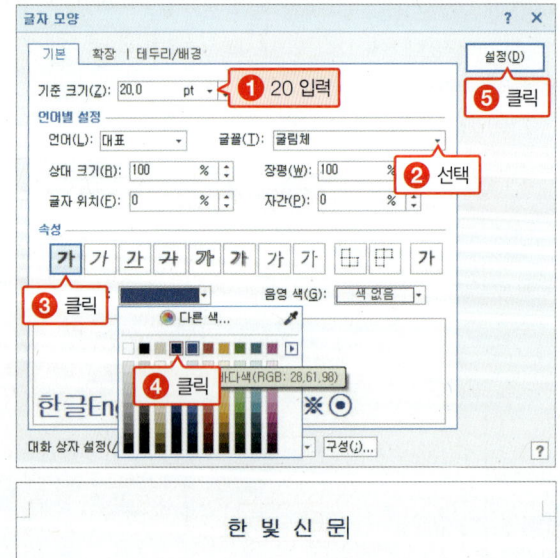

[글자 모양] 대화상자의 [기본] 탭 알아보기

[글자 모양] 대화상자의 [기본] 탭에서는 글꼴, 크기, 장평 및 자간, 색 등을 설정할 수 있습니다. 변경할 글자를 드래그한 후 [서식] 메뉴-[글자 모양]을 선택하거나 단축키 Alt+L을 누릅니다. 대화상자 내 미리 보기 화면에서 글자 모양을 확인하면서 다양한 서식을 적용할 수 있습니다.

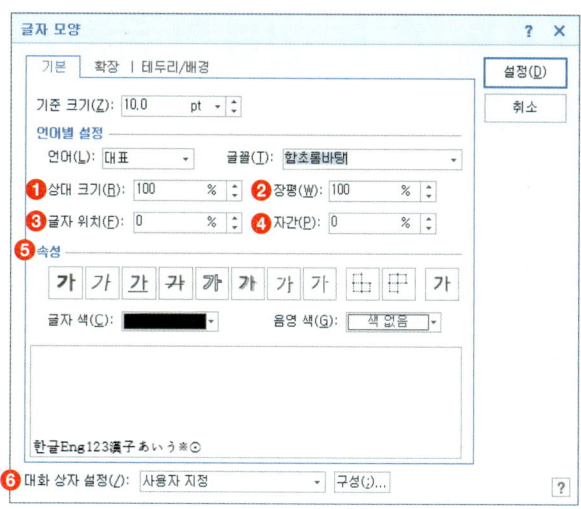

① **상대 크기** : 기준 크기에 대한 각 언어별 글자 크기를 정합니다. 한 문서 내에서 한글과 영문, 한자를 함께 쓸 때는 글꼴 크기가 서로 다른 경우가 많은데, 이때 각 언어별로 적당한 상대 크기를 정해놓으면 편리합니다. 기본 기준 크기는 100%입니다.

② **장평** : 크기는 그대로 유지하면서 글자의 가로 폭을 줄이거나 늘려서 글자 모양에 변화를 줄 때 사용합니다.

③ **글자 위치** : 기본 선을 기준으로 글자를 위나 아래로 움직입니다.

④ **자간** : 글자와 글자 사이의 간격을 조절합니다.

⑤ **속성** : 글꼴에 굵기, 기울이기, 밑줄, 외곽선, 그림자, 첨자 등을 설정합니다.

⑥ **대화 상자 설정** : 설정 패턴이 정형화되어 있는 경우 그 값을 파일로 저장해두었다가 필요할 때 선택하여 사용할 수 있는 기능입니다.

03 [서식] 메뉴의 도구를 이용해 글꼴 변경하기

[서식] 메뉴의 도구를 이용하면 좀 더 빠르게 글자 모양을 꾸밀 수 있습니다. ❶ 글자 모양을 변경할 범위를 드래그합니다. ❷ [서식] 메뉴를 클릭하고 ❸ [글꼴]-[굴림], ❹ [크기] [11]을 신택한 후 ❺ [진하게]를 클릭합니다. ❻ [글꼴 색]-[바다색]을 선택합니다.

글꼴과 크기, 속성, 색 등이 변경됩니다.

바로 통하는 TIP 글꼴 서식은 메뉴 하단에 위치한 서식 도구 상자를 이용해 설정할 수도 있습니다.

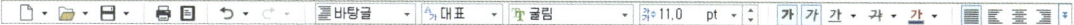

014 밑줄 및 음영 지정하기

강조할 글자에 밑줄이나 음영을 지정하면 좀 더 눈에 띄고 보기 좋은 문서를 작성할 수 있습니다. 밑줄은 선, 파선, 점선, 이중 실선 등 종류가 다양하고 색 변경도 가능합니다. 음영과 테두리 색 역시 문서에 어울리게 골라 적용할 수 있습니다.

실습 파일 | 한글\3장\밑줄 및 음영 지정하기.hwp **완성 파일** | 한글\3장\밑줄 및 음영 지정하기_완성.hwp

01 밑줄 및 밑줄 색상 적용하기

문서 제목인 '아기모델 선발 대회'에 밑줄을 적용하고 밑줄 색을 변경해보겠습니다. 제목을 드래그합니다.

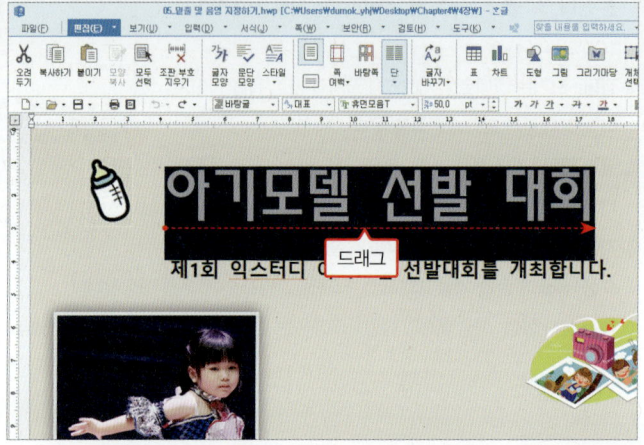

02 ❶ [서식] 메뉴를 클릭하고 ❷ [밑줄]의 내림 단추를 클릭한 후 ❸ [원형 점선]을 선택합니다. ❹ [밑줄]의 내림 단추-[밑줄 색]-[하양 70% 어둡게]를 선택합니다.

문서 제목에 밑줄이 적용됩니다.

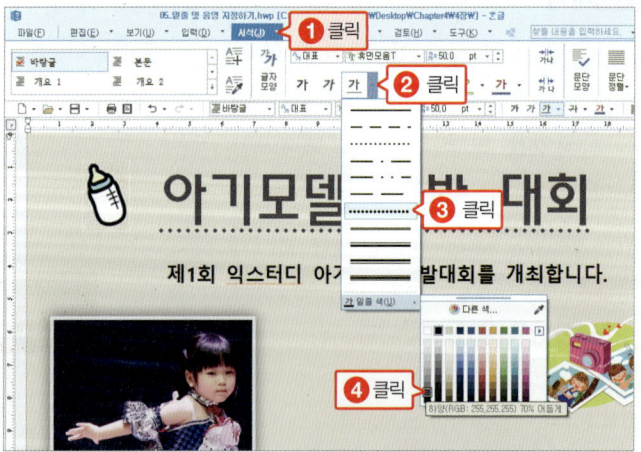

바로 통하는 TIP 글자에 다양한 밑줄과 음영을 지정한 예입니다.

❶ 실선 밑줄 　❷ 파선 밑줄 　❸ 점선 밑줄 　❹ 원형 점선 밑줄 　❺ 진달래색 음영 　❻ 에메랄드 블루 음영 &원형 점선 위아래

03 글자 음영 및 테두리 지정하기(단축키 Alt + L)

문서 본문 첫 번째 줄에 음영과 테두리를 지정해보겠습니다. ❶ 본문의 '제1화~개최합니다.'를 드래그하고 ❷ [서식] 메뉴의 펼침 단추를 클릭한 후 ❸ [글자 모양]을 선택합니다.

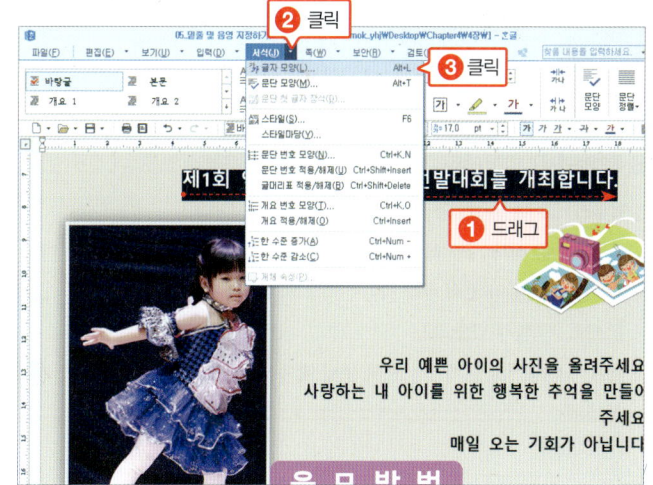

04 글자 모양 변경하기

❶ [글자 모양] 대화상자에서 [기본] 탭의 [음영 색]을 클릭하고 ❷ 색상 표에서 [색상 테마]를 클릭합니다. ❸ 색상 테마에서 [꿈]을 선택하고 ❹ [(RGB: 76, 198, 169) 80% 밝게]를 선택합니다.

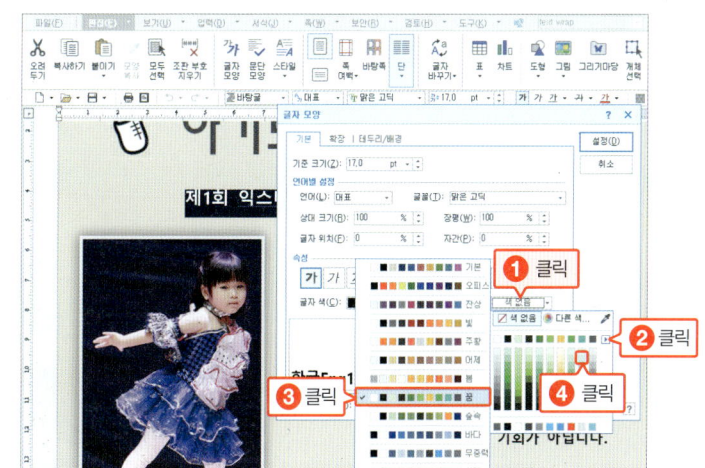

05 테두리/배경 설정하기

❶ [글자 모양] 대화상자에서 [테두리/배경] 탭을 클릭합니다. ❷ [테두리]에서 [종류] – [점선], ❸ [굵기] – [0.5mm], ❹ [색] – [(RGB: 8, 33, 8) 60% 밝게]를 선택합니다. ❺ 테두리 서식을 적용하기 위해 테두리 모양에서 [모두]를 클릭한 후 ❻ [설정]을 클릭합니다.

본문에 음영 및 테두리가 적용됩니다.

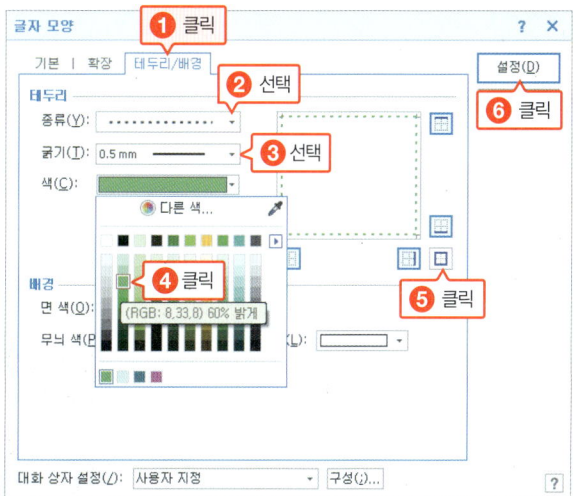

[글자 모양] 대화상자의 [테두리/배경] 탭 알아보기

[글자 모양] 대화상자의 [테두리/배경] 탭에서는 글자에 적용한 테두리의 종류, 굵기, 색 및 무늬 색 등을 설정합니다. 대화상자 내 미리 보기 화면을 확인하면서 다양한 테두리 및 무늬 모양을 선택해 적용할 수 있습니다.

① **테두리** : 글자에 적용한 테두리의 종류, 굵기, 색을 설정합니다.

② **테두리 적용 상자** : 글자에 테두리를 어떤 위치에 적용할지 선택합니다. 위, 아래, 좌, 우를 각각 선택하거나 모든 위치를 한 번에 선택할 수 있습니다.

③ **배경** : 글자에 적용한 배경에 면 색, 무늬 색, 무늬 모양을 설정합니다.

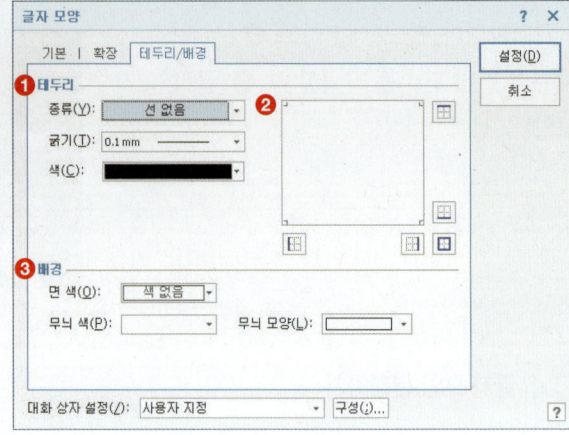

---

06 음영 및 테두리가 설정되었습니다.

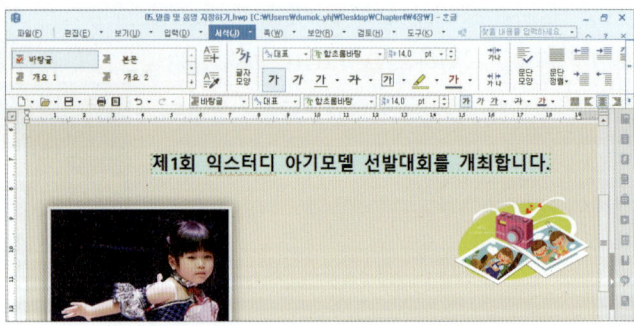

형광펜 기능으로 문장 강조하기

형광펜 기능은 문서의 특정 부분을 강조할 때 사용합니다. 형광펜 기능은 화면에서만 보이고 인쇄는 되지 않습니다.

① 강조할 문단을 드래그하고 ② [서식] 메뉴를 클릭합니다. ③ [형광펜]의 내림 단추를 클릭하고 ④ [색상 테마]를 클릭합니다. ⑤ 색상 테마에서 [바다]를 선택하고 ⑥ [(RGB: 12, 134, 203) 60% 밝게]를 선택합니다.

형광펜을 취소하려면 형광펜이 지정된 범위를 드래그하고 [형광펜]의 내림 단추를 클릭한 후 [색 없음]을 클릭합니다.

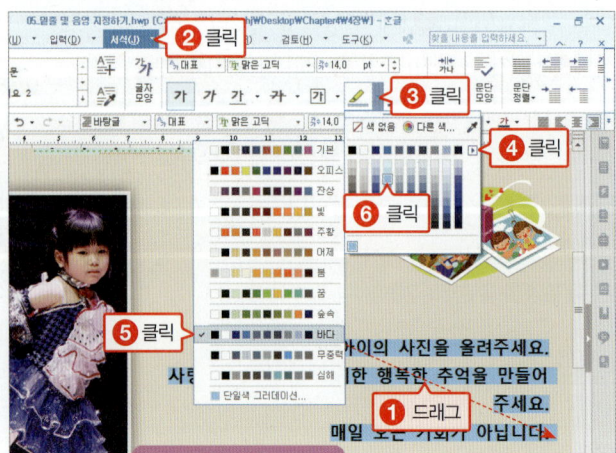

핵심기능실습
015
그림자, 강조점, 취소선 적용하기

그림자, 강조점 등을 넣어 글자를 강조하거나 작성한 문장에 취소선을 적용해 문서를 꾸며보겠습니다. 강조점은 글자 위에 점을 찍어 강조하는 역할을, 취소선은 불필요하거나 생략해야 하는 부분을 알려주는 역할을 합니다.

실습 파일 | 한글\3장\그림자, 강조점, 취소선 적용하기.hwp   완성 파일 | 한글\3장\그림자, 강조점, 취소선 적용하기_완성.hwp

---

01 글자에 그림자 지정하기

예제 문서의 글자에 그림자를 적용해 눈에 띄도록 표현해보겠습니다. ❶ '응 모 방법'을 드래그하고 ❷ 단축키 [Alt]+ [L]을 누릅니다.

[글자 모양] 대화상자가 나타납니다.

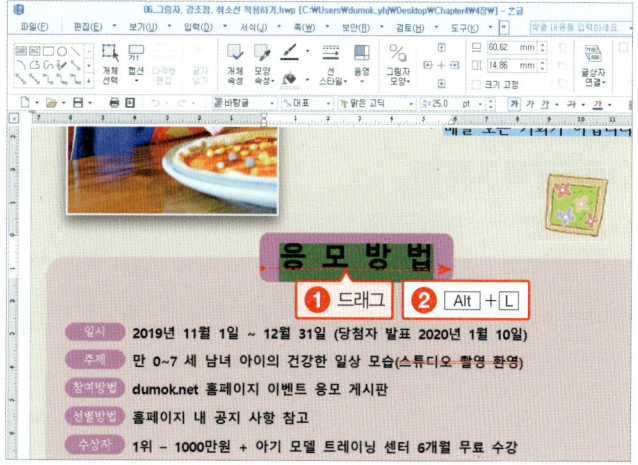

02
❶ [글자 모양] 대화상자의 [확장] 탭을 클릭하고 ❷ [그림자] – [연속]을 클릭합니다. ❸ [색]을 클릭하고 ❹ [색 상 테마]를 클릭합니다. ❺ 색상 테마에 서 [바다]를 선택하고 ❻ [(RGB: 9, 46, 153) 40% 밝게]를 선택한 후 ❼ [설정] 을 클릭합니다.

03 그림자가 적용된 모양을 확인합 니다.

바로 통하는 TIP 글자에 그림자, 강조점, 취소선을 적용한 예입니다.

① 비연속 그림자   ② 연속 그림자   ③ 강조점   ④ 취소선

04 글자에 강조점 지정하기

글자가 두드러져 보이도록 강조점을 적용해보겠습니다. ❶ '당첨자 발표'를 드래그하고 ❷ 단축키 Alt + L 을 누릅니다.

[글자 모양] 대화상자가 나타납니다.

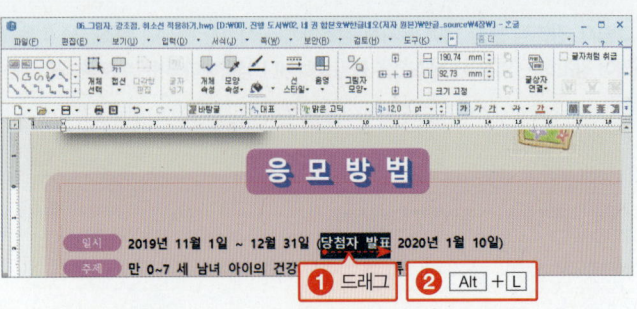

05 강조점 적용하기

❶ [확장] 탭에서 [강조점]을 클릭하고 ❷ 원하는 모양을 선택합니다. 여기에서는 글자 위에 검은 점하나가 찍힌 모양을 선택했습니다. ❸ [설정]을 클릭합니다.

강조점이 적용됩니다.

| 일시 | 2019년 11월 1일 ~ 12월 31일 (당첨자 발표 2020년 1월 10일) |
| 주제 | 만 0~7 세 남녀 아이의 건강한 일상 모습(스튜디오 촬영 환영) |

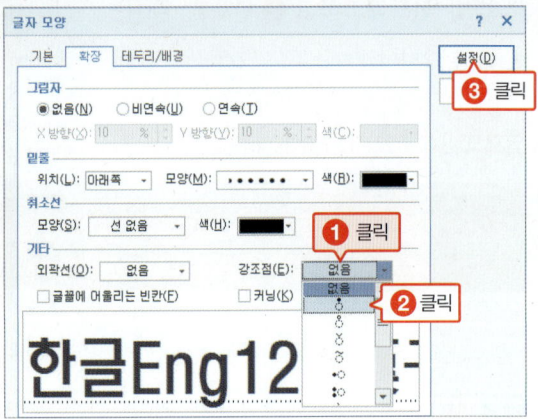

쉽고 빠른 한글 NOTE

[글자 모양] 대화상자의 [확장] 탭 알아보기

[글자 모양] 대화상자의 [확장] 탭에서는 글자의 그림자, 밑줄, 취소선, 외곽선, 강조점 등을 설정합니다.

① **그림자** : 글자의 그림자 모양을 [없음], [비연속], [연속] 중에 선택하여 설정합니다.

② **밑줄** : 밑줄의 위치, 모양, 색을 선택합니다.

③ **취소선** : 취소선의 모양과 색을 선택합니다.

④ **글꼴에 어울리는 빈칸** : 글자 사이 빈칸의 폭을 현재 입력하는 글꼴이 가지고 있는 본래의 폭으로 나타냅니다. 이 항목에 체크 표시가 되어 있지 않으면 빈칸의 폭을 글자 크기의 1/2로 설정합니다.

⑤ **커닝** : 영문을 입력할 때 연속되는 두 글자 사이의 간격을 자동으로 보기 좋게 조정합니다.

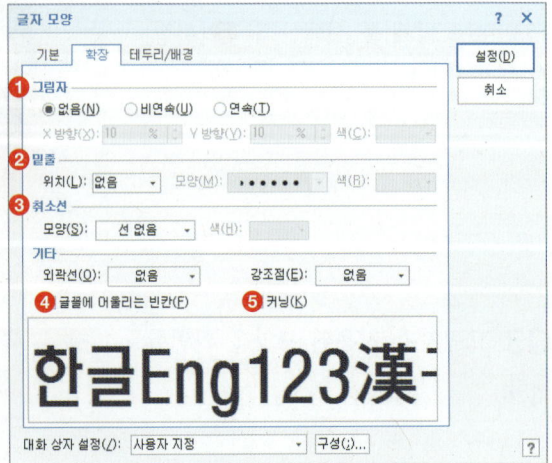

06 글자에 취소선 적용하기

글자가 취소되었거나 삭제된 내용이라는 것을 나타내기 위해 취소선을 적용해 보겠습니다. ❶ '(스튜디오 촬영 환영)'을 드래그하여 선택하고 ❷ 단축키 Alt +L을 누릅니다.

[글자 모양] 대화상자가 나타납니다.

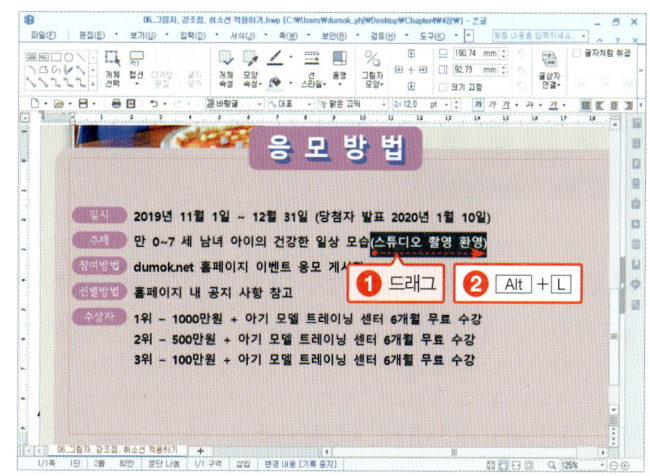

07 취소선 색 변경하기

❶ [확장] 탭의 [취소선] – [모양]을 클릭하여 [이중 실선]을 선택합니다. ❷ [색]에서 [색상 테마] – [오피스], ❸ [빨강]을 선택하고 ❹ [설정]을 클릭합니다.

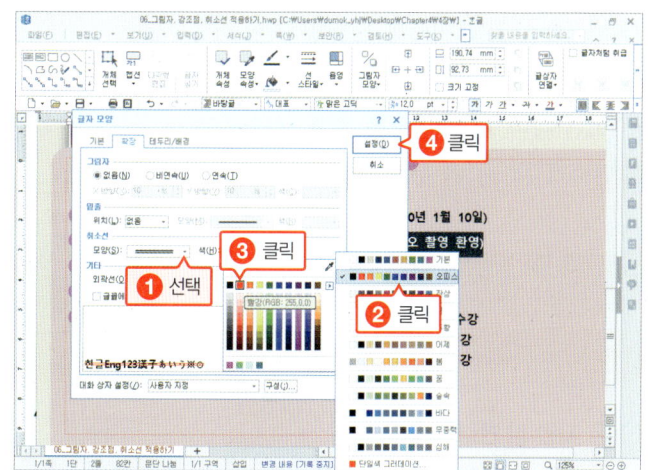

08 취소선이 적용됩니다.

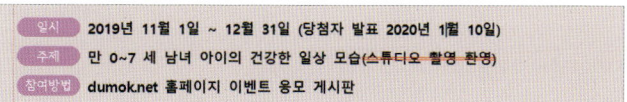

바로 통하는 TIP 취소선을 해제할 때는 취소선이 적용된 범위를 드래그하여 선택한 후 [서식] 메뉴 – [취소선]을 클릭합니다.

016 자간, 장평 조정하기

글자와 글자 사이의 간격을 자간, 글자의 세로 길이 대비 가로 폭의 비율을 장평이라고 합니다. 자간과 장평을 잘 조절하면 보기 좋은 글꼴 스타일을 문서에 적용할 수 있습니다. 글자 간격과 장평을 조정하는 방법을 알아보겠습니다.

실습 파일 | 한글\3장\자간과 장평 조정하기.hwp   **완성 파일** | 한글\3장\자간과 장평 조정하기_완성.hwp

01 자간 넓히기(단축키 Alt + shift + W)

글자의 자간은 [글자 모양] 대화상자에서 정확한 수치를 입력해 조정할 수 있습니다. 문서 제목의 글자 간격을 조정해보겠습니다. ❶ '위임장'을 드래그하고 ❷ 단축키 Alt + L 을 누릅니다.

[글자 모양] 대화상자가 나타납니다.

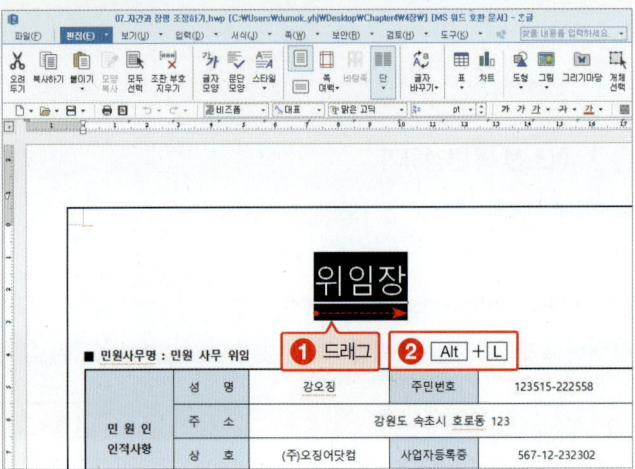

02 자간 값 변경하기

❶ [기본] 탭의 [자간]에 **50**을 입력하고 ❷ [설정]을 클릭합니다.

자간이 넓게 수정됩니다.

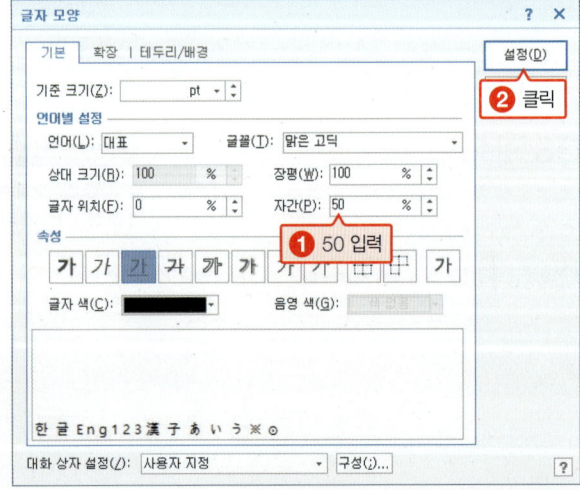

바로 통하는 TIP 자간을 조절한 예입니다. 자간은 글자 크기를 100%로 보고 글자 크기만큼 글자 간격을 띄워줍니다. 기본 값은 0%이며 −50%~50% 사이에서 설정할 수 있습니다.

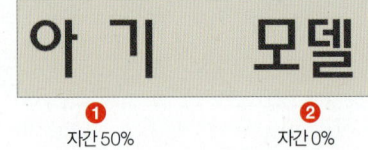

❶ 자간 50%   ❷ 자간 0%

03 도구 모음 이용해 자간 좁히기

도구 모음에서 설정 값을 조금씩 변경하면서 자간을 조정하는 방법도 있습니다. ❶ '위임장'을 드래그해 선택하고 ❷ [서식] 메뉴를 클릭한 후 ❸ [글자 자간 좁게]를 클릭합니다. 도구를 클릭할 때마다 자간이 1%씩 줄어듭니다.

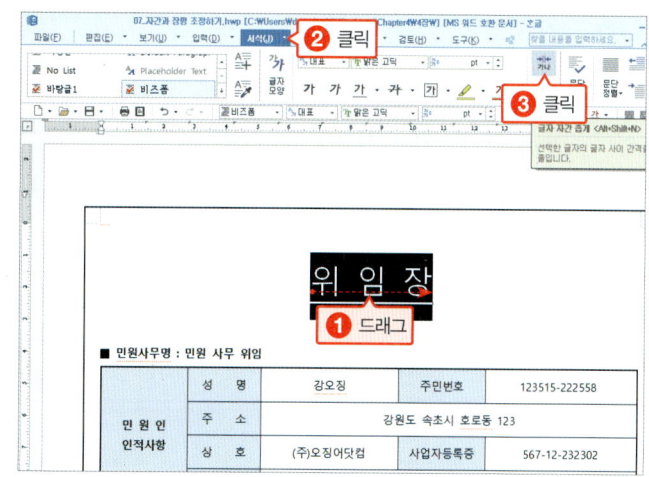

바로 통하는 TIP 단축키 Alt + shift + N 을 누르면 자간이 1%씩 좁아지고 Alt + shift + W 를 누르면 자간이 1%씩 넓어집니다.

04 장평 늘리기

장평은 한 글자를 기준으로 가로 너비를 늘리거나 줄이는 기능입니다. [글자 모양] 대화상자를 이용해 문서 제목의 장평을 조절해보겠습니다. ❶ '위임장'을 드래그해 선택하고 ❷ [서식] 메뉴 - [글자 모양]을 클릭합니다.

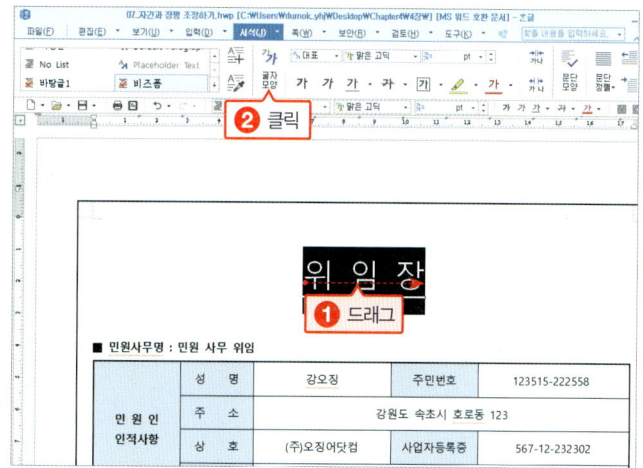

[글자 모양] 대화상자가 나타납니다.

05 장평 값 변경하기

❶ [글자 모양] 대화상자에서 [기본] 탭의 [장평]에 **150**을 입력하고 ❷ [설정]을 클릭합니다.

바로 통하는 TIP 장평의 범위는 50% ~200% 사이에서 설정할 수 있습니다.

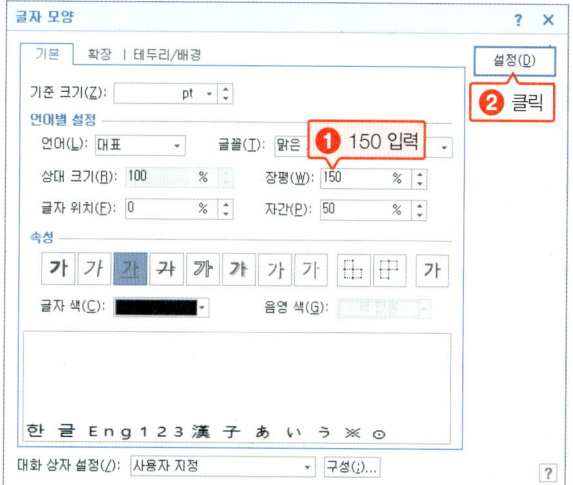

06 글자의 장평이 수정되었습니다.

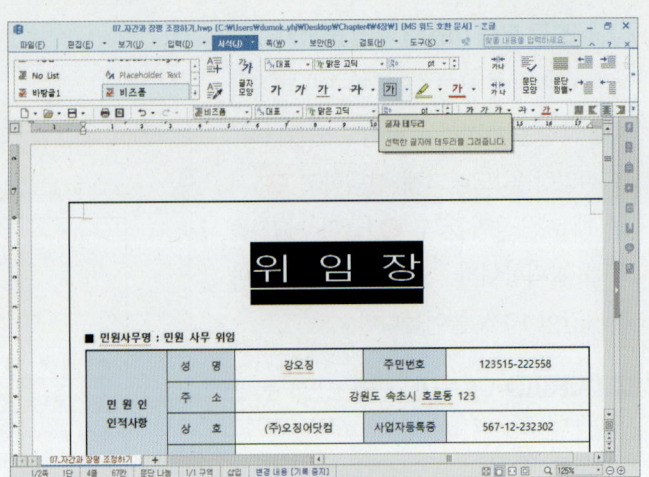

바로 통하는 TIP 장평을 조절한 예입니다. 장평은 글자의 가로 세로 비율을 1:1로 보고 비율에 맞추어 가로 길이를 조절해줍니다. 기본 값은 100%입니다.

❶ 장평 200%   ❷ 장평 100%

핵심기능실습 017 글자 모양 복사하기

글자 모양을 복사해 동일한 글자로 변환하거나 간편하게 문단 모양, 스타일 등을 변경할 때 사용합니다.

실습 파일 | 한글\2장\글자 모양 복사하기.hwp　**완성 파일 |** 한글\2장\글자 모양 복사하기_완성.hwp

01 글자 모양 복사하기(단축키 [Alt]+[C])

예제 문서에서 상위 항목의 제목에 사용한 글자 모양을 하위 항목에도 동일하게 적용해보겠습니다. ❶ 글자 모양을 복사할 '1. 부동산의 표시' 앞 부분을 클릭합니다. 드래그하지 않고 커서만 위치시킵니다. ❷ [편집] 메뉴를 클릭하고 ❸ [모양 복사]를 클릭합니다.

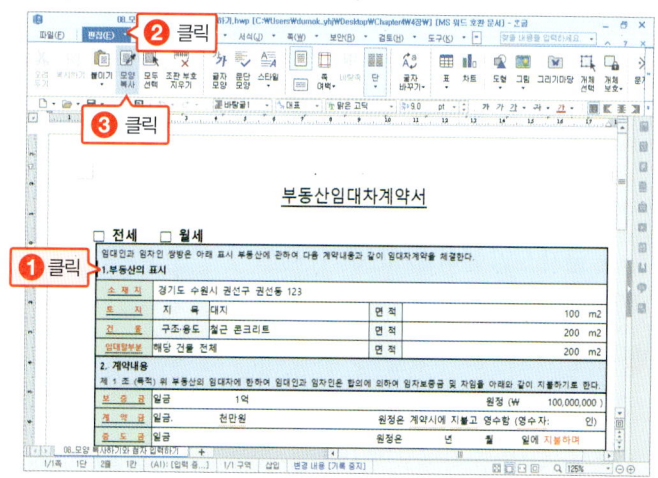

[모양 복사] 대화상자가 나타납니다.

02 ❶ [모양 복사] 대화상자에서 [글자 모양]을 선택하고 ❷ [복사]를 클릭합니다.

글자 모양이 복사됩니다.

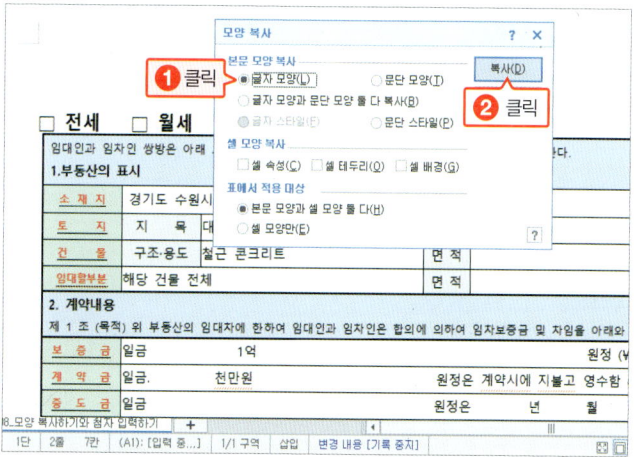

[모양 복사] 대화상자 알아보기

문서를 만들다 보면 같은 스타일을 적용해 글자나 문단을 꾸며야 하는 경우가 많은데, 이때 일일이 서식을 찾아 적용하려면 번거롭습니다. [모양 복사] 기능을 사용하면 본문에 사용된 글자 서식뿐 아니라 문단 서식까지 복사해 원하는 부분에 똑같이 적용할 수 있습니다.

① **본문 모양 복사** : 글자 모양, 문단 모양, 글자 모양과 문단 모양 둘 다 복사, 글자 스타일, 문단 스타일 중 복사할 모양을 선택합니다.

② **셀 모양 복사** : 표 안에서만 사용할 수 있는 옵션으로 커서 위치의 글자나 문단 모양, 스타일뿐만 아니라 현재 셀의 셀 속성이나 선 모양, 셀 배경까지 함께 복사해 다른 셀에 그대로 덮어쓸 수 있습니다.

③ **표에서 적용 대상** : 본문 모양과 셀 모양을 둘 다 복사할지, 셀 모양만 복사할지를 설정합니다.

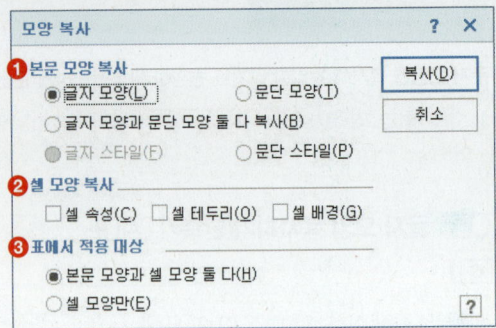

O3 글자 모양 붙여넣기(단축키 Alt + C)

❶ 복사한 글자 모양을 적용할 범위를 드래그합니다. ❷ [편집] 메뉴-[모양 복사]를 클릭합니다(단축키 Alt + C).

'1. 부동산의 표시'에서 복사한 글자 모양대로 하위 항목의 글자 모양 및 서식 스타일이 변경됩니다.

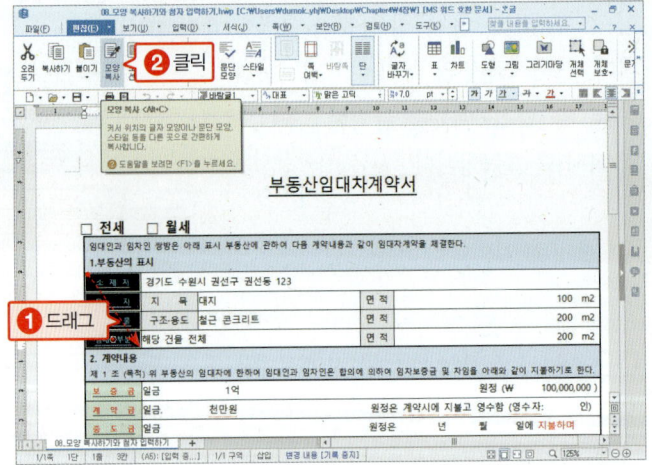

문단 꾸미기

한글 NEO 버전으로 문서를 작성하는 가장 큰 이유 중 하나는 문단을 꾸며서 통일된 형태의 문서를 완성하는 데 있습니다. 문단 앞에 번호를 넣거나 번호 서식을 간단히 변경하는 기능, 들여쓰기, 내어쓰기, 문단 줄 간격 조정 기능 등을 사용해 문단을 정돈해보겠습니다. 나아가 특정 문단을 강조하여 체계적이고 통일된 문서를 만드는 방법에 대해서 알아보겠습니다.

핵심기능실습

018

줄 간격 및 문단 여백 설정하기

문서 내에는 글을 넣을 범위가 한정되어 있습니다. 범위에 넣을 글이 많을 때는 줄 간격을 줄이고, 반대일 경우에는 줄 간격을 늘려 편집해야 합니다. 줄 간격 및 문단 여백 등을 조절해 문단을 꾸미는 방법을 알아보겠습니다.

실습 파일 | 한글\4장\줄 간격 및 문단 여백 설정하기.hwp **완성 파일** | 한글\4장\줄 간격 및 문단 여백 설정하기_완성.hwp

01 줄 간격 조절하기(단축키 Alt + T)

예제 문서 1쪽의 내용을 화면에 꽉 차게 편집해보겠습니다. ❶ 줄 간격을 조절할 세 개 문단을 드래그하여 선택합니다. ❷ [서식] 메뉴를 클릭하고 ❸ [문단 모양]을 클릭합니다.

[문단 모양] 대화상자가 나타납니다.

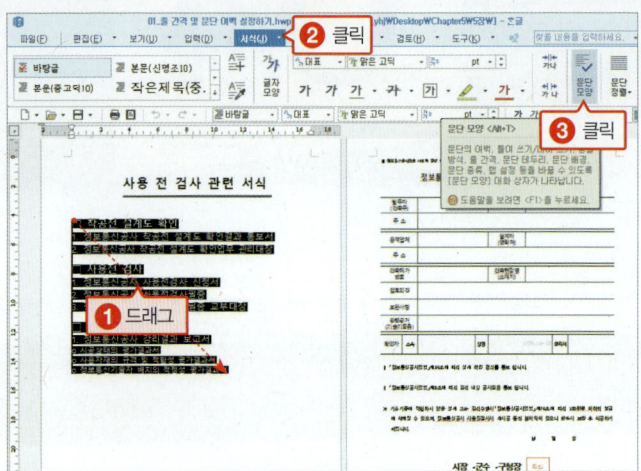

02 줄 간격 수정하기

❶ [문단 모양] 대화상자의 [기본] 탭에서 [간격]-[줄 간격]에 **180**을 입력하고 ❷ [설정]을 클릭합니다.

기본 줄 간격은 160이므로 줄 간격이 넓어집니다.

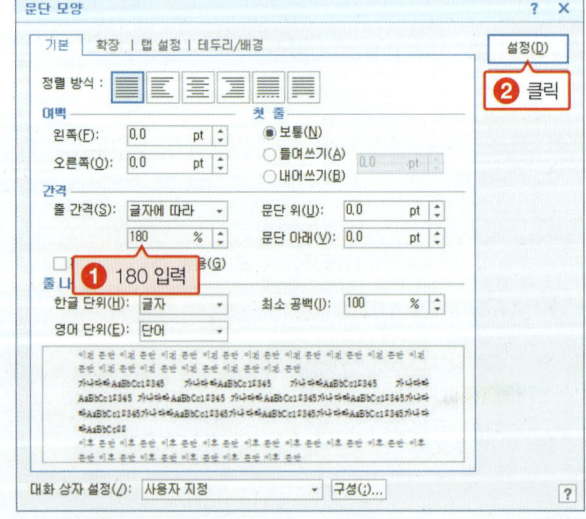

03 수정한 줄 간격이 적당한지 확인 합니다.

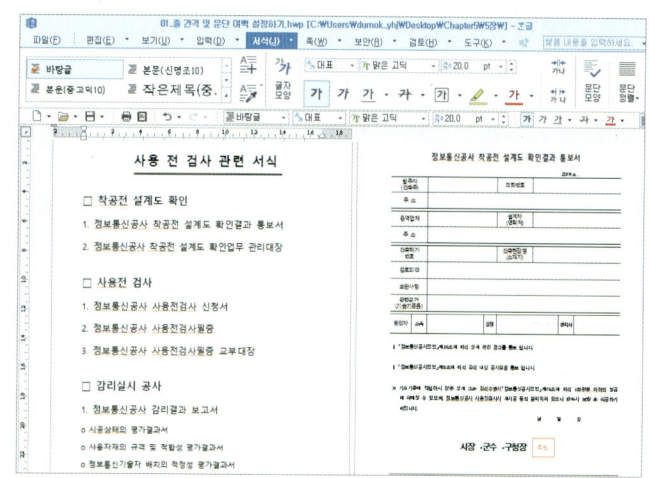

04 서식 도구 상자에서 줄 간격 조절하기

서식 도구 상자의 [줄 간격] 설정 도구에 서 직접 줄 간격을 입력해도 됩니다. 줄 간격을 조금 더 넓혀보겠습니다. [줄 간 격]에 **190**을 입력합니다.

줄 간격이 넓어집니다.

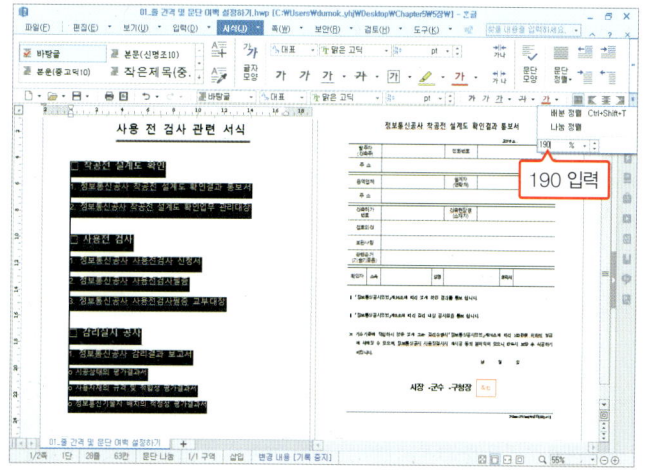

05 [문단 모양] 대화상자를 이용해 문 단 여백 설정하기

문단의 왼쪽과 오른쪽 여백을 설정할 수 있습니다. 첫 번째 문단의 하위 항목이 제목보다 들어가 보이도록 왼쪽 여백을 조금 늘려보겠습니다. ❶ '1. 정보통신공 사~관리대장'을 드래그하여 선택하고 ❷ 단축키 [Alt]+[T]를 누릅니다.

[문단 모양] 대화상자가 나타납니다.

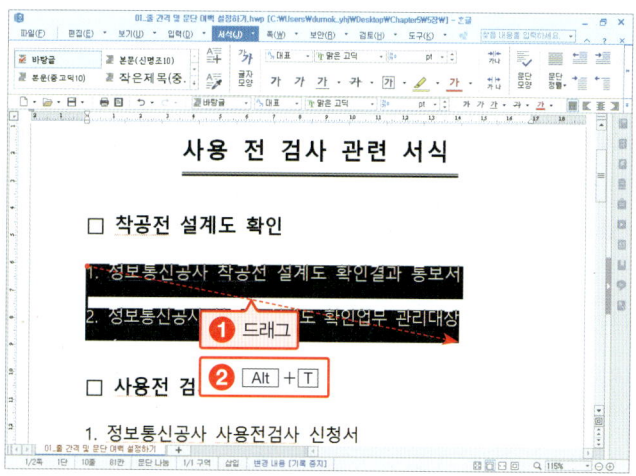

06 왼쪽 여백 수정하기

❶ [문단 모양] 대화상자의 [기본] 탭에서 [여백] – [왼쪽]에 20을 입력하고 ❷ [설정]을 클릭합니다.

왼쪽 여백이 늘어나서 제목보다 오른쪽으로 더 들어가 보입니다.

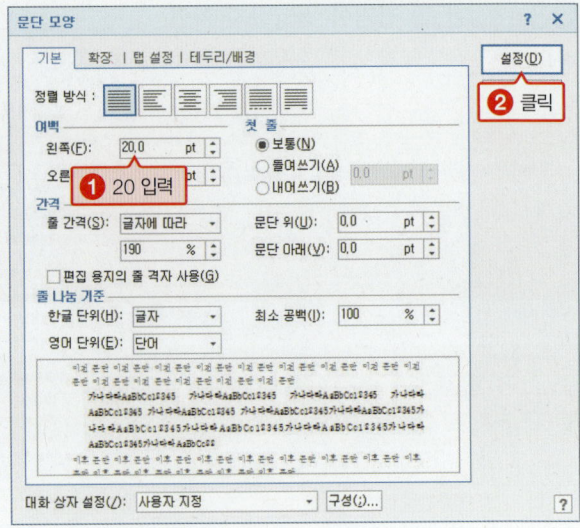

07 서식 도구 상자를 이용해 문단 여백 설정하기

두 번째 문단의 하위 항목도 왼쪽 여백을 늘보겠습니다. ❶ '1. 정보통신공사~교부대장'을 드래그하여 선택하고 ❷ [서식] 메뉴를 클릭한 후 ❸ [왼쪽 여백 늘리기]를 클릭합니다.

[왼쪽 여백 늘리기]를 클릭할 때마다 왼쪽 여백이 1pt씩 증가합니다.

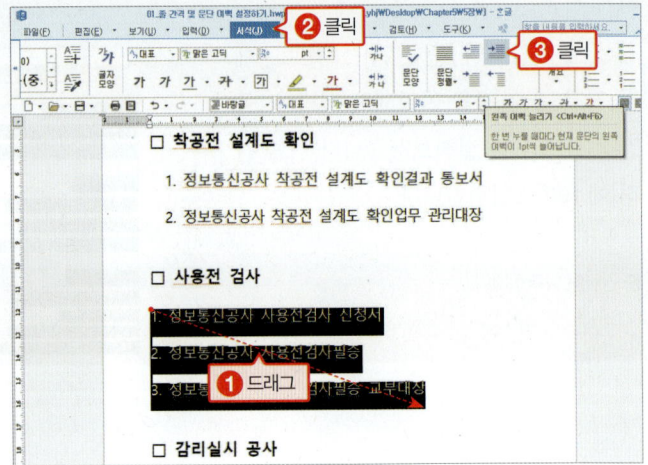

바로 통하는 TIP 기본 글꼴 크기 10pt를 기준으로 여백 10pt는 한글 한 글자만큼의 여백을 의미합니다. 즉 여백을 20pt로 설정하면 한글 두 글자만큼의 여백이 확보됩니다.

019 들여쓰기와 내어쓰기

문단 첫 줄을 몇 칸 비워두고 쓰는 방식을 들여쓰기라 하며, 새 문단의 시작을 시각적으로 알리는 역할을 합니다. 이와 반대로 첫 줄을 다른 줄보다 당겨서 쓰는 방식을 내어쓰기라고 합니다. 내어쓰기는 주로 번호로 시작하는 문단에서 자주 사용합니다.

실습 파일 | 한글\4장\들여쓰기와 내어쓰기.hwp   완성 파일 | 한글\4장\들여쓰기와 내어쓰기_완성.hwp

01 문단 첫 줄 들여쓰기(단축키 Ctrl + F6)

예제 문서의 첫 번째 문단에 첫 줄 들여쓰기를 적용해보겠습니다. ❶ 첫 번째 문단을 드래그하여 선택합니다. ❷ [서식] 메뉴를 클릭하고 ❸ [문단 모양]을 클릭합니다(단축키 Alt + T).

[문단 모양] 대화상자가 나타납니다.

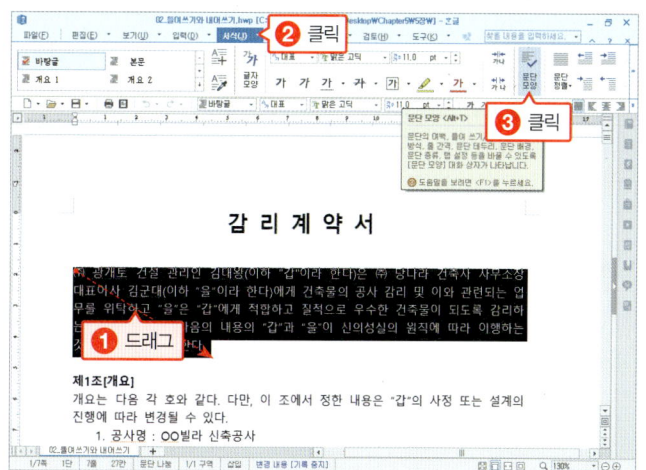

02 들여쓰기 설정하기

❶ [문단 모양] 대화상자의 [기본] 탭에서 [첫 줄]-[들여쓰기]를 선택하고 ❷ [설정]을 클릭합니다.

첫 줄 들여쓰기가 적용됩니다.

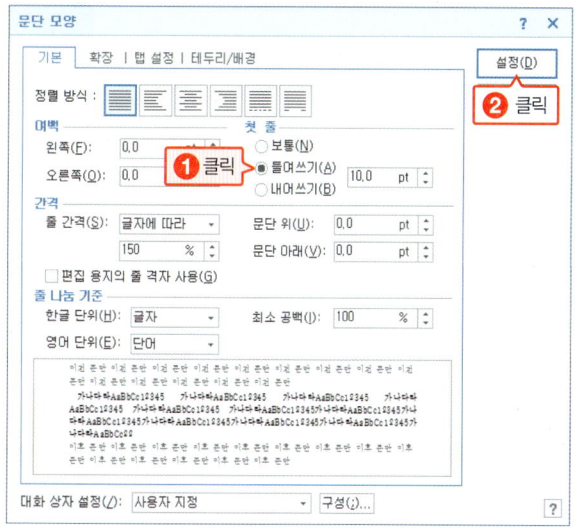

바로 통하는 TIP 들여쓰기 10pt는 글꼴 크기 10pt인 한글 기준으로 한 글자 너비를 의미합니다. 들여쓰기와 내어쓰기는 일반적으로 한 글자씩 적용하므로 기본 값으로 10pt가 설정되어 있습니다. 물론 이 수치는 원하는 대로 설정할 수 있습니다.

O3 문단 첫 줄 내어쓰기(단축키 Ctrl + F5)

다시 첫 번째 문단에 첫 줄 내어쓰기를 적용해보겠습니다. ❶ 첫 번째 문단을 드래그하고 ❷ [서식] 메뉴-[첫 줄 내어쓰기]를 클릭합니다.

[첫 줄 내어쓰기]를 클릭할 때마다 1pt씩 내어쓰기가 적용됩니다.

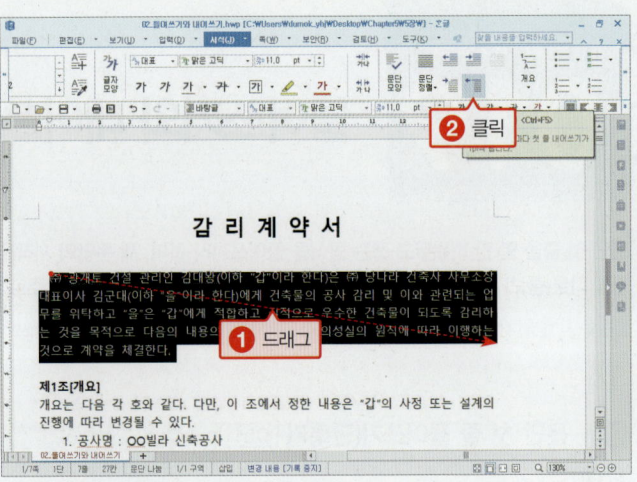

바로 통하는 TIP 들여쓰기와 내어쓰기는 일반적으로 최소 10pt를 지정하므로 [문단 모양] 대화상자에서 설정하는 것이 편리합니다. 그 외에 문단 꾸미기와 관련된 세부 설정은 도구 모음이나 단축키를 이용해 조절하는 것이 편리합니다.

O4 [첫 줄 내어쓰기]로 20pt를 적용했습니다.

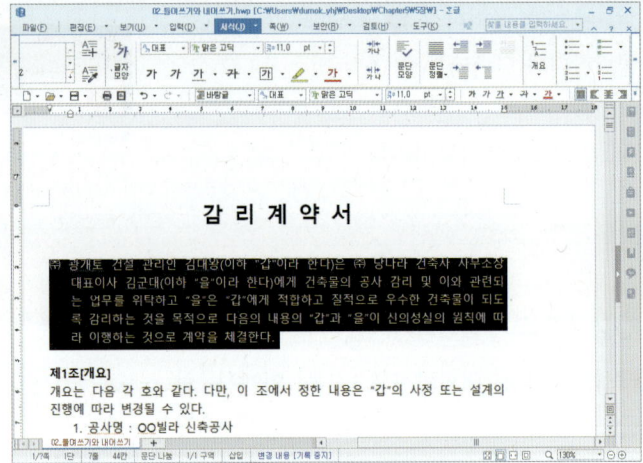

020 개요 번호와 문단 번호 활용하기

개요 번호와 문단 번호를 적용하여 문서를 정돈해보겠습니다. 사실 두 요소는 기능적으로 큰 차이가 없습니다. 다만 개요 번호를 사용하면 구역 나누기 기능으로 문서의 구역을 나눴을 때 구역 기준으로 번호를 다시 지정할 수 있습니다.

실습 파일 | 한글\4장\개요 번호와 문단 번호 활용하기.hwp **완성 파일** | 한글\4장\개요 번호와 문단 번호 활용하기_완성.hwp

01 개요 번호 지정하기(단축키 Ctrl + K , O)

예제 문서는 각 행의 글자 모양과 크기 등이 유사하게 편집되어 있어 문서 전체의 개요를 알아보기 어렵습니다. 개요 번호를 적용해 문서 전체의 구조를 한눈에 알아볼 수 있도록 수정해보겠습니다. ❶ 개요 번호를 지정할 문서의 첫 번째 행을 클릭합니다. 문장을 블록 설정할 필요 없이 커서만 위치시킵니다. ❷ [서식] 메뉴의 펼침 단추를 클릭하고 ❸ [개요 번호 모양]을 선택합니다.

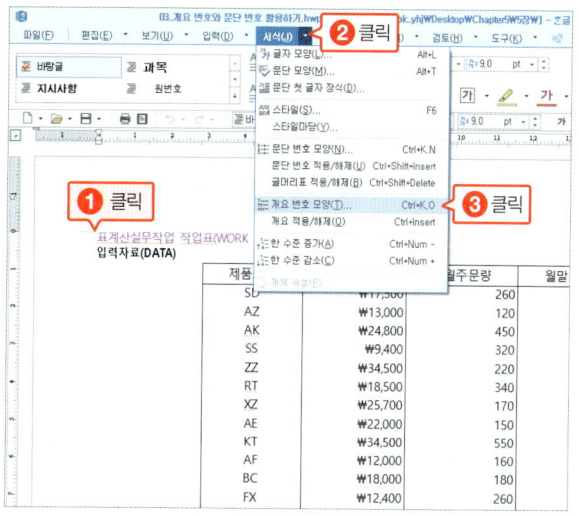

02 ❶ [개요 번호 모양] 대화상자의 [개요 번호 모양] 목록에서 첫 번째 항목을 선택하고 ❷ [1수준 시작 번호]에 3을 입력합니다. [1수준 시작 번호]는 개요 번호가 시작될 번호를 설정하는 항목입니다. ❸ [설정]을 클릭합니다.

커서가 있던 문장에 개요 번호 '3'이 적용됩니다.

3. 표계산실무작업 작업표(WORK SHEET) 작성
입력자료(DATA)

제품코드	단가	전월주문량
SD	₩17,500	260
AZ	₩13,000	120

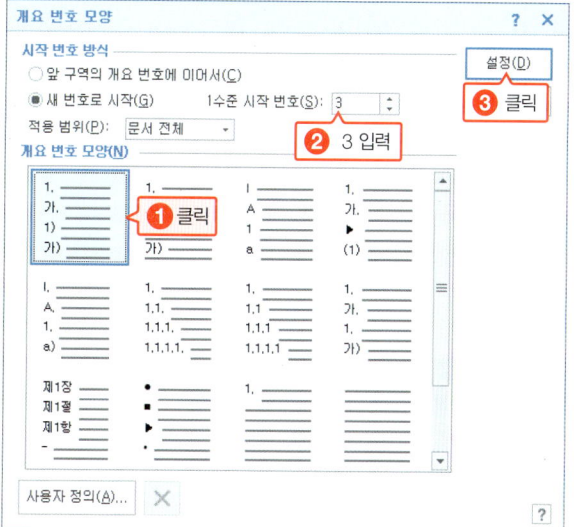

03 개요 번호 수준 변경하기

예제 문서의 두 번째 행에는 첫 번째 행의 하위 수준으로 개요 번호를 표시해 보겠습니다. ❶ 두 번째 행을 클릭합니다. ❷ [서식] 메뉴-[개요]를 클릭합니다. 앞서 지정한 개요 수준의 다음 번호인 '4'가 자동으로 적용됩니다. ❸ 그 상태로 [서식] 메뉴-[한 수준 감소]를 클릭합니다.

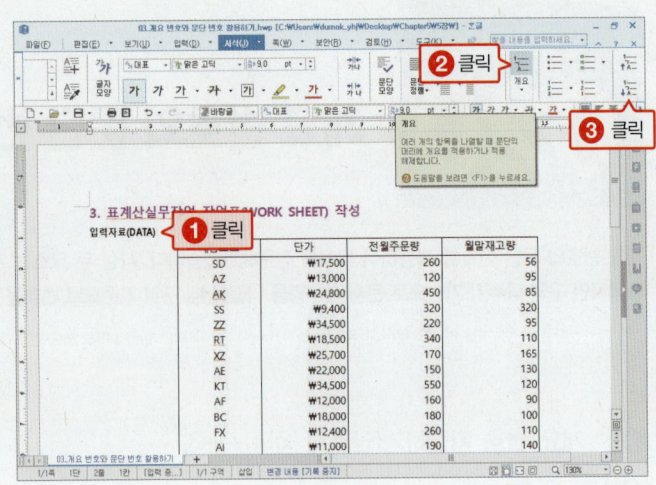

04

개요 수준이 한 단계 감소되어 '가'가 입력되었습니다. 개요 수준의 모양은 앞서 설정한 [개요 번호 모양] 테마에 따라 자동 변경됩니다.

3. 표계산실무작업 작업표(WORK SHEET) 작성
가. 입력자료(DATA)

제품코드	단가	전월주문량	월말재고량
SD	₩17,500	260	56
AZ	₩13,000	120	95
AK	₩24,800	450	85
SS	₩9,400	320	320
ZZ	₩34,500	220	95
RT	₩18,500	340	110

05 문단 번호 지정하기

'작성조건'이 있는 문서 중간 위치로 이동하여 문단 번호를 표시해보겠습니다. ❶ '제목서식~이용함'을 드래그하고 ❷ [서식] 메뉴-[문단 번호]를 한 번 클릭합니다.

개요 번호가 선택 범위에 적용되어 '1', '2'가 추가됩니다.

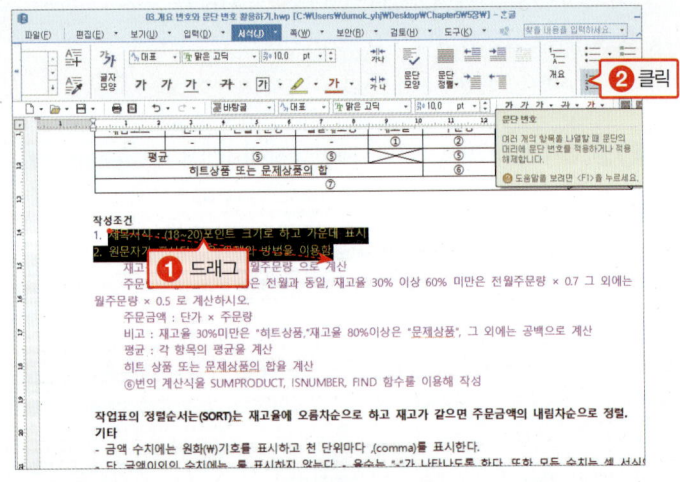

바로 통하는 TIP 한 행에만 문단 번호를 적용할 경우에는 개요 번호와 마찬가지로 해당 행에 커서만 이동시켜도 됩니다. 이 경우에는 인접한 두 행에 같은 수준의 문단 번호를 한 번에 적용하기 위해 드래그하여 블록을 설정했습니다.

06 하위 항목에도 문단 번호 표시하기

❶ '재고율~작성'을 드래그하고 ❷ [서식] 메뉴 – [문단 번호]를 클릭합니다.

문단 번호가 추가됩니다.

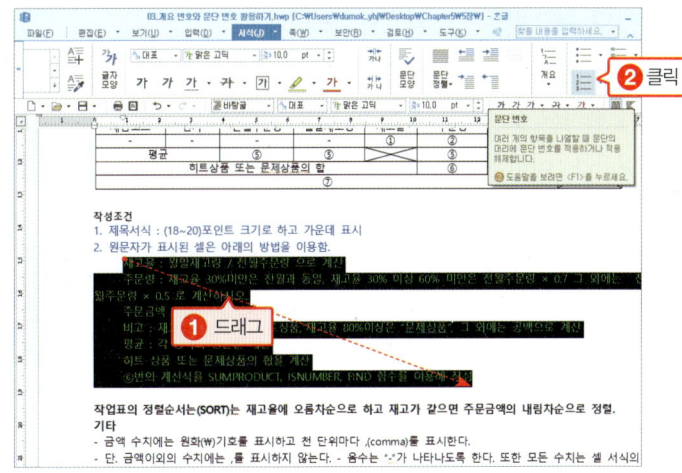

07 문단 번호 수준 변경하기

블록이 설정된 상태로 [서식] 메뉴 – [한 수준 감소]를 클릭합니다.

문단 번호 수준이 한 단계 감소되어 '가', '나', '다' 등으로 추가됩니다.

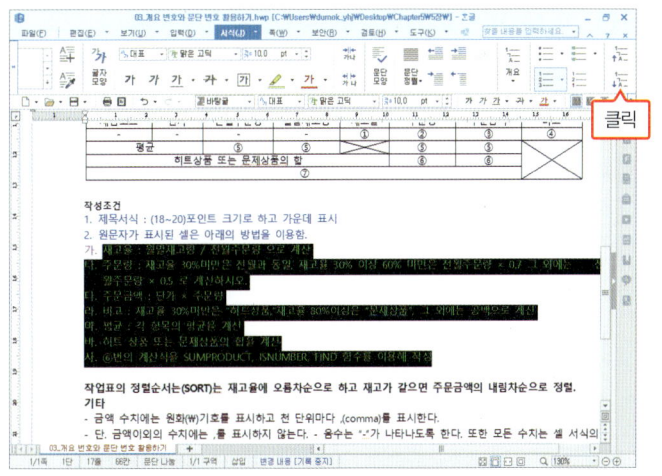

08 문단 왼쪽 여백 설정하기

❶ [문단 모양] 대화상자를 불러오기 위해 단축키 Alt + T 를 누릅니다. ❷ [문단 모양] 대화상자에서 [여백] – [왼쪽]에 20을 입력하고 ❸ [설정]을 클릭합니다.

문단 번호 '2수준'의 왼쪽에 여백이 적용됩니다.

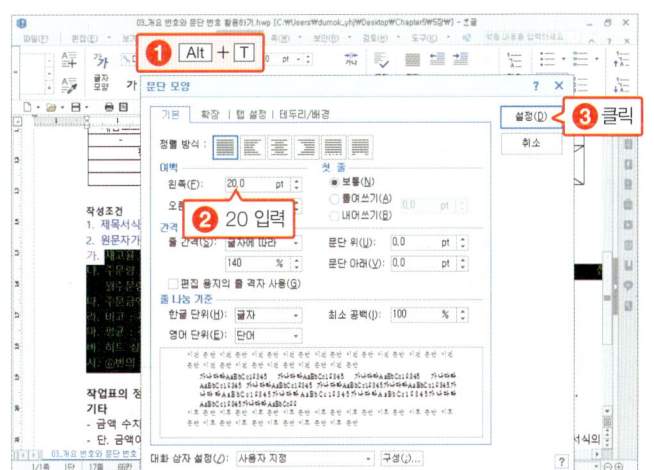

09 문단 번호 모양 사용자 정의하기

번호 모양은 지정된 테마 외에도 사용자가 원하는 모양으로 직접 변경할 수 있습니다. 이미 지정되어 있는 문단 번호의 모양을 바꿔보겠습니다. ❶ '재고율 ~작성'을 드래그하고 ❷ [서식] 메뉴-[문단 번호]의 내림 단추를 클릭한 후 ❸ [문단 번호 모양]을 선택합니다.

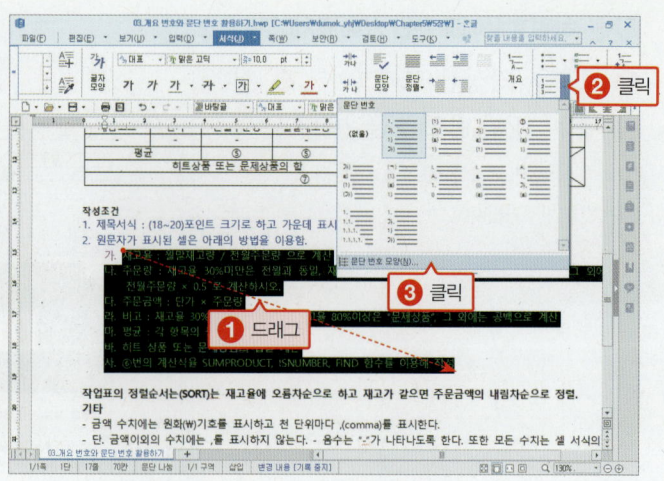

10

❶ [문단 번호/글머리표] 대화상자에서 [사용자 정의]를 클릭합니다. ❷ [문단 번호 사용자 정의 모양] 대화상자의 [번호 서식]에서 ^2 뒤의 마침표를 삭제합니다. ❸ [번호 모양]은 [①,②,③]으로 선택하고 ❹ [설정]을 클릭합니다. ❺ [문단 번호/글머리표] 대화상자로 돌아와 다시 [설정]을 클릭합니다.

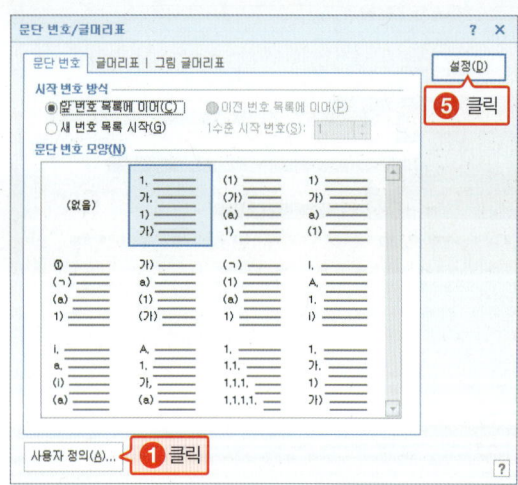

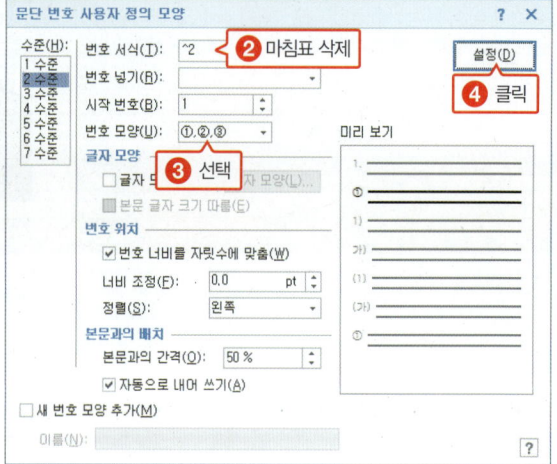

11 변경된 문단 모양을 확인합니다.

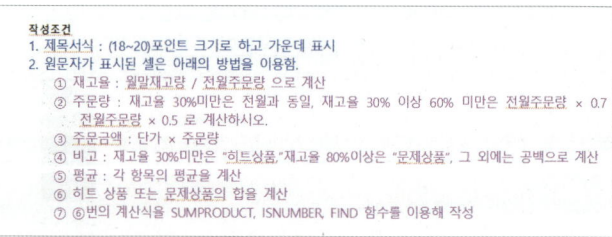

작성조건
1. 제목서식 : (18~20)포인트 크기로 하고 가운데 표시
2. 원문자가 표시된 셀은 아래의 방법을 이용함.
　① 재고율 : 월말재고량 / 전월주문량 으로 계산
　② 주문량 : 재고율 30%미만은 전월과 동일, 재고율 30% 이상 60% 미만은 전월주문량 × 0.7
　　　전월주문량 × 0.5 로 계산하시오.
　③ 주문금액 : 단가 × 주문량
　④ 비고 : 재고율 30%미만은 "히트상품", 재고율 80%이상은 "문제상품", 그 외에는 공백으로 계산
　⑤ 평균 : 각 항목의 평균을 계산
　⑥ 히트 상품 또는 문제상품의 합을 계산
　⑦ ⑥번의 계산식을 SUMPRODUCT, ISNUMBER, FIND 함수를 이용해 작성

바로 통하는 TIP 개요 번호나 문단 번호가 지정된 행에서 Enter 를 누르면 같은 수준의 다음 번호가 자동으로 새 문단에 입력됩니다.

핵심기능실습 021

스타일 적용하기

스타일이란 문서에서 사용되는 다양한 형태의 글꼴, 문단 등을 미리 설정해놓은 틀입니다. 편집 중인 문서를 일관성 있게 작성하도록 예제 문서에 다양한 스타일을 적용해보겠습니다.

실습 파일 | 한글\4장\스타일 적용하기.hwp   **완성 파일** | 한글\4장\스타일 적용하기_완성.hwp

01 서식 도구 모음에서 스타일 적용하기

예제 문서인 모집 공고문에는 제목, 글머리표 등의 스타일이 미리 설정되어 있습니다. 설정된 스타일을 문서에 적용해보겠습니다. ❶ 제목 스타일을 적용할 '희망퇴직자모집공고'의 앞부분을 클릭하고 ❷ [서식] 메뉴를 클릭한 후 ❸ 스타일 창에서 [제목]을 선택합니다.

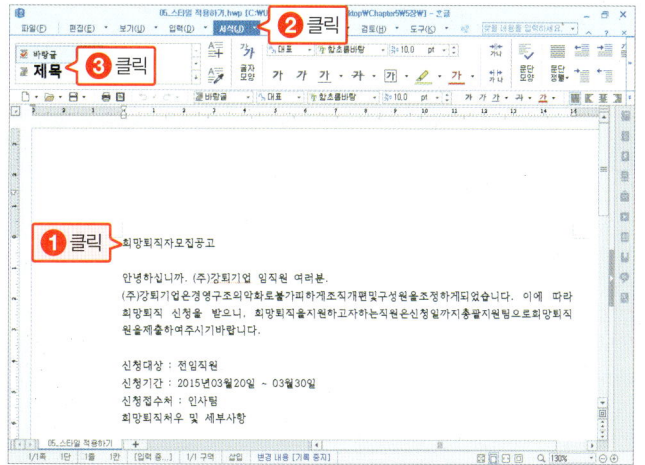

02 문서에 적용된 스타일 확인하기

제목 행에 스타일이 적용되었습니다. [서식] 메뉴의 스타일 창을 보면 적용한 스타일에 음영이 표시되었습니다. 특정 문장이나 문단에 어떤 스타일이 적용되었는지 확인하고 싶다면 스타일 창을 확인합니다.

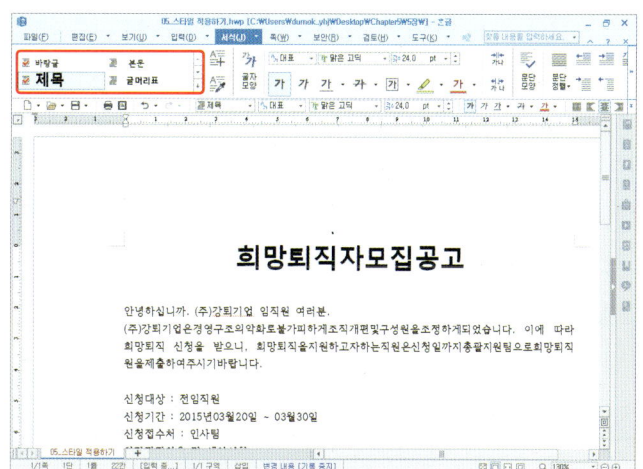

03 작업 창에서 스타일 적용하기

화면 오른쪽의 작업 창에 [스타일] 작업 창을 열어놓고 스타일을 적용해보겠습니다. ❶ 문서 오른쪽의 [작업 창 접기/펴기]를 클릭하고 ❷ 작업 창 도구에서 [스타일]을 클릭합니다.

[스타일] 작업 창이 활성화됩니다.

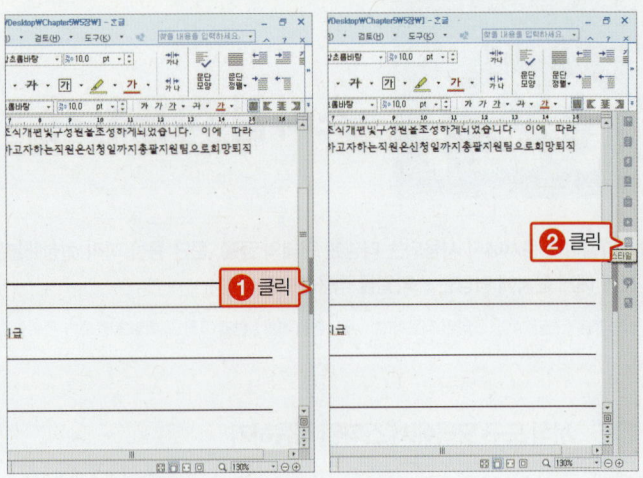

04

❶ 스타일을 적용할 첫 번째 열을 드래그하고 ❷ [스타일] 작업 창에서 [표안]을 선택합니다.

미리 설정된 표 스타일이 문서에 적용됩니다.

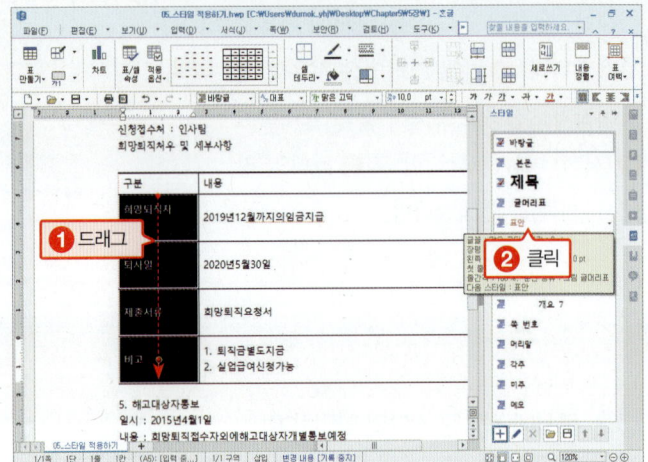

05 단축키로 스타일 적용하기

단축키로 스타일을 적용할 수 있습니다. [스타일] 대화상자에서 스타일의 단축키를 확인하고 적용해보겠습니다. ❶[서식] 메뉴의 펼침 단추를 클릭하고 ❷[스타일]을 선택합니다(단축키 F6).

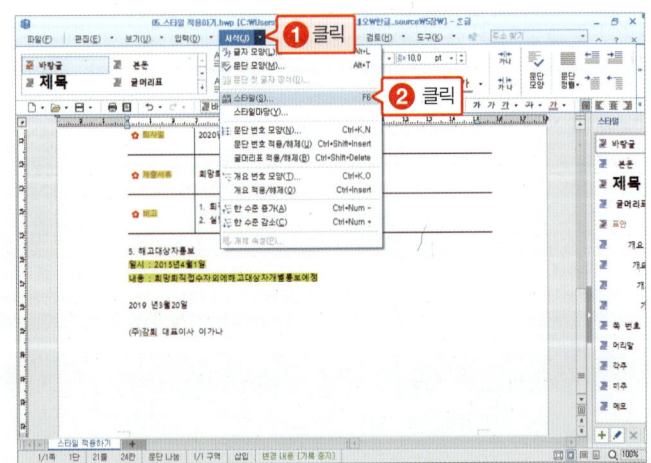

06 [스타일] 대화상자에는 각 스타일의 상세 정보와 단축키 정보가 나타납니다. 여기에서 적용하려는 글머리표 스타일의 단축키는 Ctrl + 4 입니다. 단축키를 확인했으면 [취소]를 클릭해 다시 본문으로 돌아옵니다.

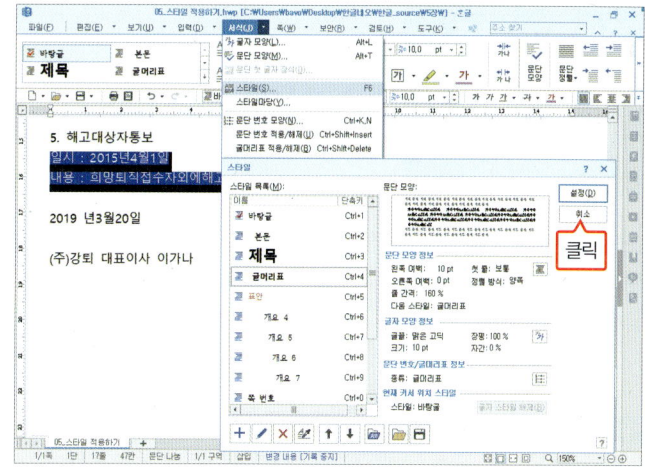

바로 통하는 TIP [스타일 목록]에서 첫 번째 스타일의 단축키는 Ctrl + 1 입니다. 네 번째에 있는 글머리표 스타일의 단축키는 Ctrl + 4 입니다. 굳이 [스타일] 대화상자에서 확인하지 않더라도 스타일 단축키는 스타일 순서에 따라 지정된다는 것을 알 수 있습니다.

07 '해고대상자통보'의 하위 항목에 글머리표 스타일을 적용해보겠습니다. ❶ '일시~통보예정'을 드래그하여 선택하고 ❷ 단축키 Ctrl + 4 를 누릅니다.

미리 설정된 [글머리표] 스타일이 문서에 적용됩니다. 문단 전체를 블록으로 설정하지 않아도 해당 스타일이 문단 전체에 적용됩니다.

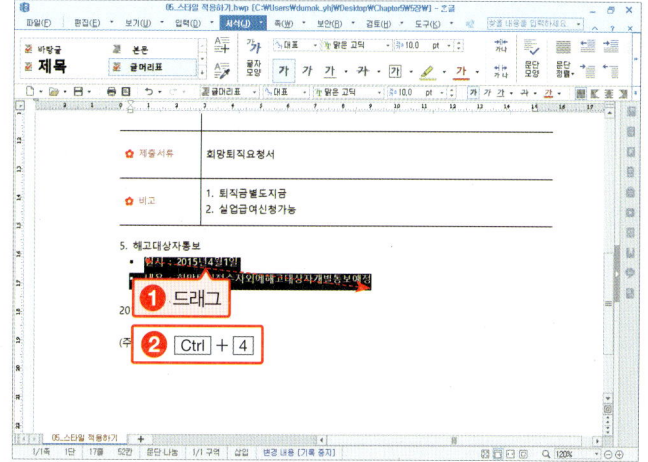

022 스타일 편집하기

스타일을 사용했을 때 가장 편리한 점은 스타일 편집만으로 전체 문서의 해당 스타일 모양을 한꺼번에 변경할 수 있다는 것입니다. 현재 지정된 스타일의 문단 모양과 글자 모양 등을 바꿔 편집해보겠습니다.

실습 파일 | 한글\4장\스타일 편집하기.hwp **완성 파일** | 한글\4장\스타일 편집하기_완성.hwp

01 스타일 편집하기

모집 공고문에는 [제목], [글머리표] 등의 스타일이 미리 설정되어 있습니다. 스타일을 편집해보겠습니다. ❶ [서식] 메뉴의 펼침 단추를 클릭하고 ❷ [스타일]을 선택합니다(단축키 F6).

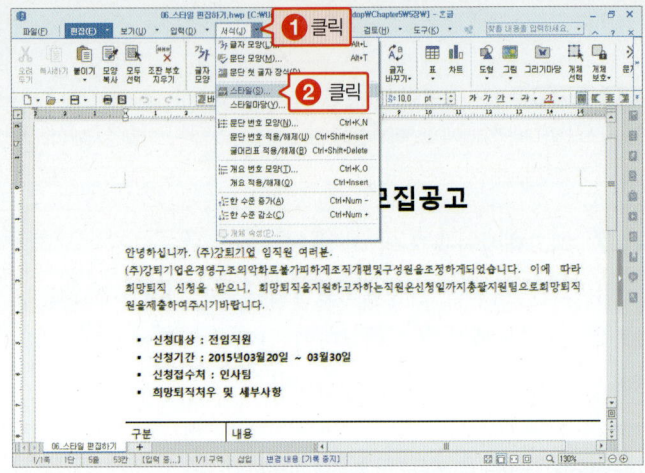

02 문단 모양 변경하기

본문의 '신청대상~세부사항' 부분에 적용된 [글머리표] 스타일을 편집해보겠습니다. 이미 적용되어 있는 스타일을 편집하기 때문에 이 부분을 블록 설정할 필요 없이 [스타일] 대화상자에서 바로 편집합니다. ❶ [스타일] 대화상자에서 변경할 스타일인 [글머리표] 스타일을 선택합니다. ❷ [스타일 편집하기]를 클릭하고 ❸ [스타일 편집하기] 대화상자에서 [문단 모양]을 클릭합니다.

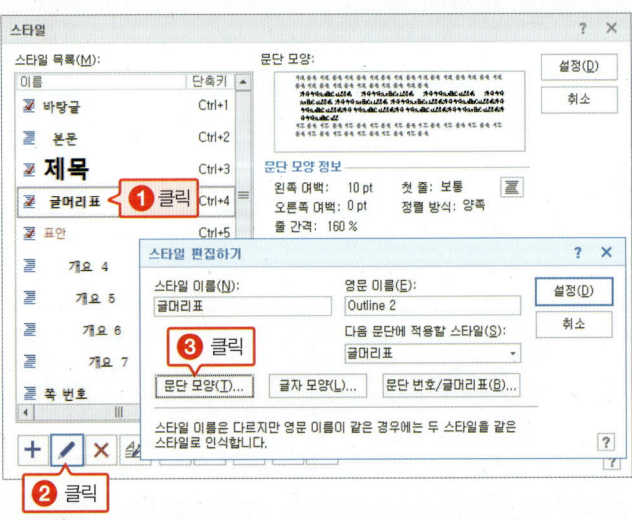

[문단 모양] 대화상자가 나타납니다.

03 문단 모양 스타일 편집하기

글머리표 스타일에 적용된 문단 스타일을 편집합니다. [기본] 탭에서 [여백] – [왼쪽]에 **10**을 입력합니다.

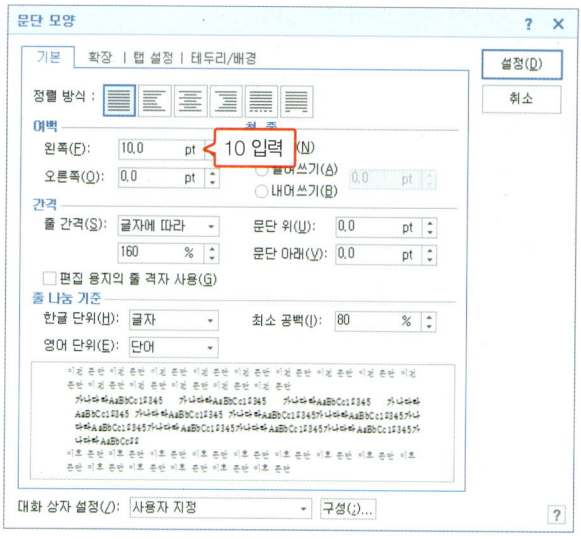

04 문단 테두리 변경하기

❶ [테두리/배경] 탭을 클릭하고 ❷ [면 색]을 클릭한 후 ❸ [검정 90% 밝게]를 선택합니다. ❹ [설정]을 클릭합니다.

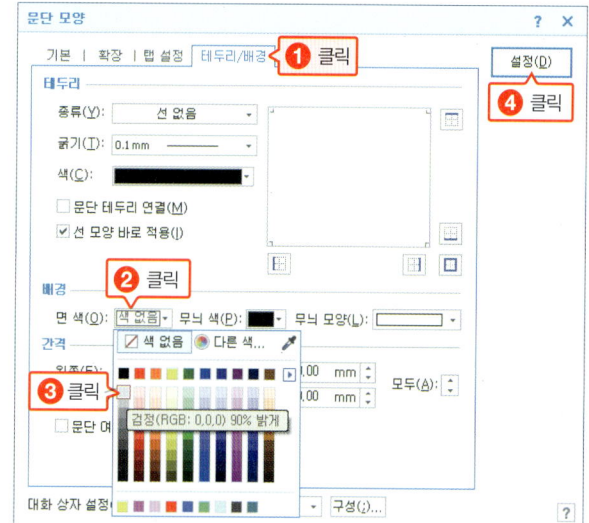

05 스타일 글자 모양 변경하기

[스타일 편집하기] 대화상자에서 [글자 모양]을 클릭합니다.

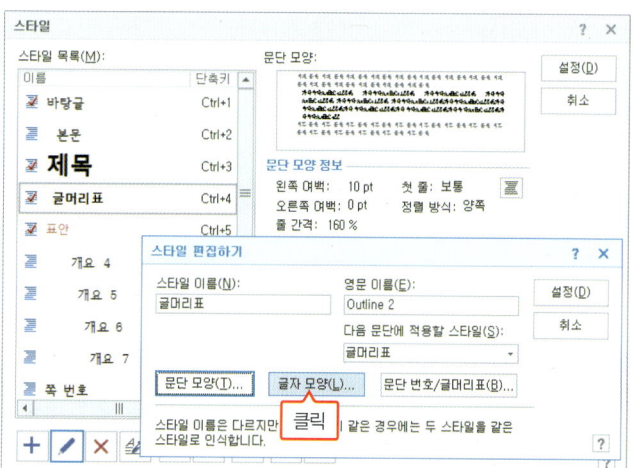

06 스타일 글꼴 크기 변경하기

[글자 모양] 대화상자에서 [글머리표] 스타일에 적용된 글자 스타일을 편집합니다. ❶ [기준 크기]에 11을 입력하고 ❷ [설정]을 클릭합니다.

[글자 모양] 대화상자가 닫힙니다.

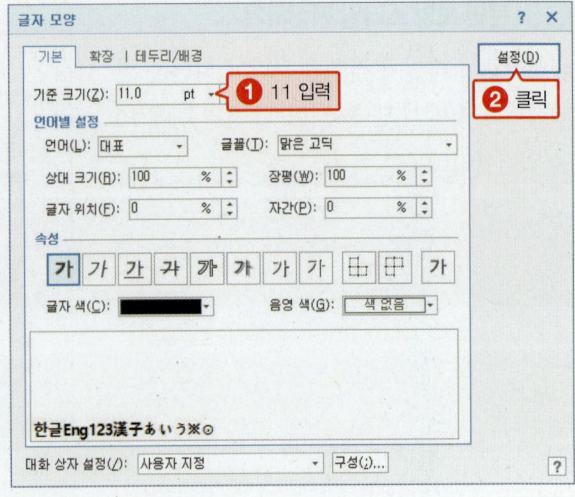

07 스타일 편집 마무리하기

❶ [스타일 편집하기] 대화상자로 돌아와 [설정]을 클릭합니다. ❷ 스타일 변경이 적용되면 [스타일] 대화상자에서 [취소]를 클릭해 창을 닫습니다.

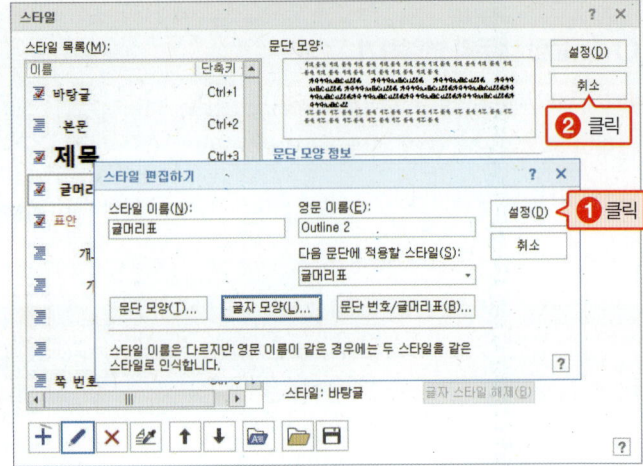

08 스타일 변경 내용 확인하기

스타일을 편집하면 본문에 적용된 스타일의 모양이 한 번에 변경되었음을 확인할 수 있습니다.

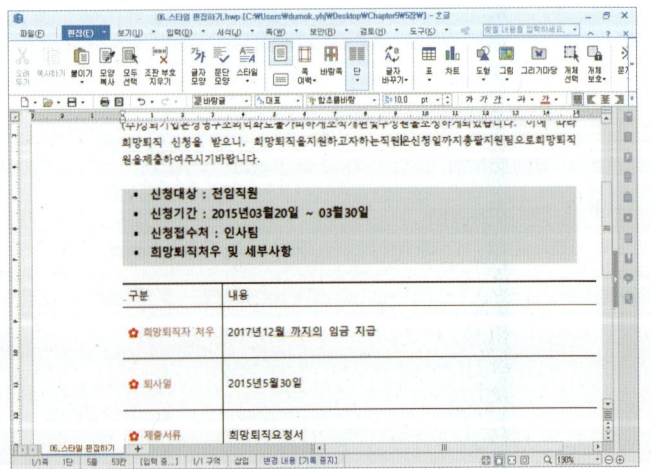

023 스타일 추가하기

새로운 스타일을 추가하고 단축키를 변경해보겠습니다. 단축키는 10개까지만 지정할 수 있으므로 가장 많이 사용하는 스타일에 단축키를 할당해두는 것이 좋습니다.

실습 파일 | 한글\4장\스타일 추가하기.hwp 완성 파일 | 한글\4장\스타일 추가하기_완성.hwp

01 스타일 추가하기

예제 문서에는 [제목], [글머리표] 등의 스타일이 미리 설정되어 있습니다. 이 외에 새로운 스타일을 추가하고 문서에 적용해보겠습니다. ❶ F6 을 눌러 [스타일] 대화상자가 열리면 ❷ [스타일 추가하기]를 클릭합니다.

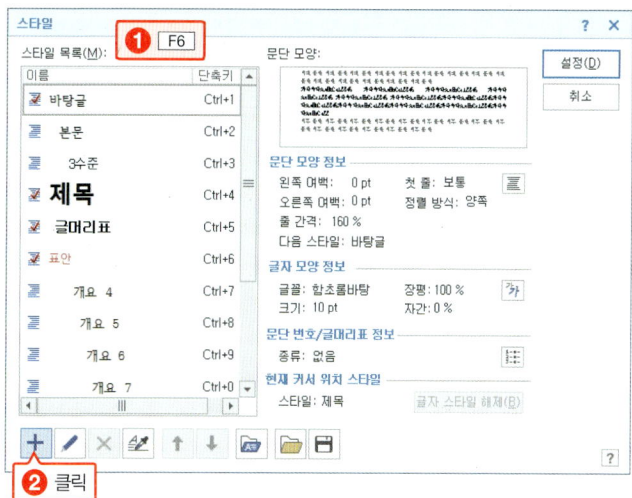

[스타일 추가하기] 대화상자가 나타납니다.

02 스타일 이름 설정하기

❶ [스타일 추가하기] 대화상자에서 [스타일 이름]에 3수준을 입력합니다. ❷ [스타일 종류] – [문단]을 선택하고 ❸ [문단 모양]을 클릭합니다.

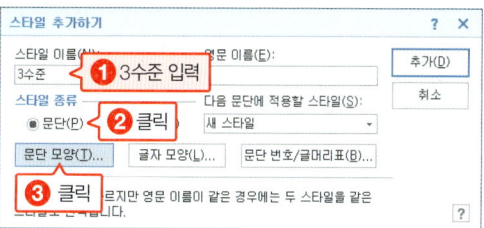

[문단 모양] 대화상자가 나타납니다.

03 문단 스타일 편집하기

❶ [여백] – [왼쪽]에 30을 입력하고 ❷ [설정]을 클릭하여 [문단 모양] 대화상자를 닫습니다.

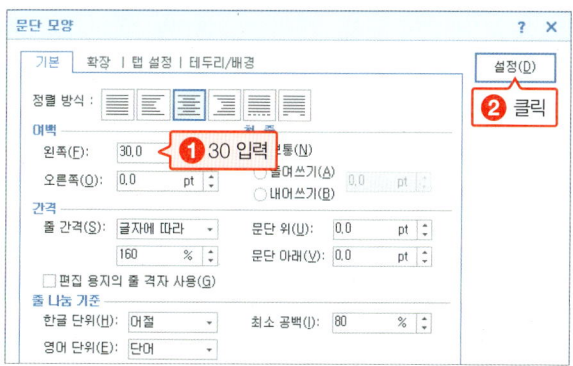

04 글자 모양 수정하기

[스타일 추가하기] 대화상자로 돌아와 [글자 모양]을
클릭합니다.

[글자 모양] 대화상자가 나타납니다.

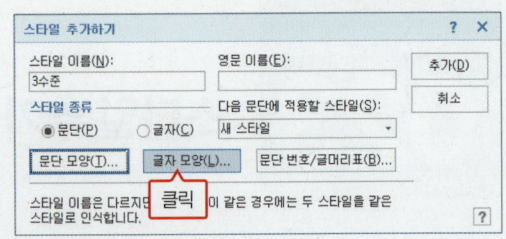

05 글꼴 스타일 편집하기

❶ [글자 모양] 대화상자의 [기본] 탭−[기준
크기]에 **10**을 입력하고 ❷ [글꼴]을 [굴림체]로
선택합니다. ❸ [설정]을 클릭하여 [글자 모양]
대화상자를 닫습니다.

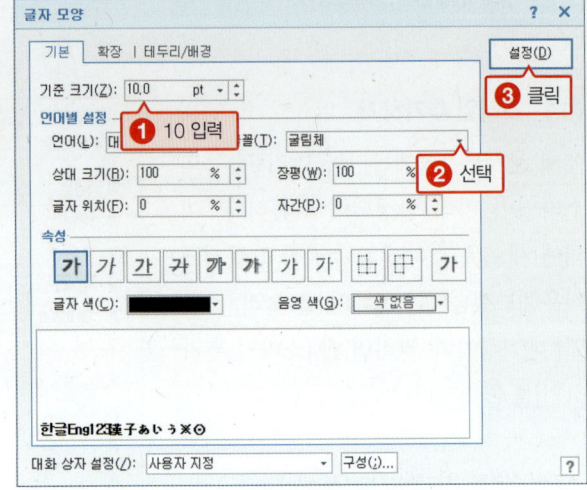

06 글머리표 붙이기

[스타일 추가하기] 대화상자로 돌아오면 [문단 번호/글
머리표]를 클릭합니다.

[문단 번호/글머리표] 대화상자가 나타납니다.

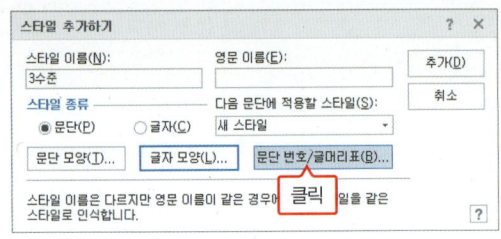

07 글머리표 선택하기

❶ [문단 번호/글머리표] 대화상자의 [그림 글
머리표] 탭을 클릭하고 ❷ 스크롤바를 맨 아래
로 내려 그림과 같은 글머리표를 선택합니다.
❸ [설정]을 클릭합니다.

[3수준] 스타일의 문단 및 글꼴 모양 등의 설정이 완료됩니다.

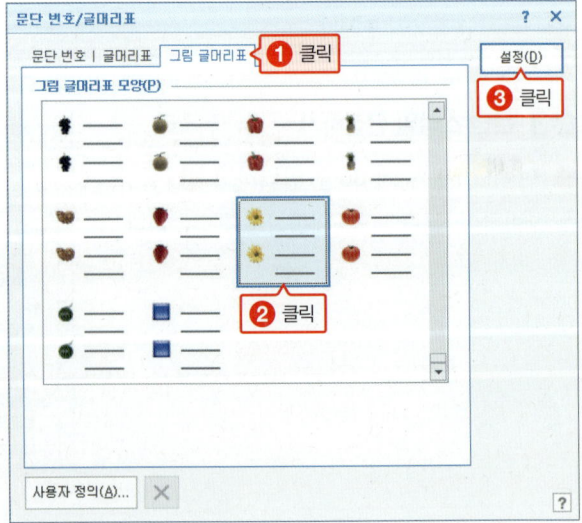

08 설정한 스타일 추가하기

[스타일 추가하기] 대화상자로 돌아와 [추가]를 클릭합니다.

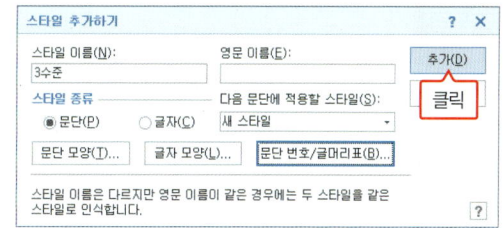

지금까지 설정한 [3수준] 스타일이 스타일 목록에 추가됩니다.

09 스타일 단축키 변경하기

[3수준] 스타일의 단축키를 변경해보겠습니다. ❶ [스타일 목록]에서 [3수준] 스타일을 선택하고 ❷ [3수준] 스타일이 선택된 상태에서 [한 칸 아래로 이동하기]를 클릭합니다. [3수준] 스타일이 한 행 아래로 이동하면서 단축키가 Ctrl + 3 으로 변경됩니다. ❸ [취소]를 클릭해서 본문으로 돌아옵니다.

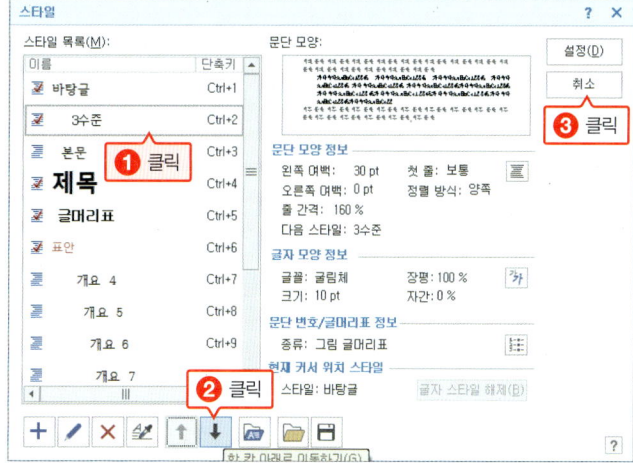

바로 통하는 TIP [스타일] 대화상자에서 [설정]을 클릭하면 본문의 현재 커서 위치에 선택한 스타일이 적용됩니다. 여기에서는 스타일을 적용하지 않기 위해서 [취소]를 클릭했습니다.

10 '해고대상자통보'의 하위 항목에 앞서 추가한 [3수준] 스타일을 적용해보겠습니다. ❶ '일시~통보예정'을 드래그하고 ❷ [3수준] 스타일의 단축키인 Ctrl + 3 을 누릅니다.

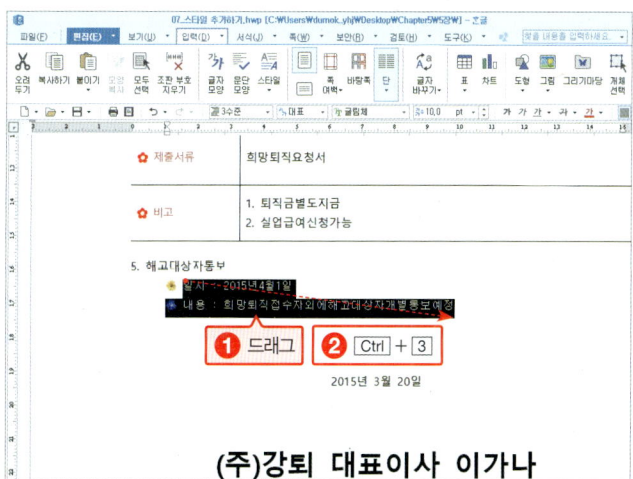

선택한 본문에 스타일이 적용됩니다.

개요/문단 번호의 시작 번호 수정하기

문서에 개요/문단 번호를 스타일로 적용하면 상위 항목이 바뀌어도 번호가 ①부터 시작하지 않고 연번으로 설정됩니다. 예제 문서의 제4조 원 번호가 ①부터 다시 시작하도록 수정해보겠습니다.

실습 파일 | 한글\4장\개요 문단 번호의 시작 번호 수정하기.hwp **완성 파일 |** 한글\4장\개요 문단 번호의 시작 번호 수정하기_완성.hwp

01 제2조의 원 번호 '②'에 이어서 '③'으로 표시된 제4조 하위 항목의 원 번호를 '①'로 수정해보겠습니다. ① 제4조의 하위 항목 '③' 뒤를 클릭합니다. ② [서식] 메뉴를 클릭하고 ③ [문단 번호 새로 시작]을 클릭합니다(단축키 Alt + shift + insert).

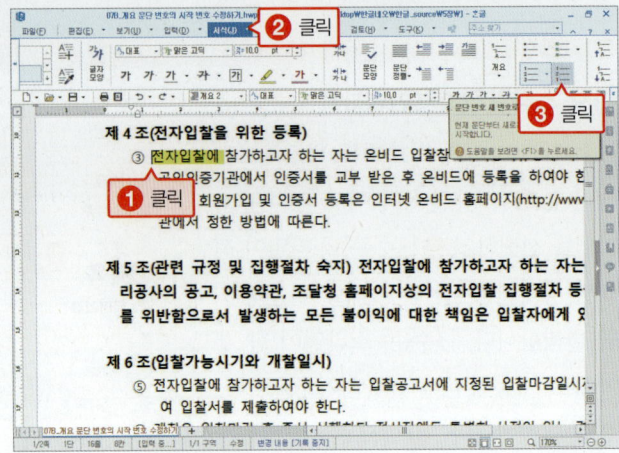

02 제4조의 원 번호가 '①'부터 시작하는지 확인합니다.

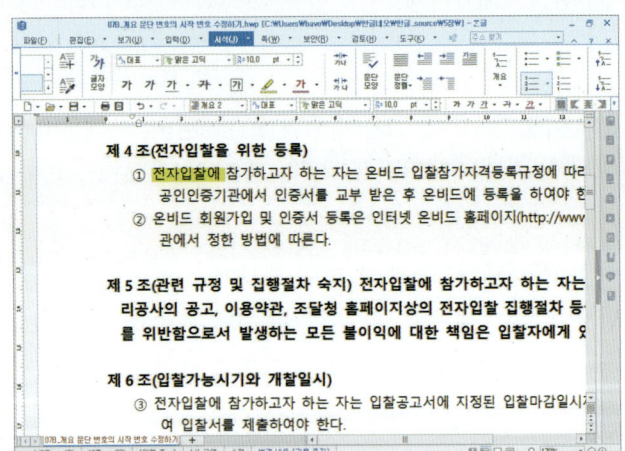

03 [서식] 메뉴-[문단 번호]의 내림 단추-[문단 번호 모양]을 선택하고 [문단 번호/글머리표] 대화상자에서 [1수준 시작 번호]를 변경하면 원하는 번호부터 시작하도록 수정할 수 있습니다.

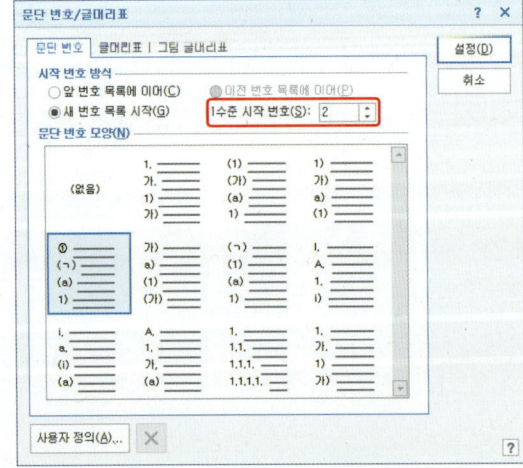

핵심기능실습 024 찾기 및 찾아 바꾸기

찾기 기능을 이용하면 단어나 문장, 서식 등을 간단히 찾을 수 있을 뿐 아니라 찾아 바꾸기 기능을 이용해 찾은 내용을 다른 내용으로 간편하게 교체할 수 있습니다. 이때 한글을 한자로, 한자를 한글로 바꾸는 것도 가능합니다.

실습 파일 | 한글\4장\찾기 및 찾아 바꾸기.hwp   완성 파일 | 한글\4장\찾기 및 찾아 바꾸기_완성.hwp

01 여러 단어 찾기/한글로 한자 찾기
(단축키 Ctrl + F)

예제 문서에서 공급, 담보 등의 단어가 어느 조항에 포함되는지 찾아보려고 합니다. 계약서에서는 같은 단어라도 한자를 혼용하는 경우가 많으므로 한자로 표시된 '供給(공급)', '擔保(담보)'까지 함께 찾아보겠습니다. ❶ [편집] 메뉴를 클릭하고 ❷ [찾기]의 내림 단추를 클릭한 후 ❸ [찾기]를 선택합니다.

[찾기] 대화상자가 나타납니다.

02 ❶ [찾기] 대화상자의 [찾을 내용]에 공급;담보를 입력합니다. ❷ [선택 사항] 항목의 [여러 단어 찾기], [한글로 한자 찾기]에 체크 표시하고 ❸ [다음 찾기]를 클릭합니다.

문서에서 해당 낱말이 포함되어 있는 첫 번째 위치가 나타납니다.

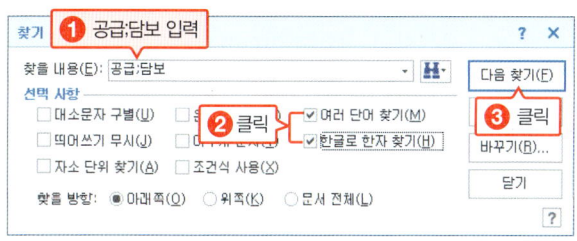

바로 통하는 TIP 여러 단어를 한 번에 찾을 때는 각 낱말을 ','나 ';'으로 구분해서 입력한 후 [선택 사항] 항목에서 [여러 단어 찾기]에 체크 표시합니다. [한글로 한자 찾기]는 문서 내에서 음이 같은 한자어를 함께 찾아주는 기능입니다.

03 문서에 포함된 단어 모두 찾기(단축키 Ctrl + F)

문서에서 찾고자 하는 단어를 하나씩 찾지 않고 전체를 한 번에 찾아 표시할 수도 있습니다. ❶ 단축키 Ctrl + F를 누르고 ❷ [찾기] 대화상자의 [찾을 내용]에 **공급;담보**를 입력합니다. ❸ [모두 찾기]를 클릭하고 ❹ 문서의 처음부터 계속 찾을지 묻는 메시지가 표시되면 [찾음]을 클릭합니다.

문서 전체를 대상으로 단어가 검색됩니다.

04

몇 건의 단어를 찾았는지 표시되면 [확인]을 클릭합니다. [모두 찾기] 작업이 마무리되면 찾은 단어는 문서에서 형광색으로 나타납니다. [찾기] 대화상자가 열려 있는 상태이므로 찾은 단어를 클릭해 내용을 수정하거나 위치를 확인할 수 있습니다.

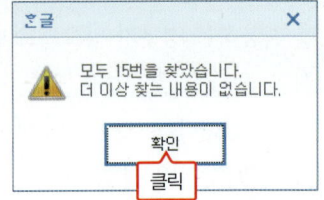

05 문서에서 원하는 내용 찾아 바꾸기 (단축키 Ctrl + F2)

계약서에서 '담보'를 찾아 한자 '擔保'로 바꿔보겠습니다. ❶ [편집] 메뉴 – [찾기]의 내림 단추를 클릭하여 ❷ [찾아 바꾸기]를 선택합니다. ❸ [찾아 바꾸기] 대화상자의 [찾을 내용]에 **담보**를 입력합니다. ❹ [신택 사항]에서 [한글로 한자 찾기]의 체크 표시를 해제하고 ❺ [바꿀 내용]에 **담보**를 입력한 후 [한자]를 누릅니다.

[한자로 바꾸기] 대화상자가 나타납니다.

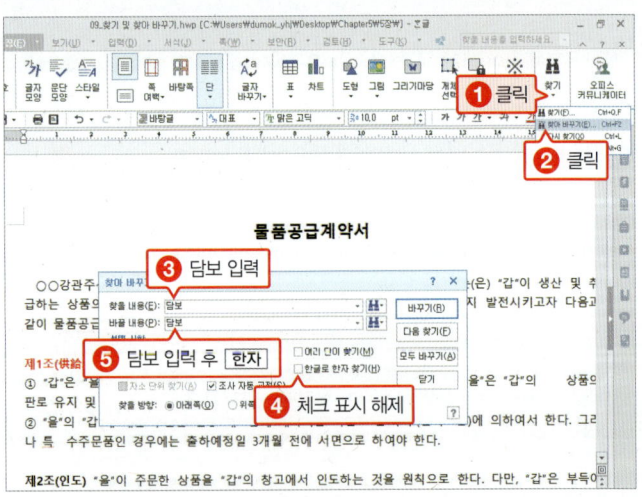

06 바꾸기 대상 한자 입력하기

❶ [한자로 바꾸기] 대화상자에서 [擔保]를 선택하고 ❷ [바꾸기]를 클릭합니다.

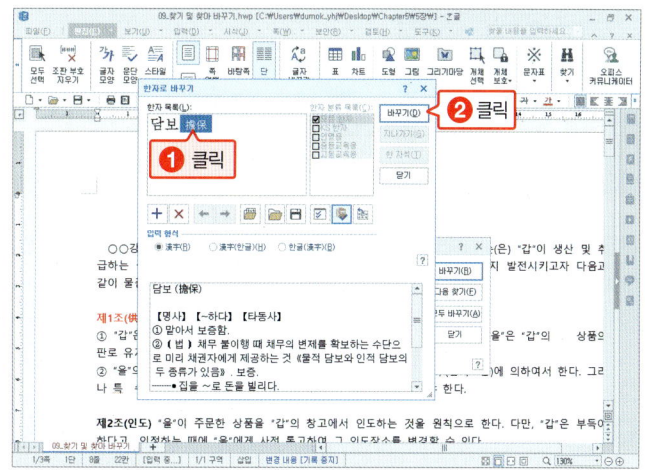

[찾아 바꾸기] 대화상자의 [바꿀 내용]에 '擔保'가 입력됩니다.

07 바꾸기 적용하기

[찾아 바꾸기] 대화상자에서 [바꾸기]를 클릭할 때마다 한글 '담보'를 하나씩 찾아서 '擔保'로 변경합니다.

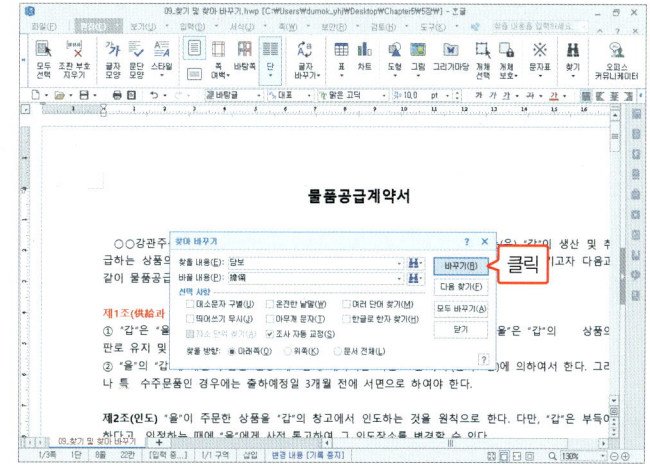

쉽고 빠른
한글
NOTE

[모두 바꾸기]를 이용해 한 번에 찾아 바꾸기

[찾아 바꾸기] 대화상자에서 [찾을 내용]과 [바꿀 내용]을 입력한 후 [모두 바꾸기]를 클릭하면 문서 안의 모든 단어가 한 번에 바뀝니다.

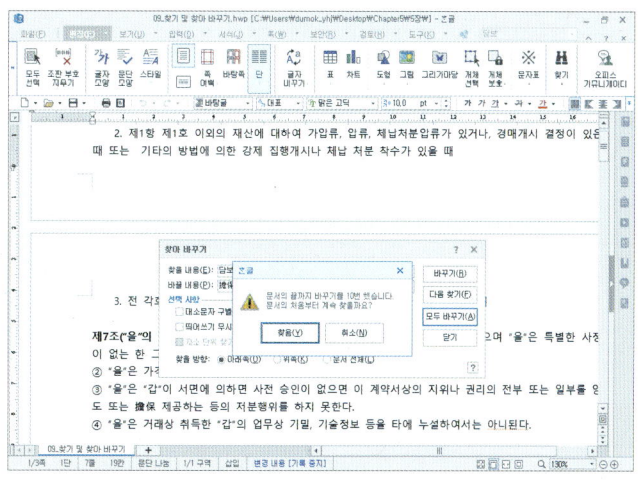

문단 구분선 넣고 색 변경하기

문단 구분이 명확히 표현되어야 할 경우 간단하게 문단 구분선을 넣을 수 있습니다. 문단 구분선을 삽입하고 스타일을 변경하는 방법을 알아보겠습니다.

실습 파일 | 한글\4장\문단 구분선 넣고 색 변경하기.hwp **완성 파일** | 한글\4장\문단 구분선 넣고 색 변경하기_완성.hwp

01 문단 구분선 넣기

❶ 문단 구분선을 넣을 본문 위치를 클릭합니다. ❷ ---를 입력하고 Enter를 누릅니다.

문단 구분선이 추가됩니다.

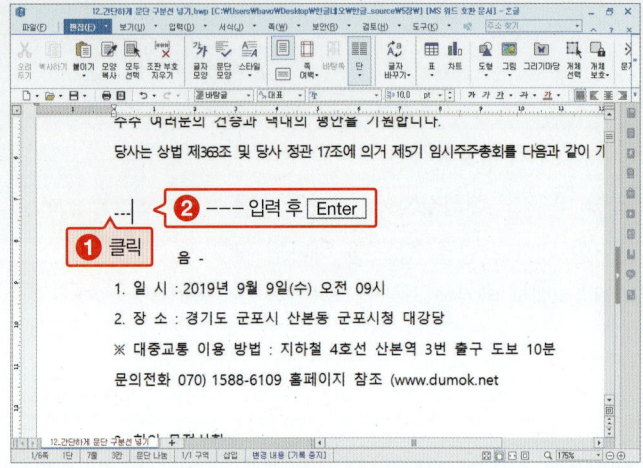

02 문단 구분선 색 변경하기

❶ 문단 구분선을 클릭하고 ❷ [도형] 탭-[선 색]의 내림 단추를 클릭한 후 ❸ [진달래색]을 선택합니다.

문단 구분선 색이 진달래색으로 변경됩니다.

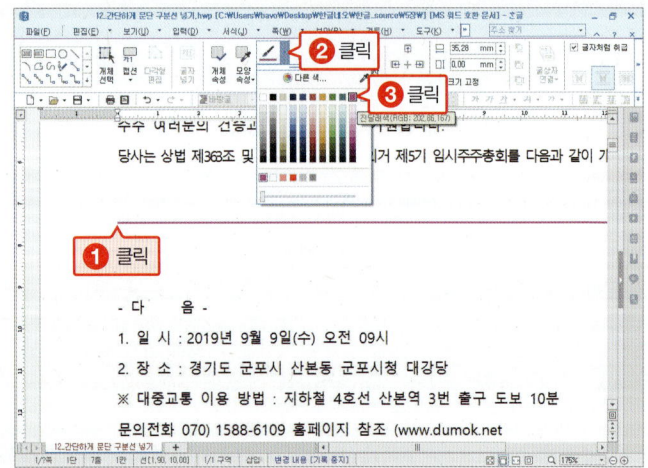

O3 문단 구분선 모양 변경하기

❶ 문단 구분선을 클릭하고 ❷ [도형] 탭-[선 스타일]을 클릭한 후 ❸ [선 종류]-[원형 점선]을 선택합니다.

문단 구분선이 원형 점선으로 변경되었습니다.

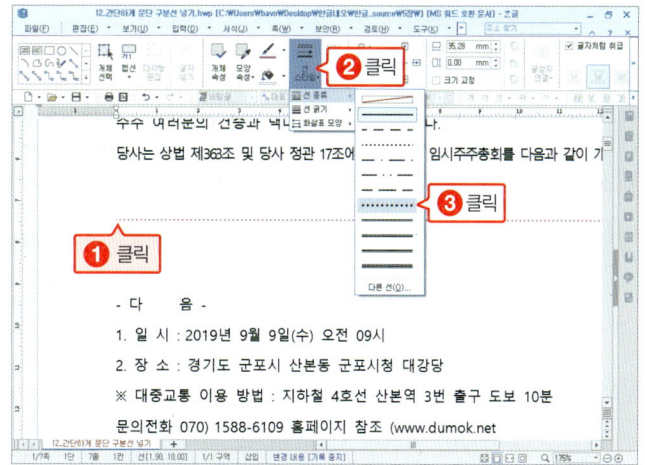

O4 문단 구분선 굵기 변경하기

❶ 문단 구분선을 클릭하고 ❷ [도형] 탭-[선 스타일]을 클릭한 후 ❸ [선 굵기]-[0.5mm]를 선택합니다.

문단 구분선의 선 굵기가 0.5m로 변경되었습니다.

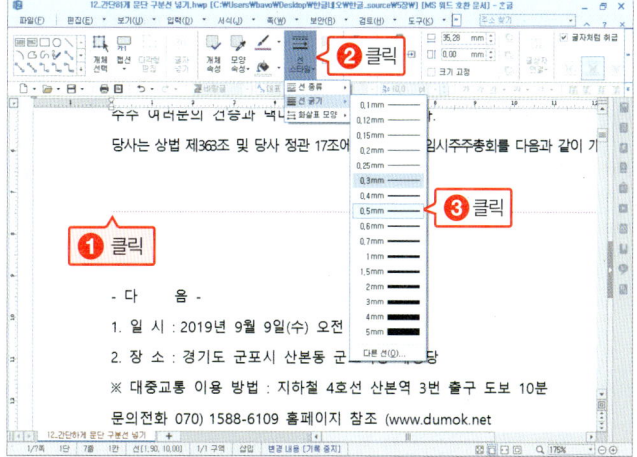

핵심기능실습 026

문단 배경과 테두리 꾸미기

문서를 작성하다 보면 특정 문단을 강조하고 싶을 때가 있습니다. 문단에 배경이나 테두리를 적용해 문단을 꾸며보겠습니다.

실습 파일 | 한글\4장\문단 배경과 테두리 꾸미기.hwp   완성 파일 | 한글\4장\문단 배경과 테두리 꾸미기_완성.hwp

01 문단 배경 꾸미기

❶ 배경색을 적용할 문단을 드래그합니다. ❷ [서식] 탭을 클릭하고 ❸ [문단 모양]을 클릭합니다. ❹ [문단 모양] 대화상자에서 [테두리/배경] 탭을 클릭하고 ❺ [배경]-[면 색]을 클릭하여 [검정(RGB|0,0,0) 80%, 밝게]를 선택합니다. ❻ [설정]을 클릭합니다.

문단 배경색이 적용되었습니다.

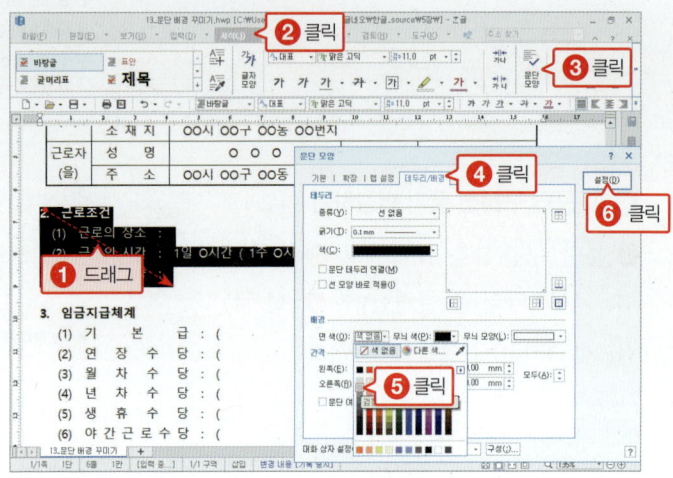

02 문단 배경과 테두리 꾸미기

❶ 배경과 테두리를 꾸밀 문단을 드래그합니다. ❷ [서식] 탭-[문단 모양]을 클릭하고 ❸ [테두리]-[종류], [굵기], [색]을 알맞게 변경합니다. ❹ [문단 테두리 연결]에 체크 표시하고 ❺ 테두리 [모두]를 클릭합니다. ❻ 임의의 배경색으로 변경하고 ❼ [설정]을 클릭합니다.

바로 통하는 TIP [문단 테두리 연결]에 체크 표시하지 않으면 문단의 각 줄마다 구분선이 나타납니다.

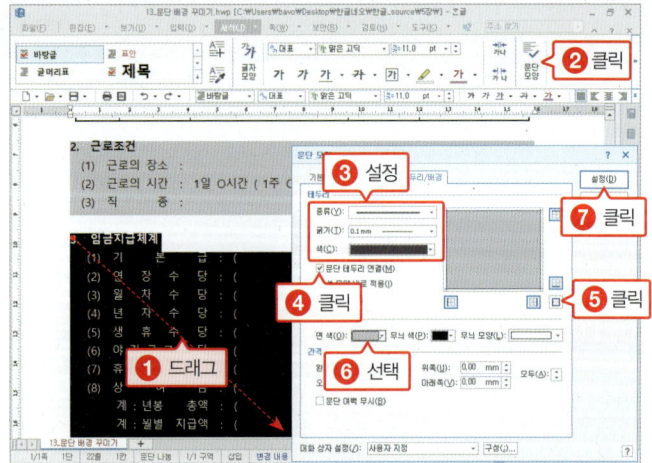

03 문단에 배경, 테두리가 잘 적용되었는지 확인합니다.

CHAPTER 05

쪽 꾸미기

문서를 편집하다 보면 새로운 문서를 끼워 넣거나 문서 중간에서 쪽을 나누고 쪽별로 다른 쪽 번호나 머리글, 바닥글 등을 설정해야 하는 경우가 많습니다. 문서 전체를 좀 더 쉽고 체계적으로 관리할 수 있도록 쪽 번호를 삽입하고 번호 서식을 변경하거나 다단을 나눠 편집하고 구역을 나누어 용지 방향을 지정하는 방법 등에 대해서 알아보겠습니다.

핵심기능실습

027

편집 용지 설정하기

작성한 문서를 출력하려면 여백이나 제본 영역, 또는 출력 용지의 방향과 사이즈 등을 미리 설정해야 합니다. 그렇지 않으면 출력했을 때 문서 내용이 잘릴 수 있습니다. 편집 용지는 보통 A4를 기준으로 삼지만 문서에 따라 크기를 변경할 수 있습니다.

실습 파일 | 한글\5장\편집 용지 설정하기.hwp   **완성 파일** | 한글\5장\편집 용지 설정하기_완성.hwp

O1 용지 종류 및 여백 변경하기(단축키 F7)

예제 문서의 용지 종류는 B5로, 편집 용지보다 문서 내용이 크게 작성되어 화면에서 표가 잘려 보입니다. 작성된 문서 내용에 맞게 용지 종류와 여백을 재설정해보겠습니다. ① [쪽] 메뉴를 클릭하고 ② [편집 용지]를 클릭합니다(단축키 F7).

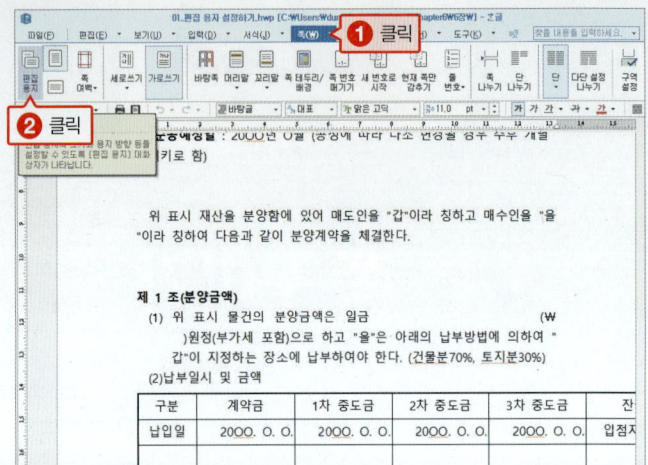

[편집 용지] 대화상자가 나타납니다.

O2 편집 용지 설정하기

① [편집 용지] 대화상자의 [기본] 탭에서 [용지 종류]-[종류]를 [A4(국배판)]으로 설정합니다. ② [용지 여백]-[왼쪽]에 20을 입력하고, ③ [용지 여백]-[오른쪽]도 20을 입력한 후 ④ [설정]을 클릭합니다.

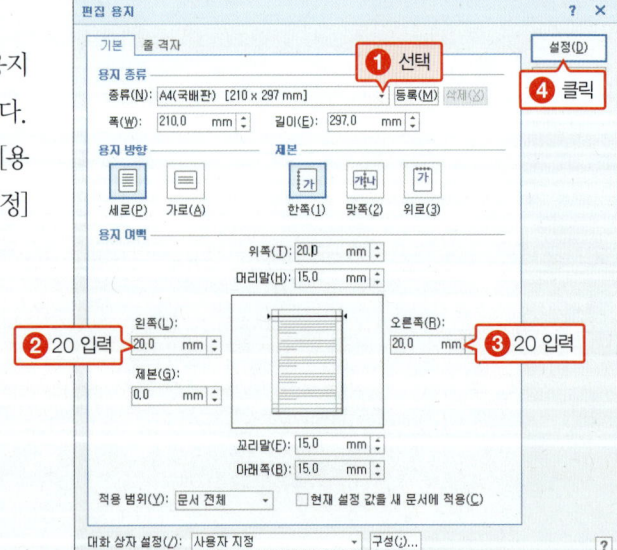

O3 편집 용지가 A4로 변경되면서 잘 렸던 표의 오른쪽 부분이 화면에 모두 나타납니다.

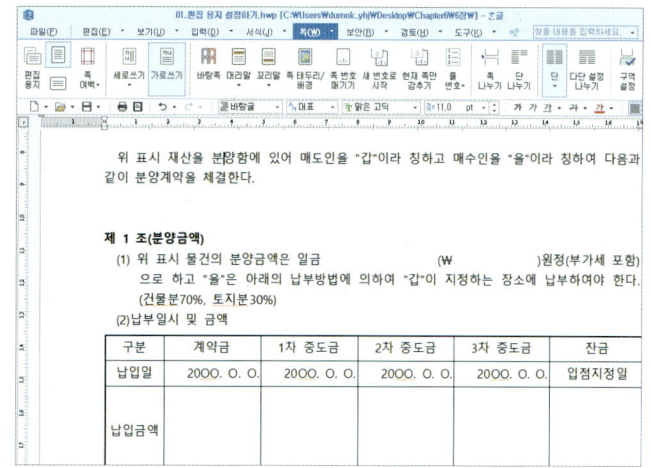

O4 제본 영역 만들기

문서를 출력해 제본하면 제본되는 부분이 잘 보이지 않을 수 있습니다. 본문이 가려지지 않도록 제본하려면 추가 여백이 필요하므로 제본할 위치에 여백을 설정해보겠습니다. [쪽] 메뉴-[편집 용지]를 클릭합니다(단축키 F7).

[편집 용지] 대화상자가 나타납니다.

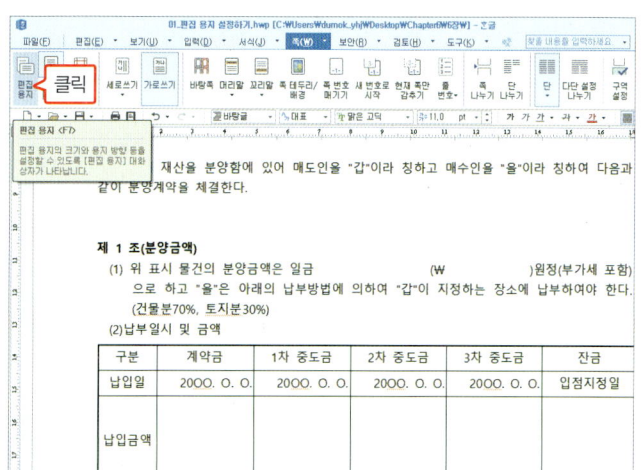

O5 맞쪽, 제본 영역 설정하기

❶ [편집 용지] 대화상자에서 [제본]-[맞쪽]을 클릭합니다. ❷ [용지 여백]-[제본]에 **10**을 입력하고 ❸ [설정]을 클릭합니다.

제본 영역에 10mm 여백이 설정됩니다.

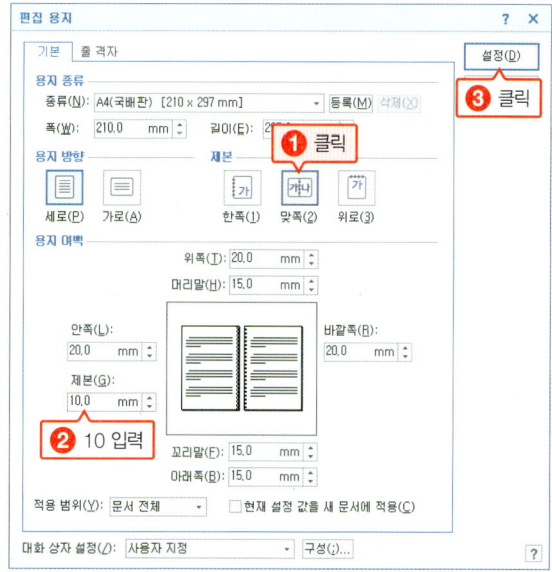

06 제본 영역 확인하기

❶ 작업 상황선에서 [확대/축소]를 클릭합니다. ❷ [화면 확대/축소] 대화상자에서 [비율] - [폭 맞춤]을 선택하고 ❸ [쪽모양] - [맞쪽]을 선택한 후 ❹ [설정]을 클릭합니다.

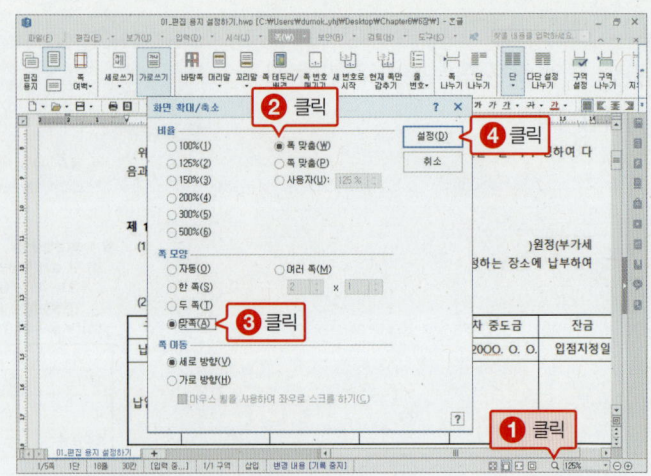

07 맞쪽 부분에 좀 더 여백이 생겨 제본 영역이 확보되었음을 확인할 수 있습니다.

바로 통하는 TIP [제본] - [맞쪽] 옵션으로 문서를 출력해 제본할 경우 문서를 양면으로 인쇄해 묶게 되므로 홀수 쪽은 문서의 왼쪽에, 짝수 쪽은 문서의 오른쪽에 여백이 추가됩니다.

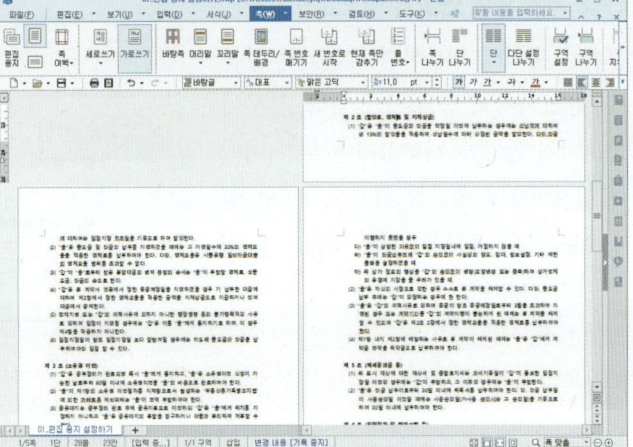

머리말/꼬리말 적용하기

인쇄물의 위쪽에는 머리말을, 아래쪽에는 꼬리말을 적용할 수 있습니다. 머리말과 꼬리말은 전체 쪽에 반복해서 표시할 수 있으므로 출력물을 만들 때 문서 제목이나 작성자, 쪽 번호를 표시하는 등 다양하게 응용할 수 있습니다.

실습 파일 | 한글\5장\머리말 꼬리말 적용하기.hwp   완성 파일 | 한글\5장\머리말 꼬리말 적용하기_완성.hwp

01 머리말 추가하기

예제 문서의 결재란을 머리글 영역으로 옮겨 모든 쪽에서 나타나도록 설정해보겠습니다. ❶ '담당자/확인자 결재란'을 클릭합니다. ❷ 단축키 Ctrl + X 를 눌러 표를 잘라냅니다. ❸ [쪽] 메뉴를 클릭하고 ❹ [머리말]을 클릭한 후 ❺ [위쪽] - [모양 없음]을 선택합니다.

머리말 영역이 활성화됩니다.

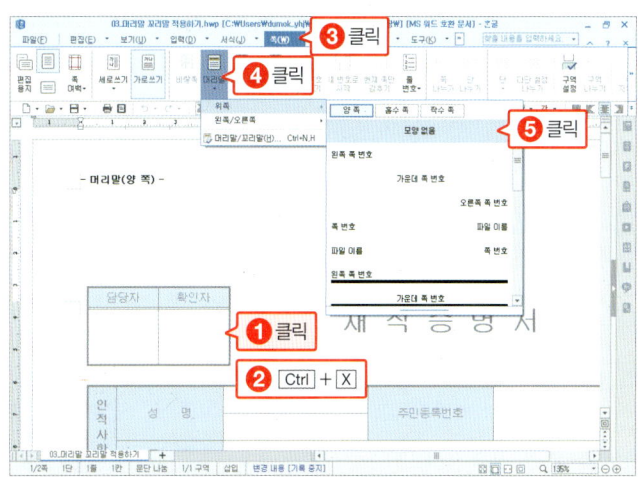

02 표 오려 붙이기

❶ 단축키 Ctrl + V 를 눌러 표를 붙여 넣습니다. ❷ [머리말/꼬리말] 탭에서 [머리말/꼬리말 닫기]를 클릭합니다.

머리말 영역에서 빠져나옵니다.

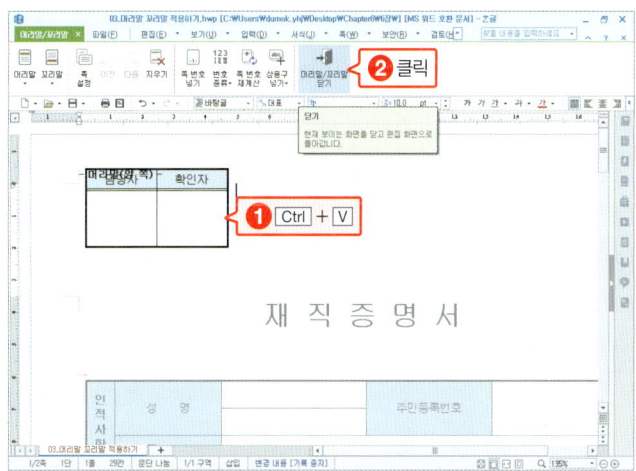

03 머리말 지우기

삽입했던 머리말은 필요에 따라 삭제할 수 있습니다. ❶ [머리말/꼬리말] 편집 상태로 전환하기 위해 머리말 영역을 더블클릭합니다. ❷ [머리말/꼬리말] 탭- [지우기]를 클릭합니다. ❸ 현재 머리말을 지울지 물어보면 [지움]을 클릭합니다.

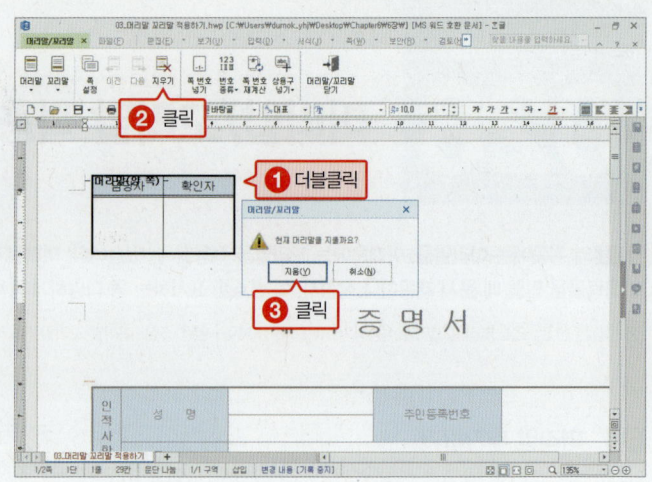

머리말이 지워지면서 자동으로 머리말 영역에서 빠져나옵니다. 결재란을 머리말에 다시 추가하기 위해 단축키 Ctrl + Z 를 눌러 지우기를 취소합니다.

04 꼬리말 추가하기

재직증명서 첫 번째 쪽 아래에 표시된 한빛미디어 이미지가 홀수 쪽에 모두 나타나도록 꼬리말을 삽입해보겠습니다. ❶ 한빛미디어 이미지를 클릭하고 ❷ 단축키 Ctrl + X 를 눌러 이미지를 잘라냅니다. ❸ [쪽] 메뉴 - [꼬리말]을 클릭하고 ❹ [머리말/꼬리말]을 선택합니다.

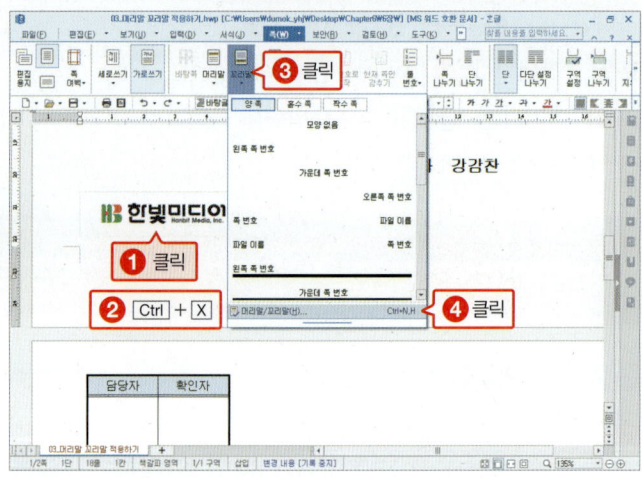

05 ❶ [머리말/꼬리말] 대화상자에서 [종류] - [꼬리말], ❷ [위치] - [홀수 쪽]을 선택합니다. ❸ [머리말/꼬리말마당] - [없음]을 선택하고 ❹ [만들기]를 클릭합니다.

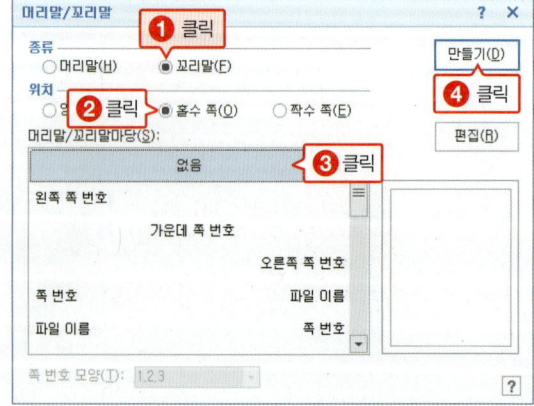

06 ① 꼬리말 영역에서 단축키 Ctrl +V 를 눌러 이미지를 붙여 넣습니다. ② 이미지를 꼬리말 영역의 오른쪽으로 배치하기 위해 서식 도구 상자에서 [오른쪽 정렬]을 클릭합니다. ③ [머리말/꼬리말] 탭-[머리말/꼬리말 닫기]를 클릭합니다.

꼬리말 영역에서 빠져나옵니다.

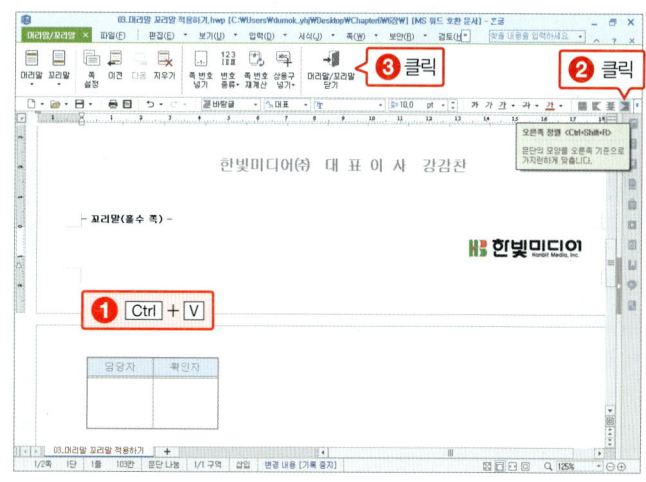

07 홀수 쪽의 오른쪽에만 이미지가 표시된 것을 확인할 수 있습니다.

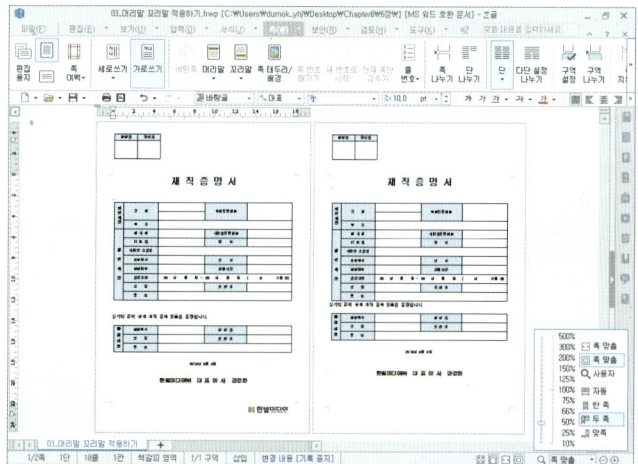

쪽 번호 넣기

문서를 편집할 때 쪽 번호가 자동으로 삽입되도록 설정할 수 있습니다. 쪽 번호와 문서 내용이 겹치지 않도록 머리말이나 꼬리말 영역을 활용해 쪽 번호를 배치하고, 일반적인 숫자 외의 다른 형태로 쪽 번호 모양을 변경해보겠습니다.

실습 파일 | 한글\5장\쪽 번호 넣기.hwp   **완성 파일** | 한글\5장\쪽 번호 넣기_완성.hwp

01 쪽 번호 넣기

개인 정보의 처리에 관한 규정이 들어 있는 4쪽짜리 문서에 쪽 번호를 삽입해 보겠습니다. ❶ [쪽] 메뉴를 클릭하고 ❷ [머리말]을 클릭합니다. ❸ [위쪽]에서 스크롤바를 내려 배경색이 포함되어 있는 [왼쪽 쪽 번호]를 선택합니다.

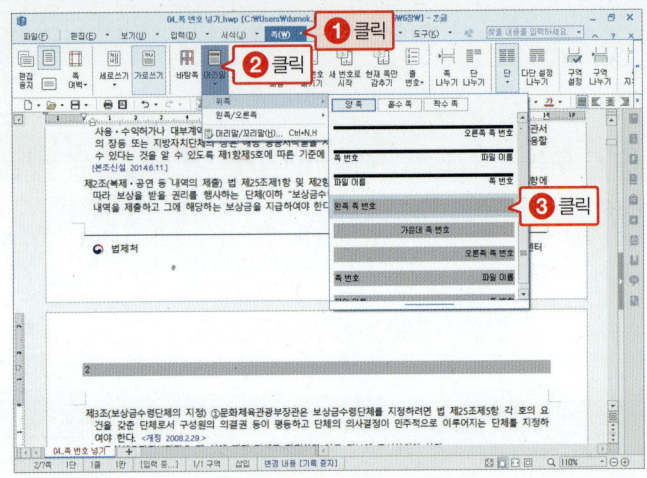

머리말 영역에 쪽 번호가 나타납니다.

02 쪽 번호 모양 변경하기

쪽 번호의 배경을 다른 색으로 바꾸고 번호 모양은 원 번호 형태로 수정해보겠 습니다. ❶ [머리말/꼬리말] 편집 상태 로 전환하기 위해 머리말 영역을 더블클 릭합니다. ❷ Delete 를 눌러 현재 쪽 번 호를 삭제하고 ❸ [머리말/꼬리말] 탭- [번호 종류]를 클릭한 후 ❹ [①,②,③]을 선택합니다. ❺ 단축키 Alt + T 를 누릅 니다.

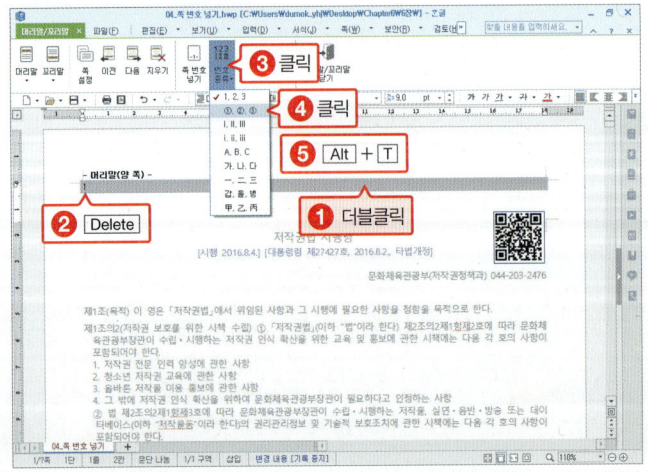

[문단 모양] 대화상자가 나타납니다.

03 문단 모양 수정하기

❶ [문단 모양] 대화상자의 [테두리/배경] 탭을
클릭합니다. ❷ [배경] – [면 색]을 클릭하고 ❸
[진달래색 60% 밝게]를 선택한 후 ❹ [설정]을 클
릭합니다.

[머리말/꼬리말 닫기]를 클릭해 머리말 영역에서 빠져나옵니다.

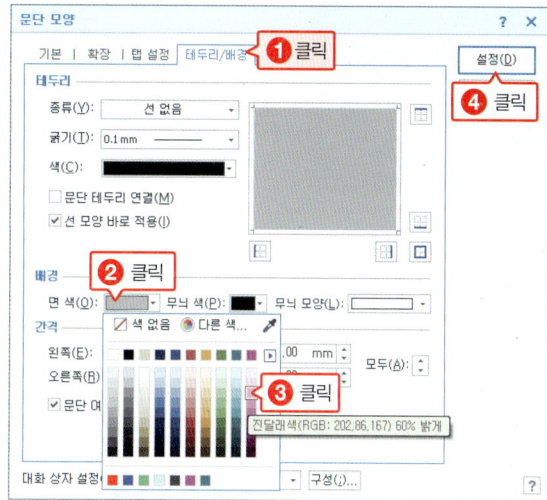

바로 통하는 TIP [진달래색 60% 밝게]는 [기본] 테마에 포함되어 있습니다. 현재 테마가 [기본] 테마가 아닌 경우에는 색 목록에서 [색상 테마]를 클
릭한 후 테마를 변경합니다.

04 쪽 번호의 모양이 원 번호 형태로
바뀌고 문단 배경색이 진달래색으로 변
경되었습니다.

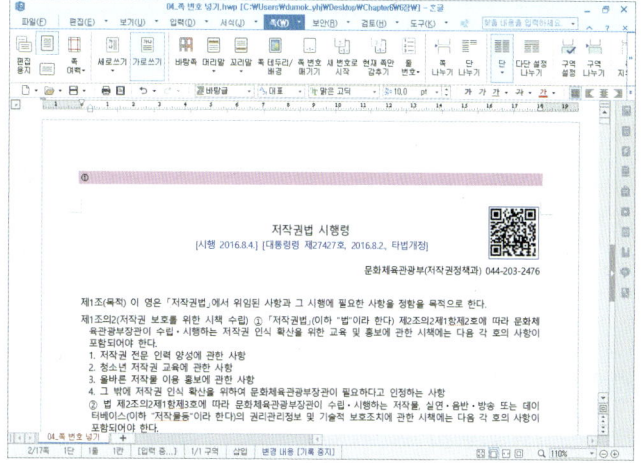

쪽 번호를 새 번호로 시작하기

보통 쪽 번호 넣기를 적용하면 문서의 첫 페이지부터 1쪽이 시작됩니다. 1쪽이 아닌 다른 번호부터 시작하게 하거나 문서의 중간부터 쪽 번호를 적용하고 싶다면 새 번호로 시작 기능을 이용합니다.

실습 파일 | 한글\5장\쪽 번호를 새 번호로 시작하기.hwp **완성 파일** | 한글\5장\쪽 번호를 새 번호로 시작하기_완성.hwp

01 쪽 번호를 새 번호로 시작하기

예제 문서의 머리말 영역에 이미 쪽 번호가 적용되어 있습니다. 문서의 3쪽에서부터 쪽 번호가 시작되도록 설정해보겠습니다. 우선 스크롤바를 내리거나 Page down 을 눌러 3쪽으로 이동해 커서를 위치시킵니다. ❶ [쪽] 메뉴를 클릭하고 ❷ [새 번호로 시작]을 클릭합니다. ❸ [새 번호로 시작] 대화상자에서 [번호 종류] – [쪽 번호]를 클릭하고 ❹ [시작 번호]에 1을 입력한 후 ❺ [넣기]를 클릭합니다.

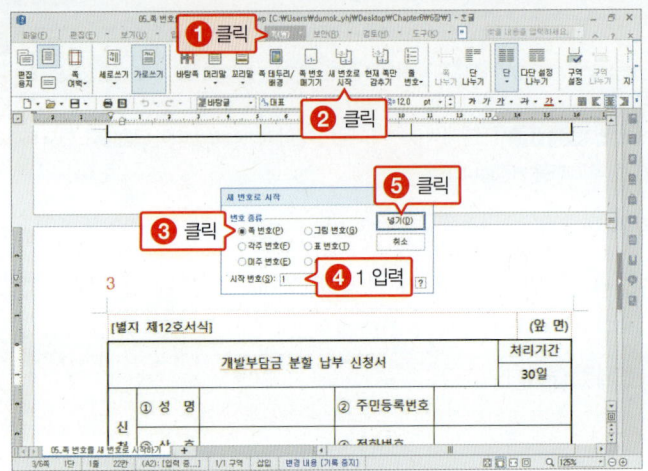

02 실제 3쪽의 쪽 번호가 1로 변경되어 시작합니다.

바로 통하는 TIP 삽입한 쪽 번호를 특정 쪽에서 보이지 않도록 설정하려면 [쪽] 메뉴 – [현재 쪽만 감추기]를 클릭한 후 [감추기] 대화상자에서 쪽 번호가 표시된 [머리말] 혹은 [꼬리말]에 체크 표시합니다. [설정]을 클릭하면 해당 쪽의 쪽 번호가 감춰집니다.

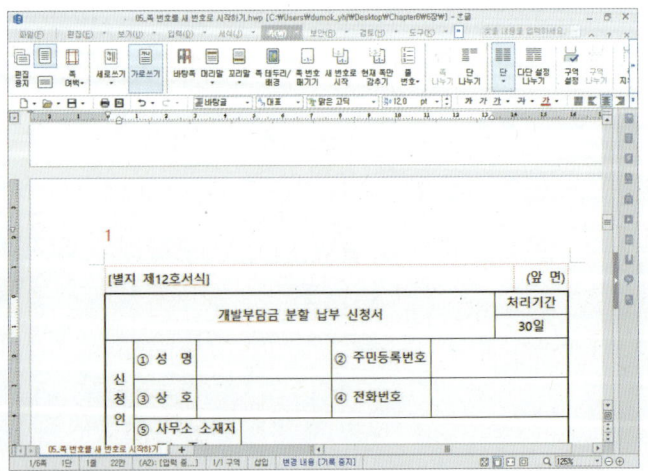

핵심기능실습

031 조판 부호 보기를 이용해 쪽 번호 지우기

쪽 번호를 추가하면 쪽 번호가 문서에 표시되지만 사실은 본문에 조판 부호인 머리말로 존재합니다. 조판 부호는 문장 수정에 사용되는 일종의 코드입니다. 조판 부호를 나타내 잘못된 쪽 번호를 삭제해보겠습니다.

실습 파일 | 한글\5장\조판 부호 보기를 이용해 쪽 번호 지우기.hwp   **완성 파일 |** 한글\5장\조판 부호 보기를 이용해 쪽 번호 지우기_완성.hwp

01 조판 부호 표시하고 새 쪽 번호 삭제하기

실제 9쪽으로 이루어진 예제 문서의 2쪽을 살펴보면 쪽 번호가 '6'으로 표시되어 있습니다. 잘못 매겨진 쪽 번호를 지워 바르게 수정해보겠습니다. ❶ [보기] 메뉴를 클릭하고 ❷ [조판 부호]에 체크 표시합니다(단축키 Ctrl+G, C). ❸ 조판 부호인 [새 쪽 번호]가 두 개 표시되면 [새 쪽 번호] 앞을 클릭한 후 Delete 를 누릅니다. ❹ 새 번호를 지울지 물어보면 [지움]을 클릭합니다.

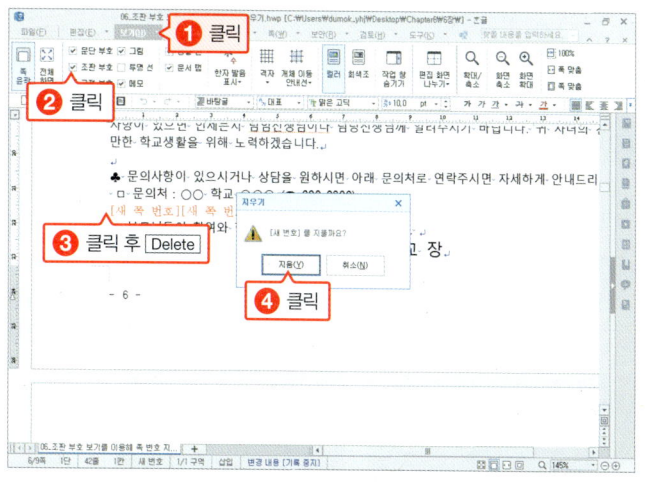

[새 쪽 번호] 조판 부호가 지워집니다. 같은 방식으로 남아 있는 [새 쪽 번호] 조판 부호도 지웁니다.

02 문서 중간에 [새 쪽 번호] 조판 부호가 존재하여 쪽 번호가 정리되지 않았는데, [새 쪽 번호] 조판 부호를 지우자 쪽 번호가 '2'로 표시되었습니다.

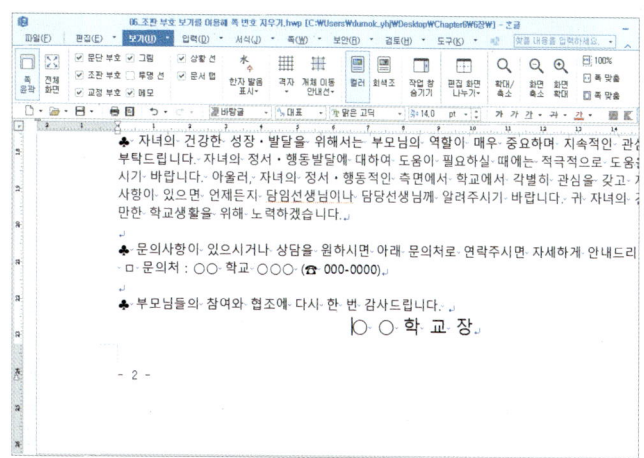

032

다단으로 문단 꾸미기

다단은 신문처럼 한 면을 여러 단으로 분리하여 표시하는 것을 의미합니다. 일정 범위 안에 있는 문단에 다단을 적용하고 단 구분선도 넣어보겠습니다.

실습 파일 | 한글\5장\다단으로 문단 꾸미기.hwp   **완성 파일** | 한글\5장\다단으로 문단 꾸미기_완성.hwp

---

📣 **한눈에 보기**   **다단의 형식 알아보기**

한글 NEO 버전에서 제공하는 다단의 형식은 일반, 배분, 평행 다단 세 가지입니다. 일반 다단은 가장 많이 사용하는 형식으로 한 단씩 차례로 내용이 채워지며 한 단이 가득 차야 다음 단으로 내용이 넘어갑니다. 배분 다단은 마지막 줄에서 각 단의 높이가 가능한 같아지도록 각 단에 포함되는 내용의 양을 자동으로 조절합니다. 평행 다단은 한 단의 내용이 다 채워지지 않더라도 [쪽] 메뉴-[단 나누기]를 클릭해 다른 단으로 이동할 수 있습니다. 일반적으로 사전 형식의 용어 설명집처럼 제목과 설명이 번갈아 나열되는 형식의 문서에서 주로 사용됩니다.

▲ 일반 다단 : 한 단에 내용이 모두 채워지면 다음 단으로 커서 이동

▲ 배분 다단 : 각 단의 높이가 유사하도록 내용 배분

▲ 평행 다단 : 커서를 옆단으로 옮기려면 [쪽] 메뉴-[단 나누기] 클릭

01 문단 둘로 나눠 다단 만들기

한 문단을 둘로 나눠 다단으로 표시해보
겠습니다. ❶ 다단을 설정할 범위인 '국
내 사이버 ~ 예측된다고 한다.'를 드래
그하고 ❷ [쪽] 메뉴의 펼침 단추를 클릭
하고 ❸ [다단 설정]을 선택합니다.

[단 설정] 대화상자가 나타납니다.

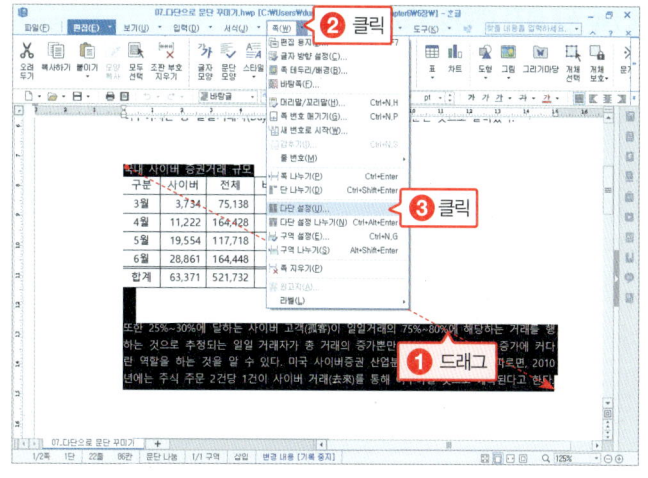

02

❶ [단 설정] 대화상자에서 [단 종류] − [일
반 다단]을 클릭하고 ❷ [자주 쓰이는 모양] −
[둘]을 클릭합니다. ❸ [구분선 넣기] − [종류] −
[점선]으로 선택하고 ❹ [단 너비 동일하게]의
체크 표시를 해제합니다. ❺ [너비 및 간격] −
[단 번호] − [1]의 [너비]를 [72.5mm], [간격]을
[5mm]로 설정하고 ❻ [설정]을 클릭합니다.

다단이 적용되어 해당 문단이 2단 구조로 변경됩니다.

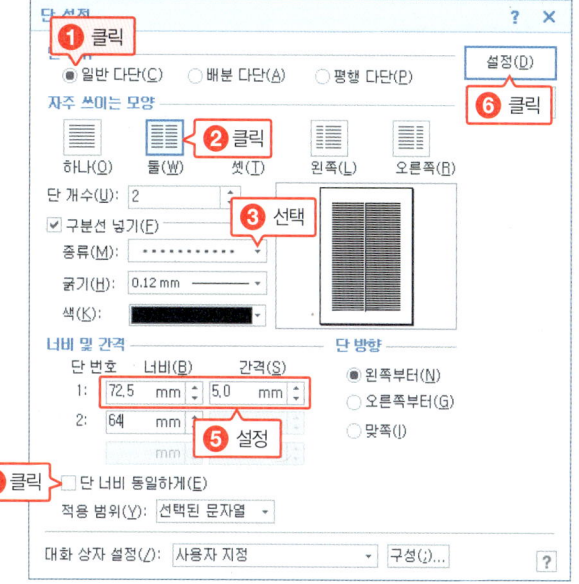

03 다단 설정 나누기(단축키 Ctrl + Alt + Enter)

문서의 2쪽에 포함된 내용을 일반 다
단으로 분리한 후 단의 특정 부분을 다
음 단으로 분리할 때 사용하는 다단 설
정 나누기를 적용해보겠습니다. ❶ 다단
을 설정할 범위를 드래그하고 ❷ [쪽] 메
뉴 − [단]을 클릭합니다.

[단 설정] 대화상자가 나타납니다.

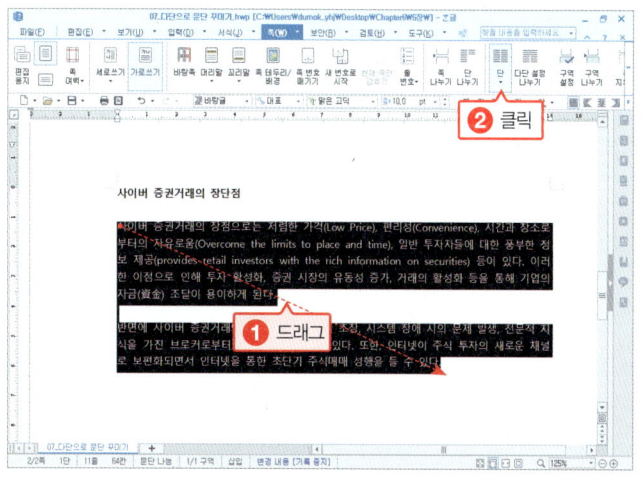

04 단 설정 대화상자로 구분선 넣기

❶ [단 설정] 대화상자에서 [자주 쓰이는 모양]-
[둘]을 클릭하고 ❷ [단 종류]-[일반 다단]을 선택
합니다. ❸ [구분선 넣기]에 체크 표시하고 ❹ [설
정]을 클릭합니다.

구분선의 종류, 굵기, 단의 너비 및 간격 등은 자동으로 설정된 값
입니다. 다단이 적용되어 해당 문단이 2단 구조로 변경됩니다.

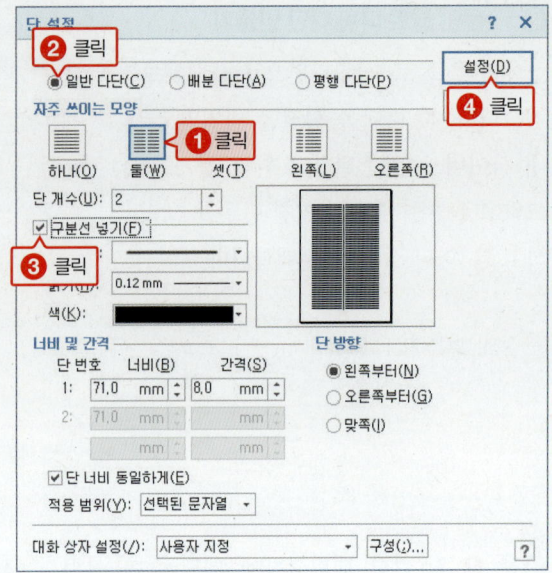

05 두 번째 단의 '반면에' 앞을 클릭합
니다.

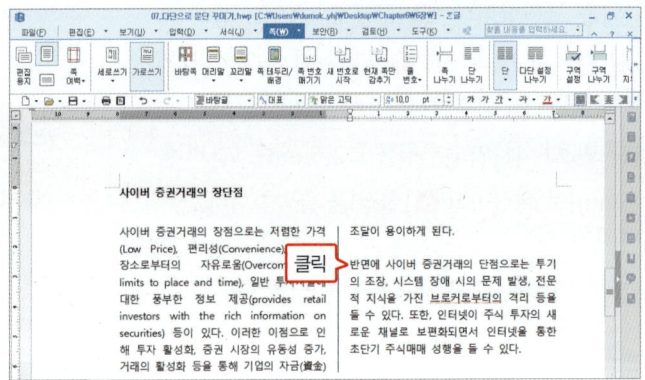

06 ❶ [쪽] 메뉴의 펼침 단추를 클릭
하고 ❷ [다단 설정 나누기]를 선택합
니다.

다단이 분리되었음을 확인할 수 있습니다.

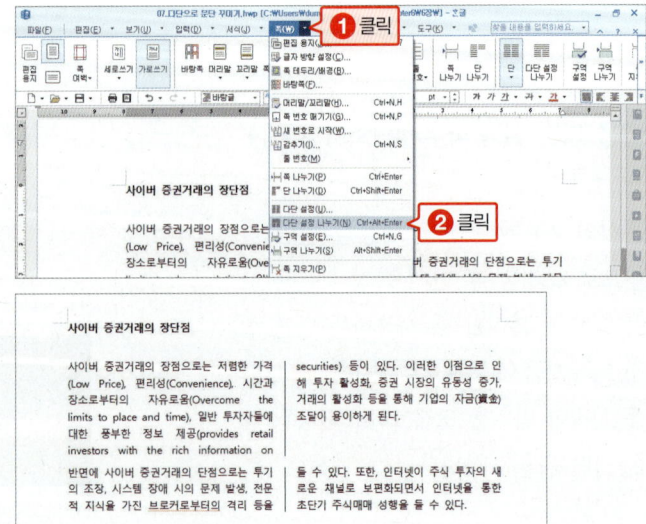

페이지 구역 나누고 구역별로 용지 방향 변경하기

문서 내에서 구역을 나누어 적용하면 각 구역별로 머리글/바닥글, 다단, 배경, 용지 방향 등을 다르게 적용할 수 있습니다. 문서의 구역을 나누고 각 구역별로 용지 방향을 다르게 지정해보겠습니다.

실습 파일 | 한글\5장\페이지 구역 나누고 구역별로 용지 방향 변경하기.hwp
완성 파일 | 한글\5장\페이지 구역 나누고 구역별로 용지 방향 변경하기_완성.hwp

01 구역을 나누지 않고 용지 방향 변경하기

구역 나누기를 하지 않은 문서에서 세로, 가로 방향을 혼용할 수는 없습니다. 이해를 돕기 위해 구역 나누기 적용 전에 용지 방향을 바꾸면 어떤 결과가 나타나는지 확인해보겠습니다. 1쪽에는 세로 모양의 표가, 2쪽에는 가로 모양의 표가 삽입되어 있습니다. ❶ 용지 방향을 변경할 2쪽의 '물품구매내역' 앞을 클릭하고 ❷ [쪽] 메뉴를 클릭한 후 ❸ [가로]를 클릭합니다.

문서 용지가 가로 방향으로 변경됩니다.

02
1쪽과 2쪽의 표 모양이 한 쪽에 다 들어가지 않아 오히려 어색하게 보입니다. 한 문서 내에서 구역을 나누지 않으면 세로, 가로 방향 문서를 혼용할 수 없음을 확인했습니다. 서식 도구 상자에서 [되돌리기]를 클릭해 문서를 이전 상태로 되돌립니다(단축키 Ctrl + Z).

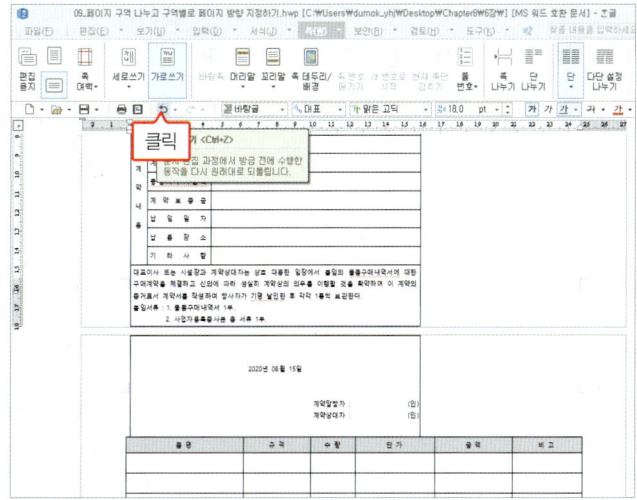

03 구역 나누고 쪽 방향 변경하기

1쪽과 2쪽 사이에 구역을 나누고 1쪽은 세로 방향, 2쪽은 가로 방향으로 표시해 보겠습니다. ❶ 1쪽 아래를 클릭하고 ❷ [쪽] 메뉴 – [구역 나누기]를 클릭합니다.

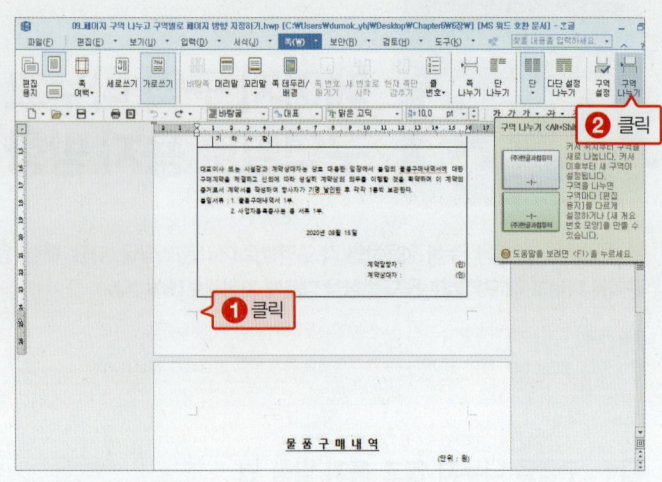

04 용지 방향 변경하기

❶ 2쪽 '물품구매내역' 앞을 클릭하고 ❷ [쪽] 메뉴 – [가로]를 클릭합니다.

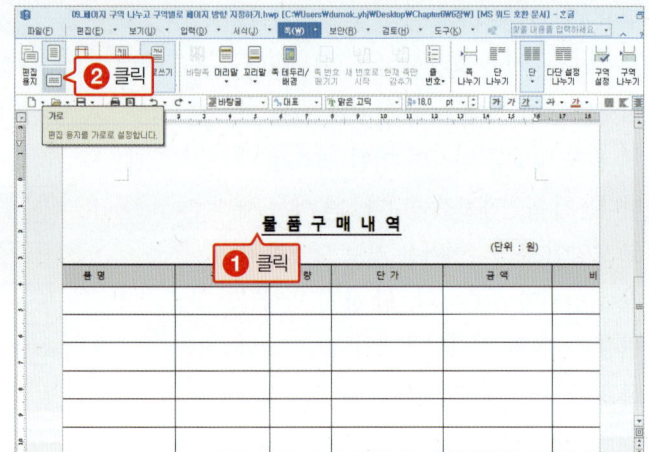

05

세로 방향 문서와 가로 방향 문서가 한 문서 내에 함께 나타납니다.

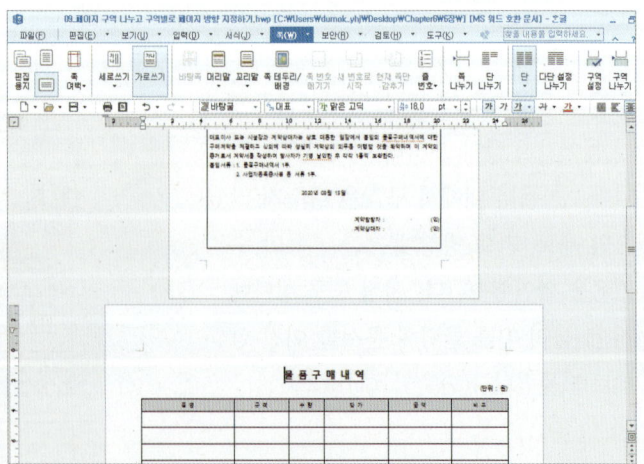

핵심기능실습

034 각주/미주로 부연 설명 작성하기

문서 작성 시 본문에 부연 설명이나 풀이, 또는 인용 내용의 출처 등을 덧붙여야 하는 경우가 있습니다. 이때 해당 부분에 번호를 붙인 후 따로 모아서 표시할 수 있습니다. 해당 쪽의 하단에 표기하는 것을 각주, 문서 끝에 모아놓는 것을 미주라고 합니다.

실습 파일 | 한글\5장\각주 미주로 부연 설명 작성하기.hwp　**완성 파일** | 한글\5장\각주 미주로 부연 설명 작성하기_완성.hwp

---

01 각주 작성하기(단축키 Ctrl + N, N)

예제 문서에서 부연 설명이 필요한 단어에 각주를 삽입해 쪽 하단에 표시해보겠습니다. ❶ 1쪽에서 '채권자'를 드래그하고 ❷ [입력] 메뉴를 클릭한 후 ❸ [각주]를 클릭합니다.

페이지 하단에 각주 편집 창이 활성화됩니다.

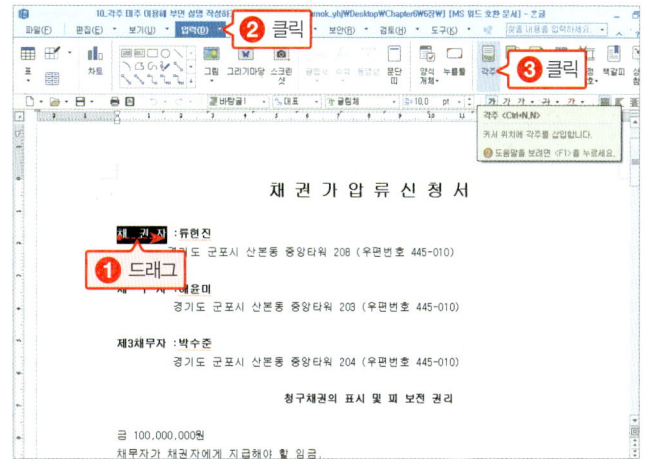

02 각주 편집 창을 클릭하면 부연 설명을 작성할 수 있습니다. **채무자에게 일정한 행위(급부)를 할 것을 청구할 수 있는 권리를 가진 사람**을 입력합니다.

각주가 지정된 본문 뒤에는 각주 번호가 나타납니다.

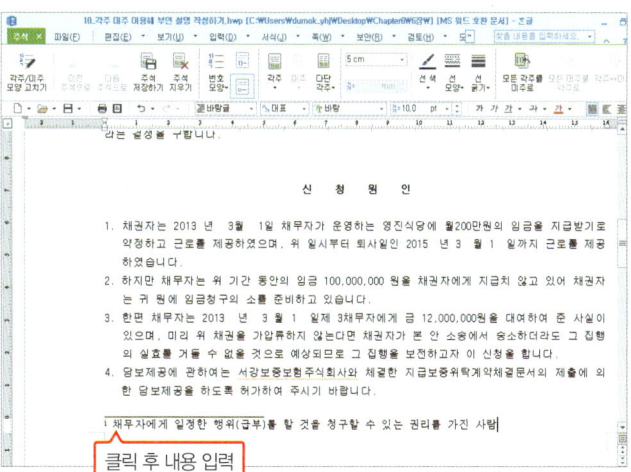

03 미주 작성하기(단축키 Ctrl + N, E)

미주를 삽입해 문서의 맨 마지막 쪽 하단에 표시해보겠습니다. ❶ '채무자'를 드래그하고 ❷ [입력] 메뉴－[미주]를 클릭합니다.

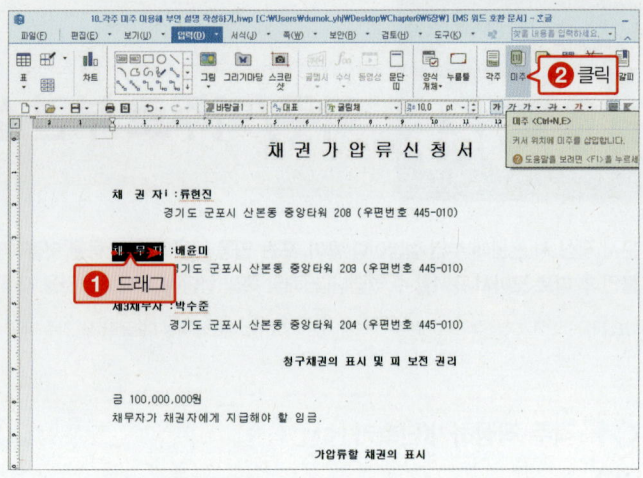

마지막 쪽 하단에 미주 편집 창이 활성화됩니다.

04 미주 편집 창을 클릭하면 부연 설명을 작성할 수 있습니다. **채권자에게 빚을 갚아야 할 의무가 있는 사람**을 입력합니다.

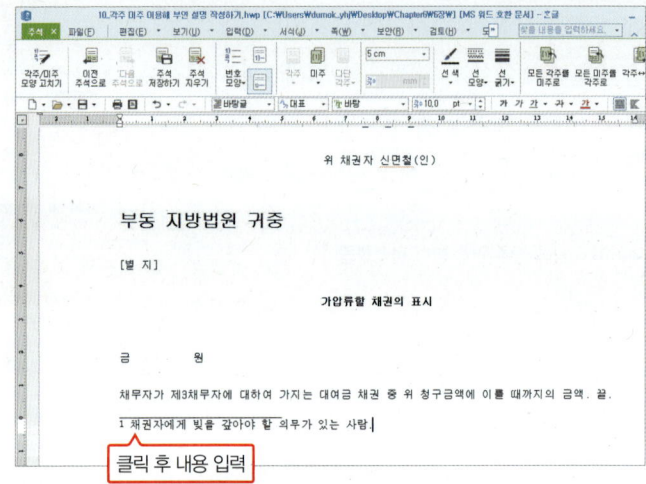

[주석] 탭의 [닫기]를 클릭해 편집 창을 닫습니다. 미주가 지정된 단어 뒤에는 미주 번호가 나타납니다.

바로 통하는 TIP 각주와 미주가 있는 단어는 다음과 같이 나타납니다.

채 권 자 : 류현진
　　　　도 군포시 산본동 중앙타워 208 (우편
　　각주

채 무 자 : 배윤미
　　　　기도 군포시 산본동 중앙타워 203 (우편
　　미주

제3채무자 : 박수준
　　　　경기도 군포시 산본동 중앙타워 204 (우편

05 각주 모양 변경하기

입력한 각주의 모양을 변경할 수 있습니다. 각주를 표시하는 숫자의 앞뒤에 괄호를 넣어 변경해보겠습니다. ❶ 쪽 하단의 각주를 클릭하고 ❷ [주석] 탭-[각주/미주 모양 고치기]를 클릭합니다.

[주석 모양] 대화상자가 나타납니다.

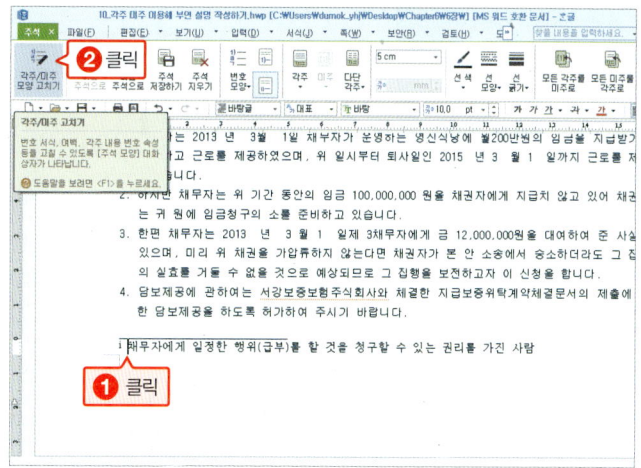

06

❶ [주석 모양] 대화상자에서 [번호 모양]-[1,2,3]을 선택하고 ❷ [앞 장식 문자]에 (, [뒤 장식 문자]에)를 입력합니다. ❸ [구분선 넣기]에 체크 표시하고 ❹ [색]-[진달래 색]으로 선택한 후 ❺ [설정]을 클릭합니다.

바로 통하는 TIP 미주도 같은 방식으로 모양을 변경할 수 있습니다.

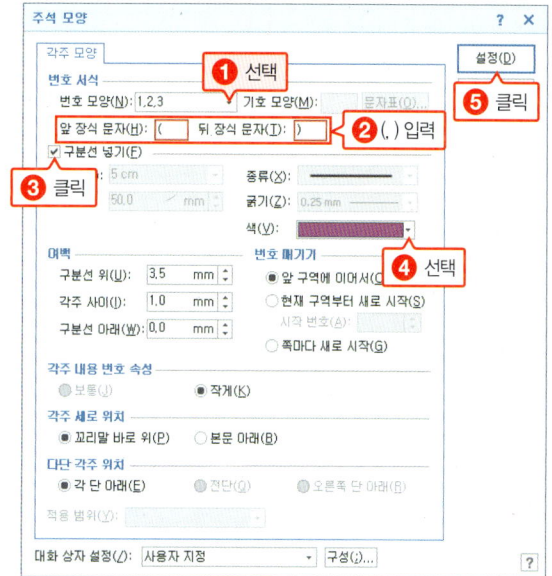

07

각주를 표시하는 번호 모양과 구분선의 색이 변경됩니다.

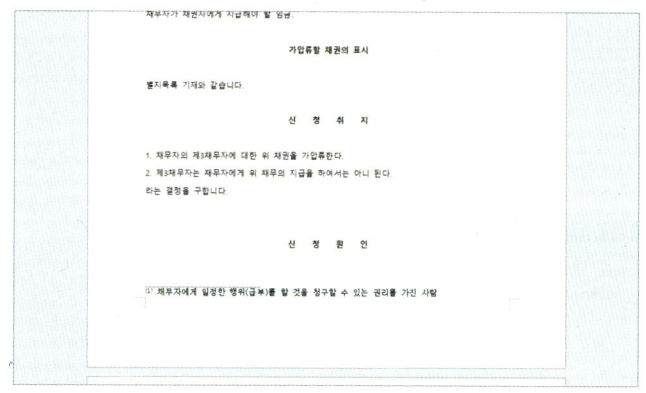

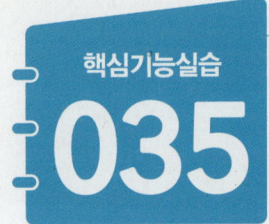

035 차례 만들기

스타일을 기준으로 차례를 만들려면 먼저 차례의 기준이 되는 스타일이 적용되어 있어야 합니다. 예제 문서에는 [제목], [제목2] 스타일이 미리 적용되어 있으므로 이 스타일을 기준으로 차례를 만들어보겠습니다.

실습 파일 | 한글\5장\차례만들기.hwp   **완성 파일** | 한글\5장\차례만들기_완성.hwp

01 스타일로 모으기를 이용해 차례 만들기

예제 문서의 장과 조에 해당하는 제목을 묶어 차례를 만들어보겠습니다. 장에는 [제목1] 스타일이, 조에는 [제목2] 스타일이 적용되어 있습니다. ❶ '구매업무 처리규정' 앞을 클릭합니다. ❷ [도구] 메뉴의 펼침 단추를 클릭하고 ❸ [차례/색인] – [차례 만들기]를 선택합니다.

[차례 만들기] 대화상자가 나타납니다.

02 ❶ [차례 만들기] 대화상자에서 [스타일로 모으기]에 체크 표시하고 ❷ 스타일 목록에서 [제목1], [제목2] 스타일에 체크 표시합니다. ❸ [표 차례], [그림 차례], [수식 차례]의 체크 표시는 해제합니다. ❹ [탭 모양] – [오른쪽 탭]을 선택하고 ❺ [채울 모양] – [이점쇄선], ❻ [만들 위치] – [현재 문서의 새 구역]을 선택한 후 ❼ [만들기]를 클릭합니다.

커서 위치에 새 구역이 추가되고 차례가 삽입됩니다.

바로 통하는 TIP 표, 그림, 수식의 차례도 포함하고 싶다면 해당 항목에 체크 표시합니다.

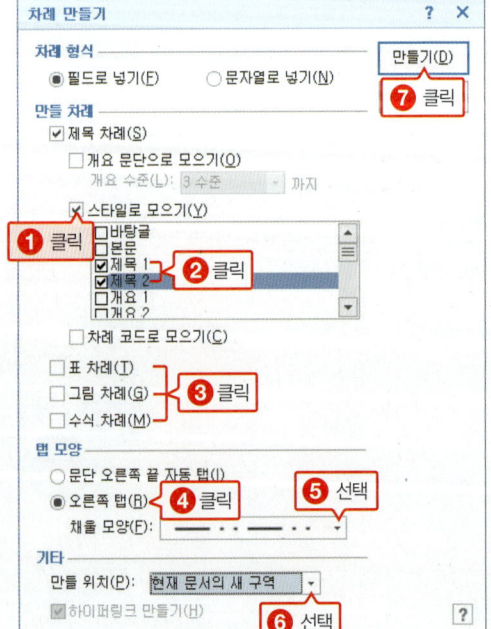

핵심기능실습 036
편집 화면 회색조로 보기

다양한 색으로 편집한 문서를 단색으로 출력해야 할 때 결과를 미리 볼 수 있는 기능입니다. 한글 NEO 버전에서 새롭게 선보이는 기능입니다.

실습 파일 | 한글\5장\편집 화면 회색조로 보기.hwp   **완성 파일** | 한글\5장\편집 화면 회색조로 보기_완성.hwp

01 컬러 문서를 회색조로 보기

❶ [보기] 메뉴를 클릭하고 ❷ [회색조]를 클릭합니다.

문서가 회색조 보기로 전환됩니다.

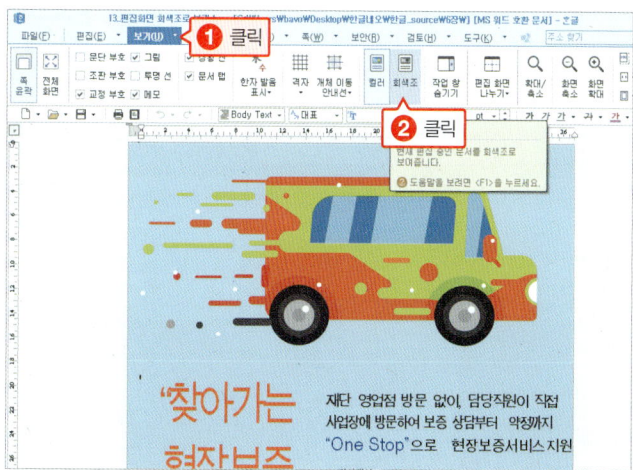

02 회색조 문서를 컬러 문서로 전환하기

❶ [보기] 메뉴를 클릭하고 ❷ [컬러]를 클릭합니다.

문서가 컬러 보기로 전환됩니다.

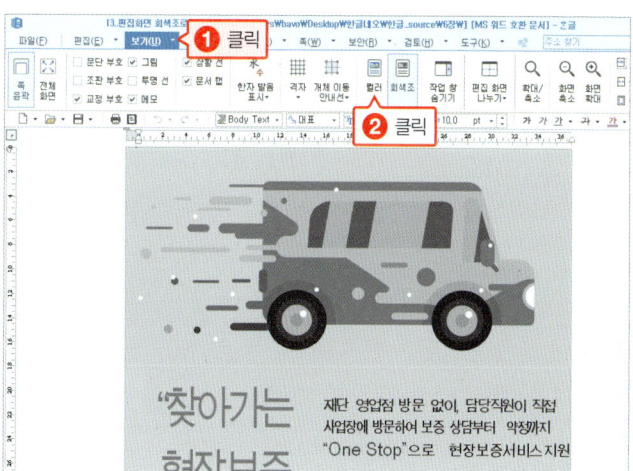

쉽고 빠른 한글 NOTE

인쇄 미리 보기에서 색조 변경 미리 보기

서식 도구 모음에서 [인쇄 미리 보기]를 클릭하면 인쇄 미리 보기 화면으로 전환됩니다. 인쇄 미리 보기 화면에서도 [컬러], [회색조], [연한 회색조] 등으로 미리 보기를 변경해 볼 수 있습니다.

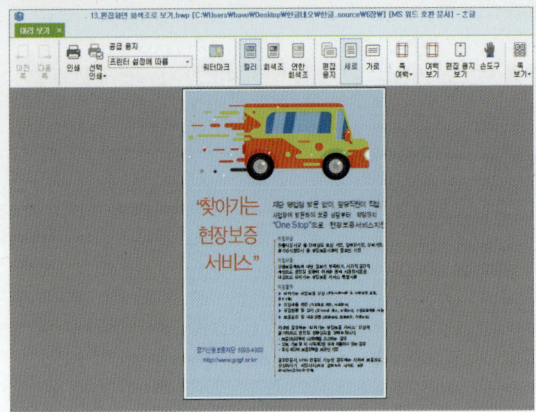

▲ 컬러

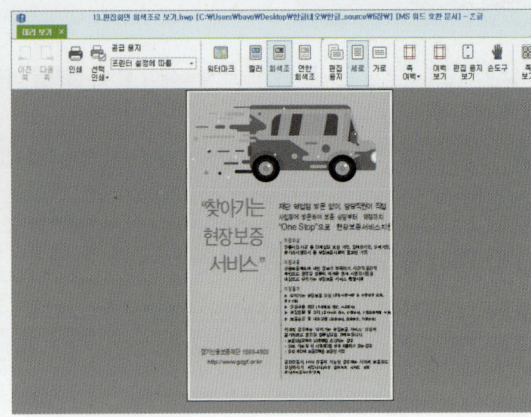

▲ 회색조

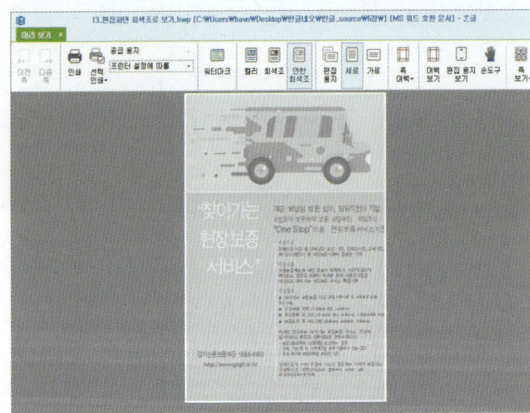

▲ 연한 회색조

도형 및 개체 활용하기

문서를 작성할 때 문자뿐만 아니라 그림과 도형, 클립아트 등을 삽입하여 적절히 편집하면 눈에 띄고 다채로운 문서로 꾸밀 수 있습니다. 문서에 그림이나 도형을 삽입하고 다양한 효과를 적용하는 방법 등에 대해서 알아보겠습니다.

037 그림에 캡션 삽입하기

캡션은 그림, 표, 차트 등의 이름이나 번호를 입력하는 기능으로 다른 요소나 본문에 섞이지 않고 개체와 한 몸처럼 동작합니다. 개체와 함께 이동하므로 관리하기가 편리하며, 차례 만들기 기능을 이용해 각 개체의 차례를 별도로 작성할 수도 있습니다.

실습 파일 | 한글\6장\그림에 캡션 삽입하기.hwp   **완성 파일** | 한글\6장\그림에 캡션 삽입하기_완성.hwp

01 그림에 캡션 삽입하기

그림의 위, 아래, 혹은 왼쪽, 오른쪽의 위치에 캡션을 삽입할 수 있습니다. 그림의 아래에 캡션을 넣고 이름을 수정해보겠습니다. ① 캡션을 삽입할 그림을 클릭합니다. ② [그림] 메뉴를 클릭하고 ③ [캡션]의 내림 단추를 클릭한 후 ④ [아래]를 선택합니다. 그림 아래에 '그림 3'이 입력됩니다.

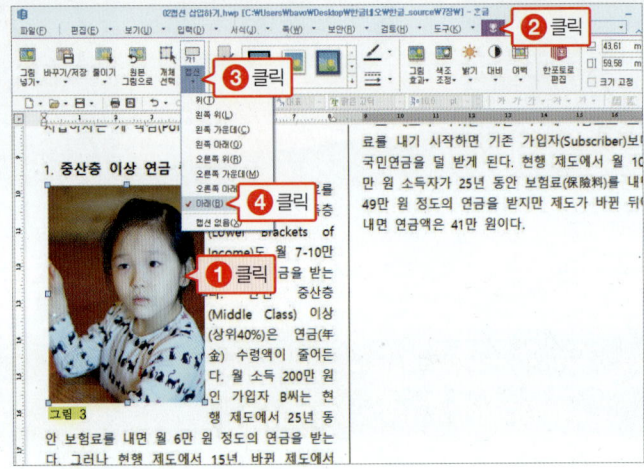

입력된 그림 번호는 문서에 포함된 그림의 개수에 따라서 달라집니다.

02 캡션 이름 변경하기

'그림 3'을 클릭한 뒤 〈샘플 이미지〉를 입력합니다.

03 그림과 캡션의 간격 수정하기

❶ 그림을 클릭하고 ❷ [그림] 메뉴 - [개체 속성]을 클릭합니다. ❸ [개체 속성] 대화상자에서 [여백/캡션] 탭을 클릭하고 ❹ [개체와의 간격]에 **1**을 입력합니다. ❺ [설정]을 클릭합니다.

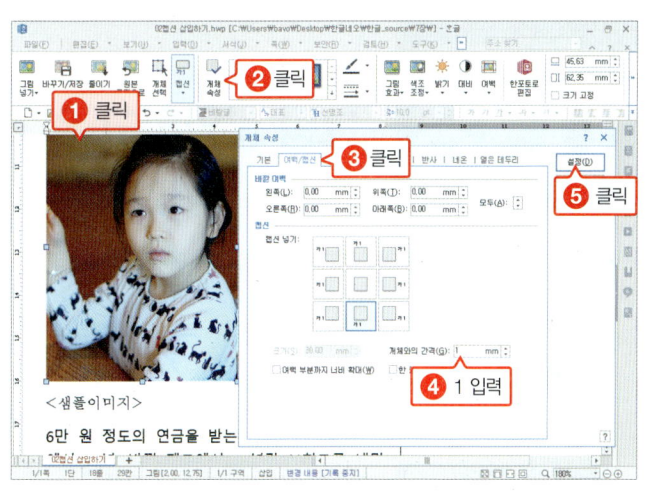

개체와 캡션의 간격이 3mm에서 1mm로 가까워집니다.

바로 통하는 TIP [개체 속성] 대화상자는 그림을 더블클릭해도 표시됩니다.

04 표에 캡션 삽입하기(단축키 Ctrl + N, C)

❶ 표 테두리를 마우스 오른쪽 버튼으로 클릭합니다. ❷ 단축 메뉴에서 [캡션 넣기]를 선택합니다.

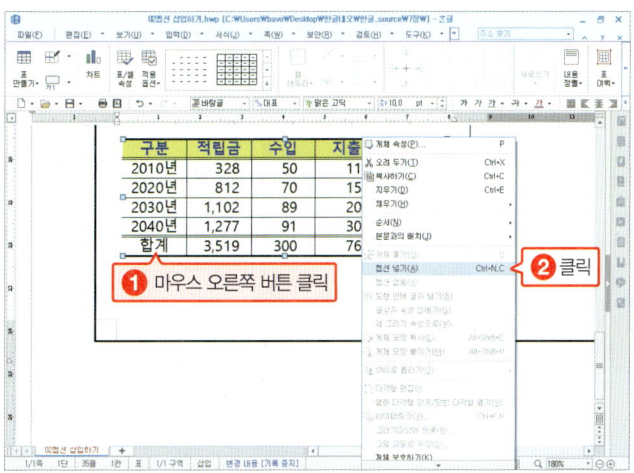

표의 아래쪽에 '표1' 캡션이 삽입됩니다.

05 캡션 위치 변경하기

❶ 표 테두리를 더블클릭합니다. ❷ [표/셀 속성] 대화상자의 [여백/캡션] 탭을 클릭합니다. ❸ [캡션] - [캡션 넣기] - [위]를 클릭하고 ❹ [설정]을 클릭합니다.

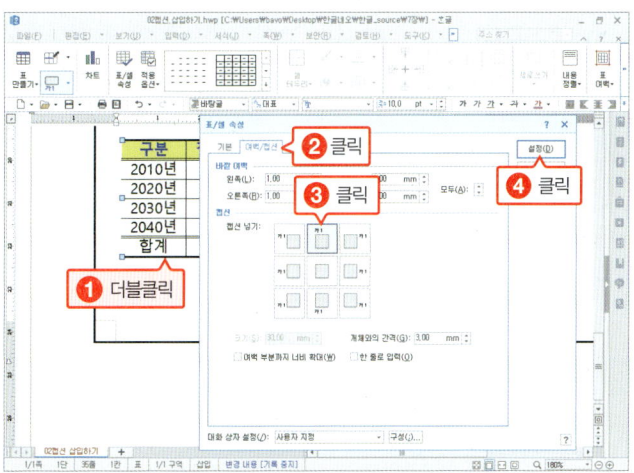

캡션의 위치가 위쪽으로 변경됩니다. 표 캡션 이름은 '02 그림 캡션 이름 변경하기'와 같은 방법으로 수정할 수 있습니다.

핵심기능실습

038

그림 삽입하고 위치 설정하기

문서 내에 텍스트와 그림을 함께 배치할 때가 있습니다. 이때 텍스트와 그림을 잘 어울리게 배치하려면 [그림] 메뉴의 다양한 옵션을 활용해 그림 크기, 위치, 여백 등을 조정합니다.

실습 파일 | 한글\6장\그림 삽입하고 위치 설정하기.hwp **완성 파일** | 한글\6장\그림 삽입하고 위치 설정하기_완성.hwp

📢 **한눈에 보기** **한포토 이용하여 사진 보정하기**

한글 NEO 버전에 내장된 한포토를 이용하면 보정 전후를 시각적으로 확인하면서 사진을 밝게, 어둡게, 선명하게 보정할 수 있습니다. 그림을 클릭한 후 [그림] 메뉴-[한포토로 편집]을 클릭하여 사용합니다.

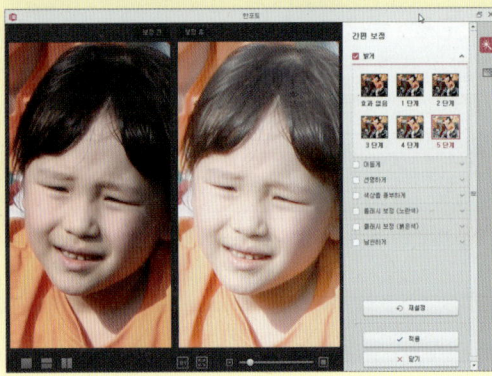 

01 그림 삽입하기(단축키 Ctrl + N, I)

예제 문서와 어울리는 그림을 삽입해보 겠습니다. 문서에 첨부하는 그림은 별도 의 파일을 불러와서 사용합니다. ❶ [입 력] 메뉴를 클릭하고 ❷ [그림]을 클릭합 니다. ❸ [그림 넣기] 대화상자에서 [03_ 사진.jpg] 파일을 선택합니다. ❹ [문서 에 포함], [마우스로 크기 지정]에 체크 표시하고 ❺ [넣기]를 클릭합니다.

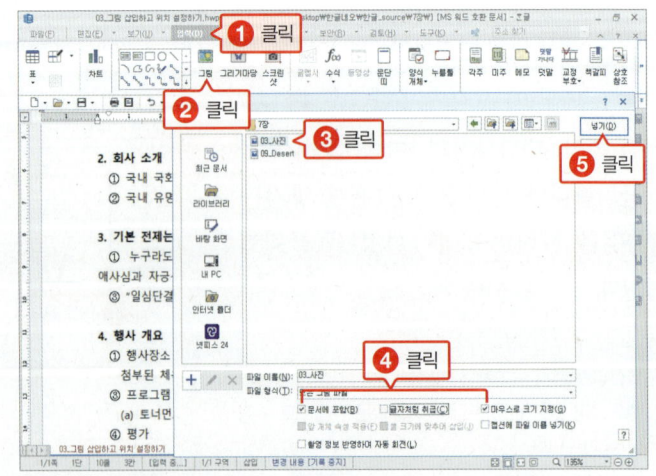

마우스 포인터가 + 모양으로 변경됩니다.

바로 통하는 TIP [글자처럼 취급]에 체크 표시가 되어 있다면 이를 해제해야 [마우스 크기 지정]에 체크 표시를 할 수 있습니다.

02 본문에 그림 삽입하기

그림을 삽입할 위치인 '2. 회사 소개' 아래를 드래그하여 그림을 삽입합니다.

드래그한 크기에 맞게 그림이 삽입됩니다. 그림을 배치하는 방법은 아직 설정하지 않았으므로 텍스트와 그림이 배치된 모양은 저마다 다를 수 있습니다.

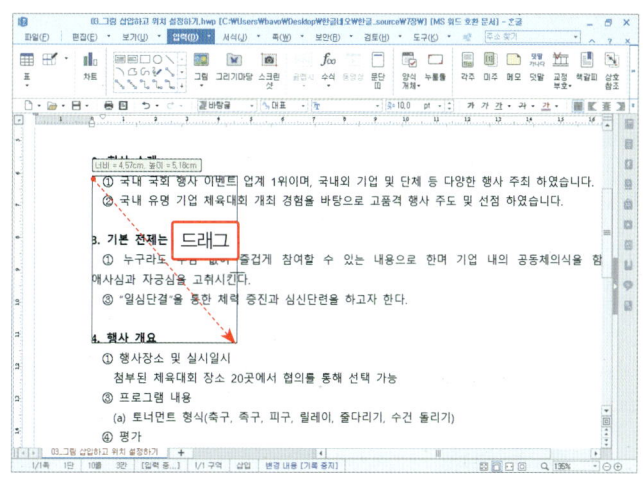

03 그림 위치 설정하기

문서에 그림을 배치하는 방법은 다양합니다. 텍스트와 그림이 나란히 배치되도록 설정해보겠습니다. ❶ 그림을 클릭하고 ❷ [그림] 메뉴 – [배치]를 클릭한 후 ❸ [어울림]을 선택합니다.

그림이 왼쪽에 위치해 있으므로 글 내용은 그림의 오른쪽에 흐르듯 배치됩니다.

바로 통하는 TIP 그림의 기본 값이 [어울림]으로 설정되어 삽입됩니다.

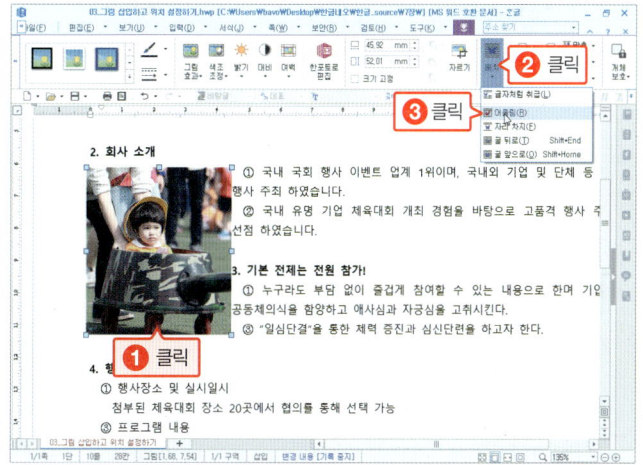

04 그림 여백 설정하기

그림과 글 사이에 여백이 없어 답답해 보입니다. 여백을 설정해보겠습니다. ❶ 그림을 더블클릭합니다. ❷ [개체 속성] 대화상자의 [여백/캡션] 탭을 클릭하고 ❸ [바깥 여백] – [오른쪽]에 **2**를 입력한 후 ❹ [설정]을 클릭합니다.

그림의 바깥 오른쪽 여백이 2mm로 변경됩니다.

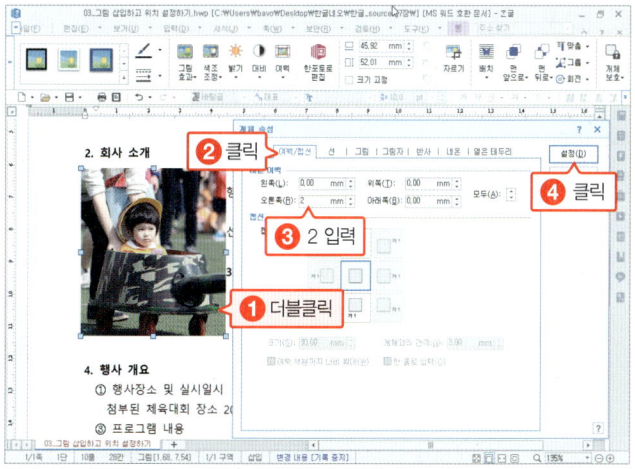

그림 위치 설정하기

문서에 그림을 배치하는 방식에는 [어울림] 옵션 외에 [글자처럼 취급], [자리 차지], [글 앞으로], [글 뒤로] 등이 있습니다. 각 옵션별로 글과 그림의 배치는 다음과 같습니다.

① **글자처럼 취급** : 그림을 글자와 동일하게 취급합니다.

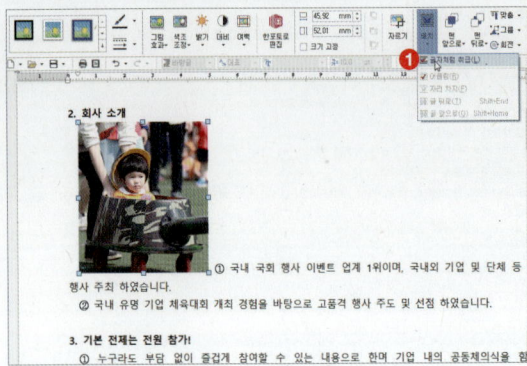

② **자리 차지** : 그림 높이만큼 줄을 차지합니다.

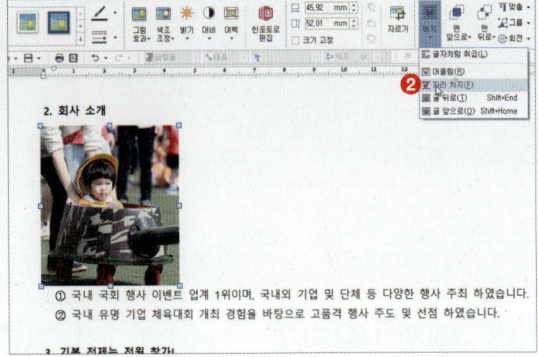

③ **글 뒤로** : 그림이 본문보다 뒤에 배치됩니다.

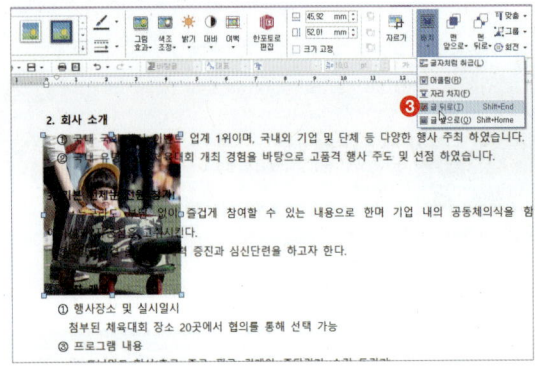

④ **글 앞으로** : 그림이 본문보다 앞에 배치됩니다.

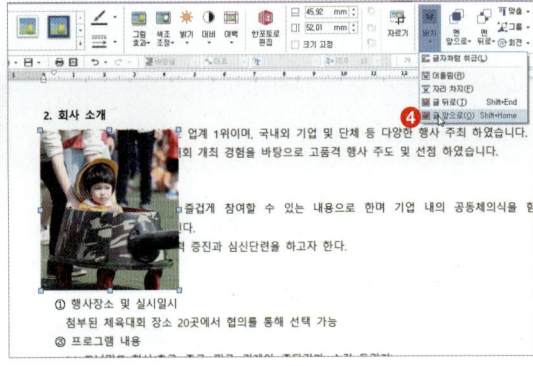

문서에 삽입한 그림을 선택할 수 없을 때

그림 위치를 [글 뒤로]로 설정하면 그림 위로 글이 올라오기 때문에 마우스로 클릭해도 그림이 선택되지 않을 수 있습니다. 이때는 [편집] 메뉴-[개체 선택]을 클릭한 후 그림을 클릭하면 그림이 쉽게 선택됩니다.

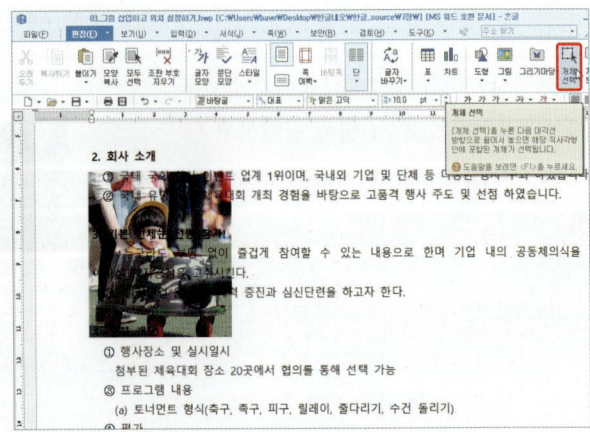

05 그림과 글 사이에 여백이 설정됩니다.

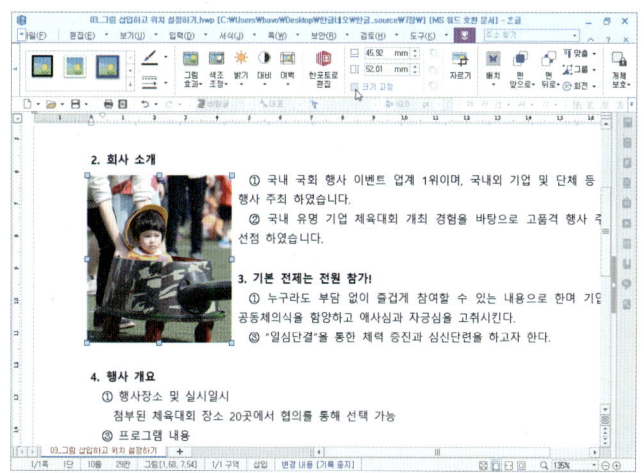

06 도장 그림 속성 변경하기

문서 하단의 도장 이미지를 '대표이사' 문구 위에 배치해보겠습니다. 마치 문서에 도장을 찍은 것처럼 도장 이미지 아래로 '인'이라는 글자가 보이도록 설정합니다. ❶ 도장 이미지를 더블클릭합니다. ❷ [개체 속성] 대화상자의 [기본] 탭 – [글자처럼 취급]의 체크 표시를 해제하고 ❸ [글 뒤로]를 클릭합니다. ❹ [설정]을 클릭하여 개체 속성을 변경합니다.

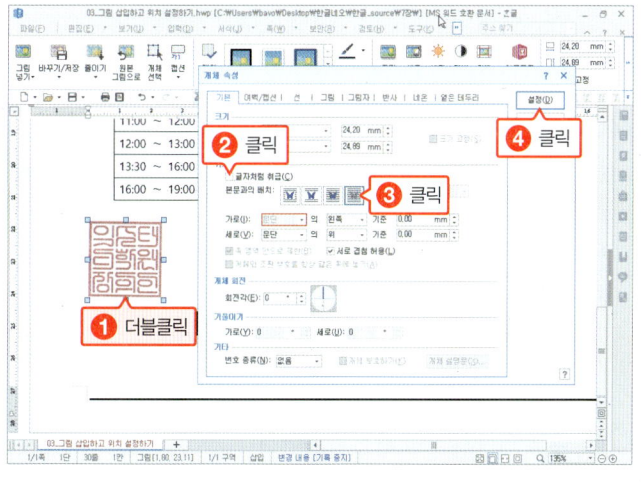

07 도장 그림 배치하기

도장 그림을 마우스로 드래그하여 '인' 위에 배치합니다.

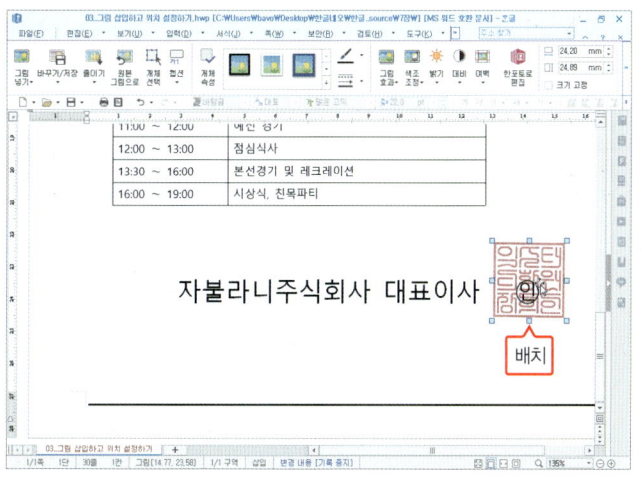

039 그림 꾸미기

그림에 테두리를 넣거나 그림자를 표시하는 등의 그림 꾸미기 방법을 활용하면 문서를 다채롭게 꾸밀 수 있습니다. 그림 꾸미기는 간단한 방법으로 보기 좋은 문서를 꾸밀 때 쉽게 사용할 수 있는 방법입니다.

실습 파일 | 한글\6장\그림 꾸미기.hwp **완성 파일 |** 한글\6장\그림 꾸미기_완성.hwp

01 스타일 효과로 그림 액자 설정하기

예제 문서에 삽입된 그림에 액자 테두리를 두른 듯한 효과를 설정해보겠습니다. ❶ 그림을 클릭하고 ❷ [그림] 메뉴를 클릭한 후 ❸ [회색 아래쪽 그림자]를 선택합니다.

그림에 액자 테두리를 두른 것처럼 옅은 그림자 효과가 적용됩니다.

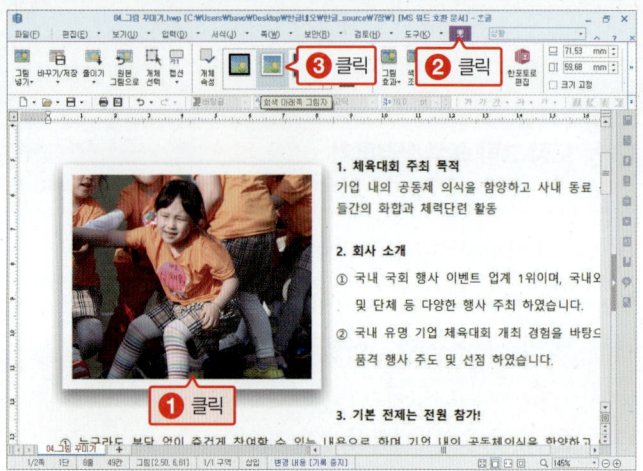

02 그림 액자 테두리 굵기 변경하기

❶ 그림을 선택한 상태에서 [그림] 메뉴 - [선 스타일]을 클릭하고 ❷ [선 굵기] - [1mm]를 선택합니다.

액자 테두리의 굵기가 변경됩니다.

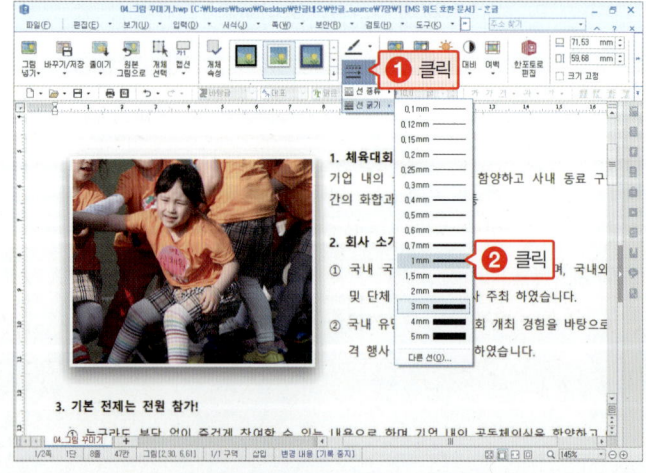

03 그림 액자 테두리 색 변경하기

그림 테두리의 색도 변경할 수 있습니다. ❶ 그림을 선택한 상태에서 [그림] 메뉴-[선 색]의 내림 단추를 클릭하고 ❷ [빨강 60% 밝게]를 선택합니다.

액자 테두리의 색이 변경됩니다.

바로 통하는 TIP [빨강 60% 밝게] 색은 [오피스] 색상 테마에 있습니다.

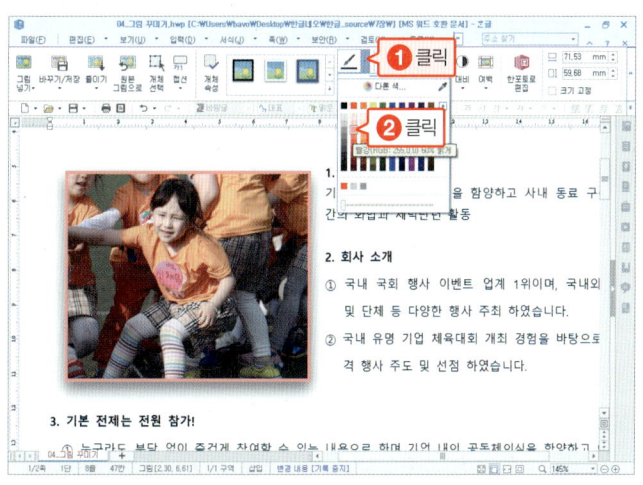

04 그림 액자 테두리 그림자 변경하기

그림자의 색, 투명도, 거리, 각도 등을 세밀하게 변경할 수 있습니다. ❶ 그림을 더블클릭합니다. ❷ [개체 속성] 대화상자에서 [그림자] 탭을 클릭합니다. ❸ [색]을 [파랑 50%], [투명도]를 [40%], [흐리게]를 [3pt], [거리]를 [3pt], [각도]를 [45°]로 변경하고 ❹ [설정]을 클릭합니다.

그림자 스타일이 변경됩니다.

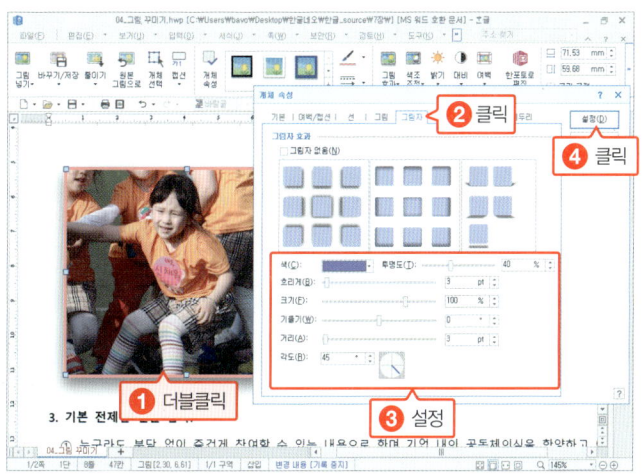

05 그림자 속성 제거하기

❶ 그림을 클릭하고 ❷ [그림] 메뉴-[그림 효과]를 클릭한 후 ❸ [그림자]-[그림자 없음]을 선택합니다.

그림자 속성이 제거됩니다.

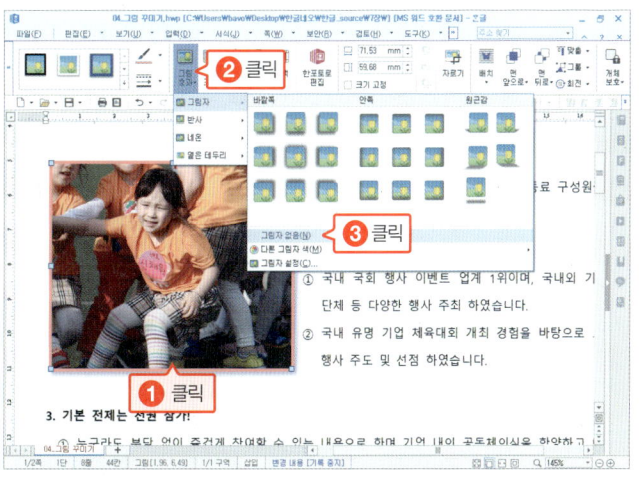

06 그림에 옅은 테두리 지정하기

❶ 그림을 클릭합니다. ❷ [그림] 메뉴-
[그림 효과]를 클릭합니다. ❸ [옅은 테
두리]-[5pt]를 선택합니다.

그림에 옅은 테두리가 적용됩니다.

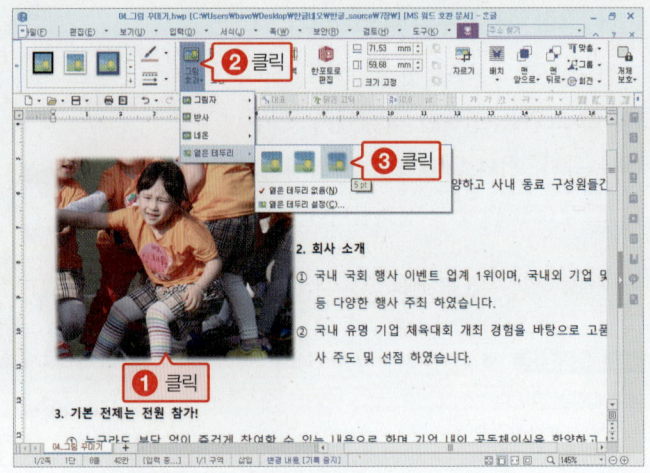

07 그림 밝기 수정하기

그림을 좀 더 밝게 수정해보겠습니다. ❶
그림을 클릭합니다. ❷ [그림] 메뉴-[밝
기]를 클릭하고 ❸ [밝게]-[+5%]를 선택
합니다.

그림이 밝아집니다.

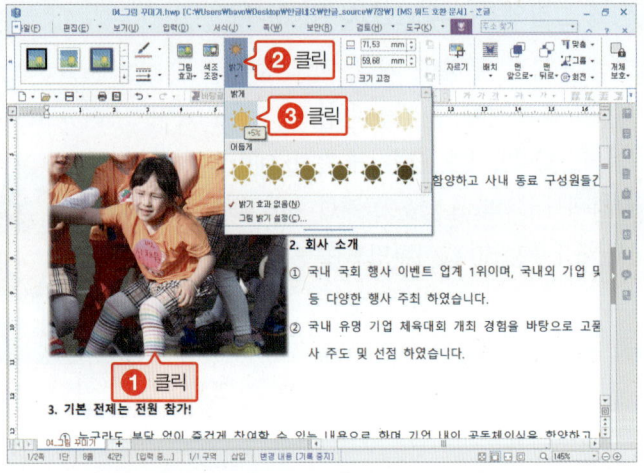

08 그림의 대비 수정하기

그림을 좀 더 선명하게 나타낼 수 있도
록 그림의 대비를 수정해보겠습니다. ❶
그림을 클릭합니다. ❷ [그림] 메뉴-[대
비]를 클릭하고 ❸ [높게]-[+40%]를 선
택합니다.

그림의 대비가 변경되어 선명해집니다.

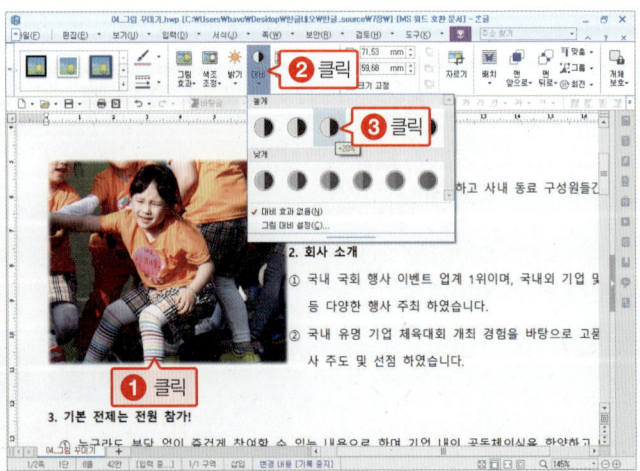

핵심기능실습 040

클립아트 삽입하기

클립아트는 조각 그림이라는 의미로, 문서에 간단한 이미지를 추가할 때 유용합니다. 그리기마당에 등록된 다양한 클립아트를 이용해 활동적인 문서를 완성해보겠습니다. 이를 사용하려면 한글 NEO 설치 시에 공유 클립아트를 설치해야 합니다.

실습 파일 | 한글\6장\클립아트 삽입하기.hwp   **완성 파일** | 한글\6장\클립아트 삽입하기_완성.hwp

---

한눈에 보기 | 그리기 조각 개체 풀기

클립아트가 완성된 형태의 이미지라면 한글 NEO에서 기본으로 함께 제공하는 그리기 조각은 여러 도형이 묶여 하나의 형태를 이루는 개체입니다. [그리기마당] 대화상자의 [그리기 조각] 탭에서 원하는 모양을 선택해 삽입할 수 있습니다. 그리기 조각을 선택하고 마우스 오른쪽 버튼을 클릭한 후 단축 메뉴에서 [개체 풀기]를 선택하면 그리기 조각을 도형별로 분리할 수 있습니다. 조각의 형태를 다른 모양으로 변경하거나 필요 없는 부분을 삭제하여 원하는 모양으로 사용합니다.

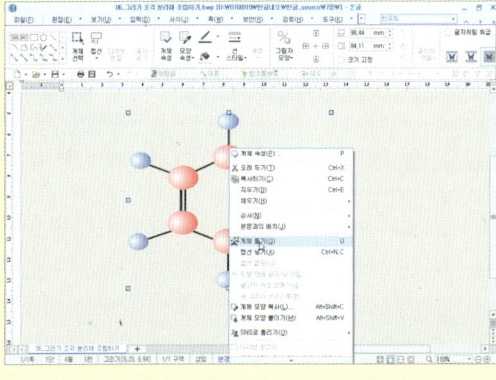
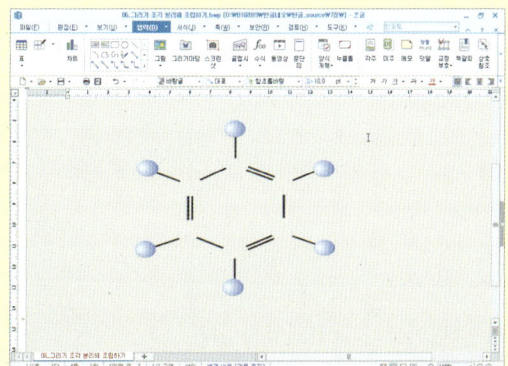

---

01 클립아트 삽입하기

예제 문서에 어울리는 클립아트를 삽입해 문서를 꾸며보겠습니다. ❶ [입력] 메뉴를 클릭하고 ❷ [그리기마당]을 클릭합니다.

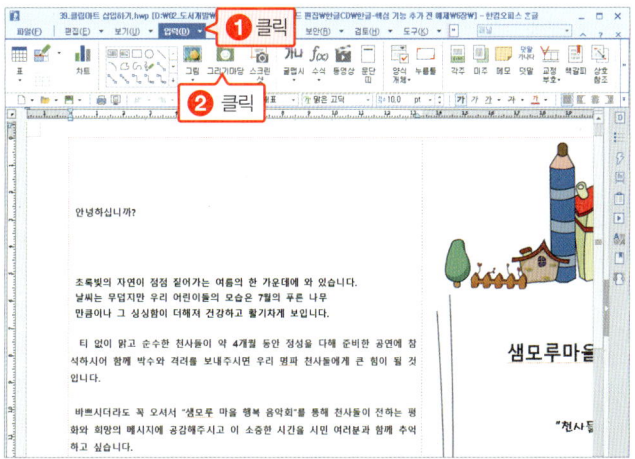

02 클립아트 선택하기

❶ [그리기마당] 대화상자의 [공유 클립아트] 탭을 클릭하고 ❷ [선택할 꾸러미]-[학교]를 선택합니다. ❸ [개체 목록]-[신학기07]을 선택하고 ❹ [넣기]를 클릭합니다.

마우스 커서가 그림 입력 상태인 + 모양으로 변경됩니다.

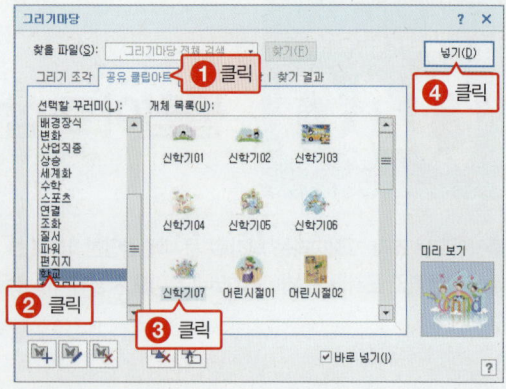

03 클립아트 문서에 삽입하기

마우스를 드래그하여 문서 폭에 맞게 클립아트를 삽입합니다.

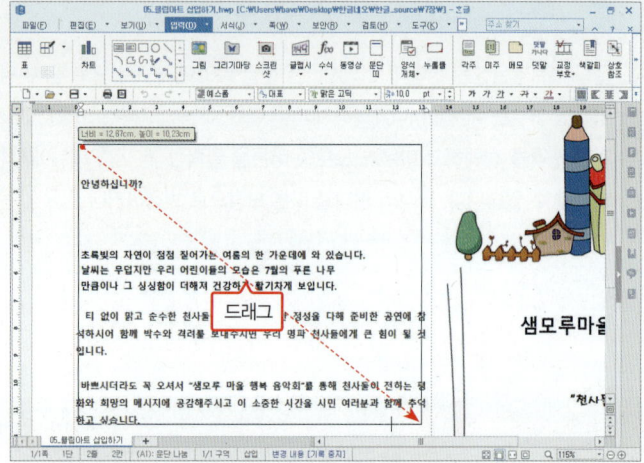

04 클립아트가 삽입되었습니다.

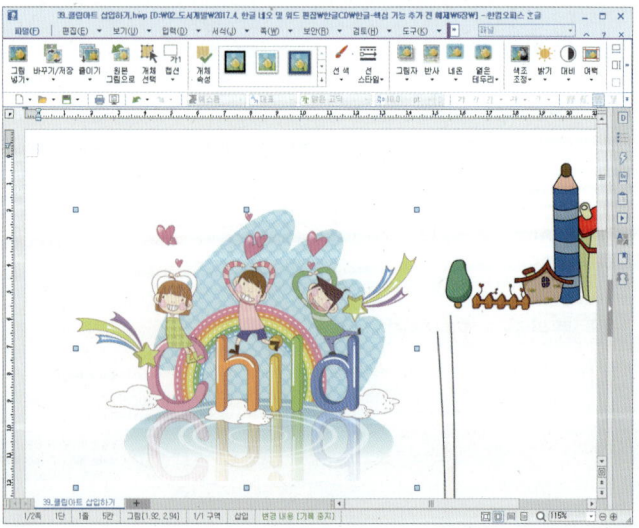

041

도형 꾸미고 모양 복사하기

문서에 다양한 도형을 삽입한 후 서식을 지정할 수 있습니다. 한 번 지정한 서식은 복사해 다른 도형에 적용할 수 있습니다.

실습 파일 | 한글\6장\도형 꾸미고 모양 복사하기.hwp   **완성 파일** | 한글\6장\도형 꾸미고 모양 복사하기_완성.hwp

01 도형 그리기

도형을 삽입한 후 문서에 어울리는 서식을 지정해보겠습니다. ❶ [입력] 메뉴를 클릭하고 ❷ [그리기 개체]-[직사각형]을 선택합니다. ❸ 첫 번째 도형의 아래를 드래그하여 직사각형을 그립니다.

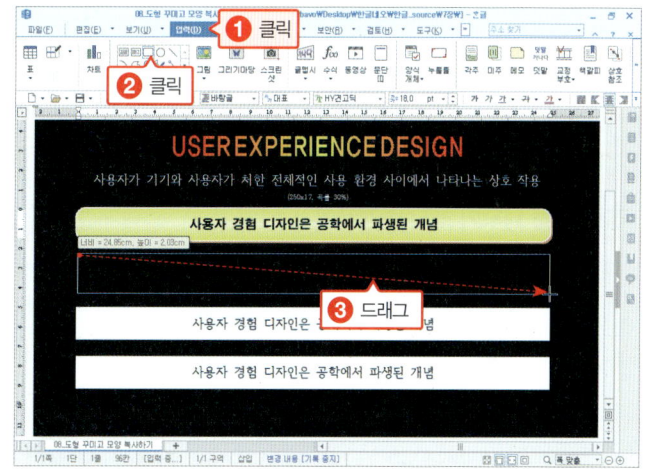

02 도형 크기 설정하기

❶ 그려 넣은 직사각형의 테두리를 더블클릭합니다. ❷ [개체 속성] 대화상자의 [기본] 탭에서 [너비]에 **250**, [높이]에 **17**을 입력하고 ❸ [설정]을 클릭합니다.

도형의 크기가 250×17mm로 변경됩니다.

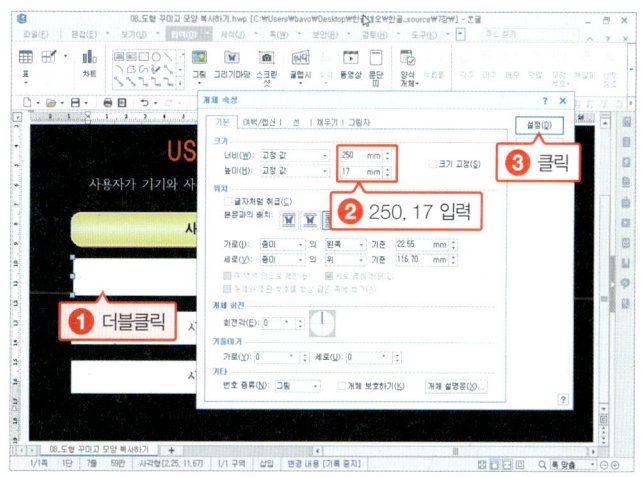

바로 통하는 TIP [개체 속성] 대화상자를 표시하려면 도형의 테두리를 더블클릭합니다. 도형만 삽입되어 있다면 도형을 더블클릭하면 되지만, 도형 안에 텍스트가 입력되어 있다면 반드시 테두리를 더블클릭해야 합니다. 도형의 테두리를 클릭한 후 단축키 P 를 눌러도 [개체 속성] 대화상자를 표시할 수 있습니다.

O3 선 서식 변경하기

도형의 선 서식을 설정해보겠습니다. ❶ 도형이 선택된 상태에서 단축키 P를 눌러 [개체 속성] 대화상자를 표시합니다. ❷ [선] 탭을 클릭하고 ❸ [선]–[색]–[흰색]을 선택한 후 ❹ [굵기]에 0.7을 입력합니다. ❺ [사각형 모서리 곡률]–[곡률 지정]을 클릭하고 30을 입력합니다.

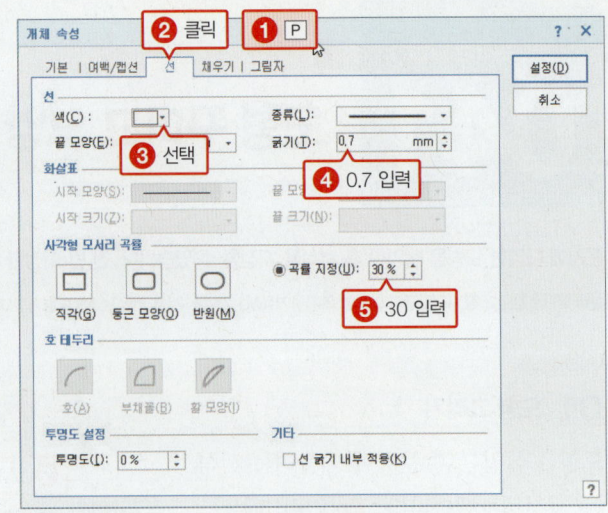

O4 도형 채우기 서식 변경하기

❶ [채우기] 탭을 클릭하고 ❷ [그러데이션]을 선택합니다. ❸ [유형]–[가운데에서]를 선택하고 ❹ [시작 색]–[노랑 80%], [끝 색]–[노랑]으로 설정합니다.

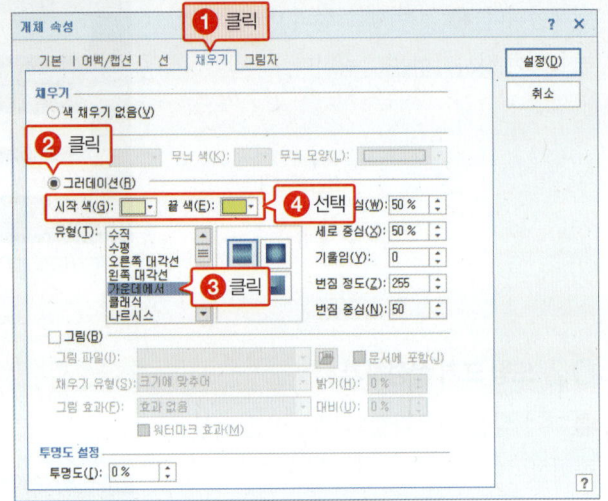

O5 도형의 그림자 서식 설정하기

❶ [그림자] 탭을 클릭하고 ❷ [종류]–[오른쪽 아래]를 클릭합니다. ❸ [그림자]–[그림자 색]–[주황 40%]로 선택하고 ❹ [가로 방향 이동]에 –1.0, [세로 방향 이동]에 –1.0을 입력합니다. ❺ [투명도]에 11을 입력하고 ❻ [설정]을 클릭합니다.

도형에 선, 채우기, 그림자 서식이 적용됩니다.

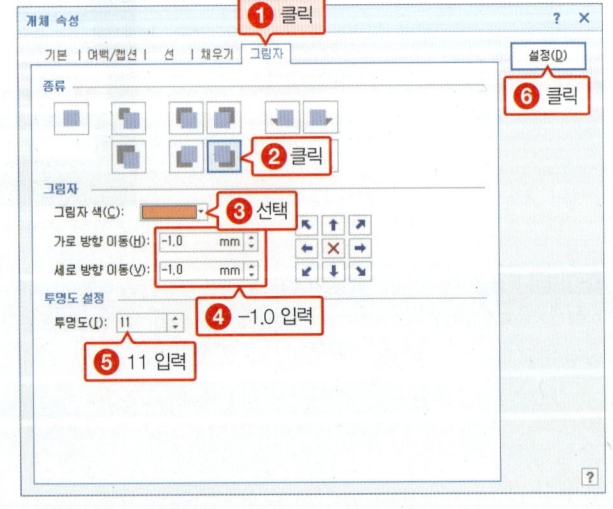

06 개체 모양 복사하기(단축키 Alt + Shift + C)

앞서 설정한 도형의 서식을 복사해 다른 도형에 적용해보겠습니다. ❶ 앞서 그려 넣은 도형을 클릭하고 ❷ [도형] 메뉴-[모양 속성]을 클릭한 후 ❸ [개체 모양 복사]를 선택합니다. ❹ [개체 모양 복사] 대화상자에서 모든 항목에 체크 표시하고 ❺ [복사]를 클릭합니다.

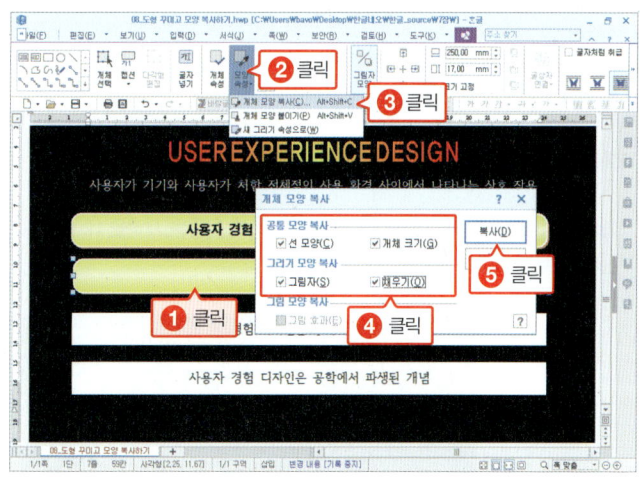

개체 모양이 복사됩니다.

07 개체 모양 붙여넣기(단축키 Alt + Shift + V)

❶ 복사한 서식을 붙여넣기 위해 세 번째 도형의 테두리를 클릭합니다. ❷ [도형] 메뉴-[모양 속성]을 클릭하고 ❸ [개체 모양 붙이기]를 선택합니다.

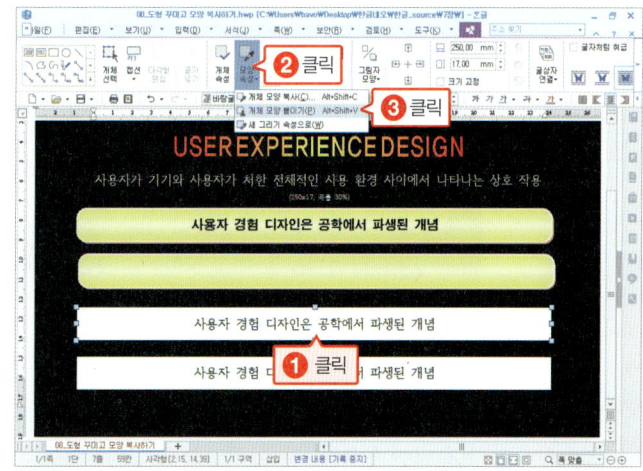

개체 모양이 붙여넣기됩니다. 단, 사각형 모서리 곡률은 붙여넣기되지 않습니다.

바로 통하는TIP 세 번째 도형에 개체 모양이 붙여넣기 됩니다. 아쉽게도 테두리 모양은 붙여넣기가 되지 않습니다.

사용자 경험 디자인은 공학에서 파생된 개념

실습 파일 | 한글\6장\서식이 적용되어 있는 도형 복사하기.hwp　완성 파일 | 한글\6장\서식이 적용되어 있는 도형 복사하기_완성.hwp

개체 모양 복사 기능을 이용하여 첫 번째 도형에 적용된 서식을 네 번째 도형에 붙여보겠습니다. 세 번째와 네 번째 직사각형에는 선 테두리 곡률을 30%로 지정해보겠습니다.

▲ 완성 파일

O1 개체 모양 복사하기 단축키는 Alt + Shift + C , 개체 모양 붙이기 단축키는 Alt + Shift + V 입니다. 서식이 적용되어 있는 도형을 클릭한 후 개체 모양 복사하기 단축키를 눌러 개체 모양을 복사합니다. 같은 서식을 적용할 도형을 클릭한 후 개체 모양 붙이기 단축키를 누릅니다.

O2 도형의 테두리를 더블클릭해 [개체 속성] 대화상자를 표시한 후 [선] 탭에서 [사각형 모서리 곡률]−[곡률 지정]을 30%로 설정합니다.

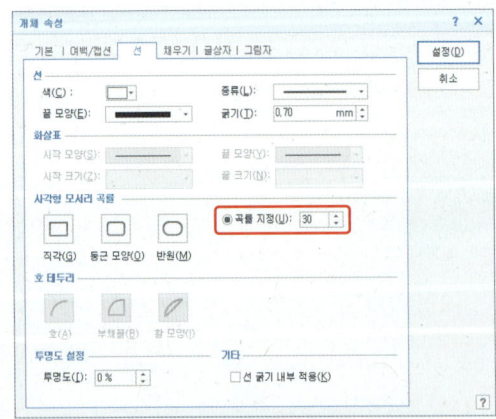

표 꾸미기

여러 종류의 데이터를 문서에 삽입해야 할 때 표를 이용하면 가독성 있게 표현할 수 있으며 좀 더 체계적으로 정돈된 문서를 만들 수 있습니다. 표를 만드는 방법, 줄/칸을 삽입하고 삭제하는 기능, 표 안의 문자열을 정렬하고 셀에 테두리와 음영을 적용하여 스타일을 변경하는 기능 등에 대해서 알아보겠습니다. 또 간단한 차트를 문서에 추가하여 내용을 더욱 풍성하게 만드는 방법도 소개합니다.

042

표 삽입, 크기 조절, 이동하기

문서에 포함된 복잡한 내용이나 수치 자료 등을 한눈에 확인하려면 표를 활용하는 것이 좋습니다. 표를 삽입하고 크기를 조절하며
이동하고 삭제하는 등 표를 편집하는 방법부터 표를 본문과 어울리게 배치하는 방법까지 알아보겠습니다.

실습 파일 | 한글\7장\표 삽입, 크기 조절, 이동하기.hwp   **완성 파일** | 한글\7장\표 삽입, 크기 조절, 이동하기_완성.hwp

01 [표 만들기] 대화상자에서 표 그리기(단축키 Ctrl + N , T)

예제 문서에서 3줄×4칸의 표를 추가해 보겠습니다. ❶ [입력] 메뉴를 클릭하고 ❷ [표]를 클릭합니다.

[표 만들기] 대화상자가 나타납니다.

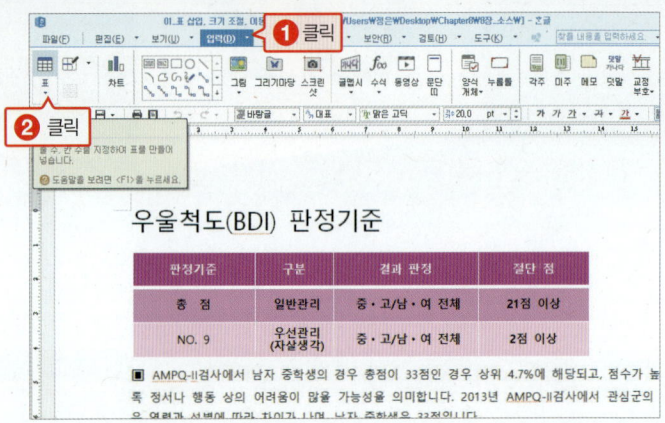

02

❶ [표 만들기] 대화상자에서 [줄/칸] – [줄 수]에 3, [칸 수]에 4를 입력합니다. ❷ [마우스 끌기로 만들기]에 체크 표시하고 ❸ [표마당]을 클릭합니다.

[표마당] 대화상자가 나타납니다.

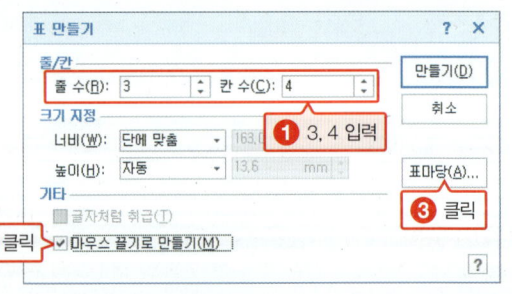

03 표마당 선택하기

❶ [표마당] 대화상자에서 [표마당 목록] – [기본 스타일 1 – 분홍 색조]를 선택하고 ❷ [설정]을 클릭합니다.

[표 만들기] 대화상자가 다시 나타나면 [만들기]를 클릭합니다. 마우스 포인터가 표 그리기 모양으로 변경됩니다.

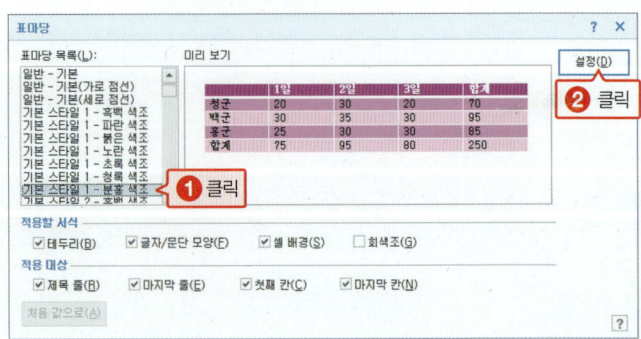

04 표가 시작될 위치를 기준으로 드래그하여 적당한 크기의 표를 그립니다.

표가 본문에 삽입됩니다.

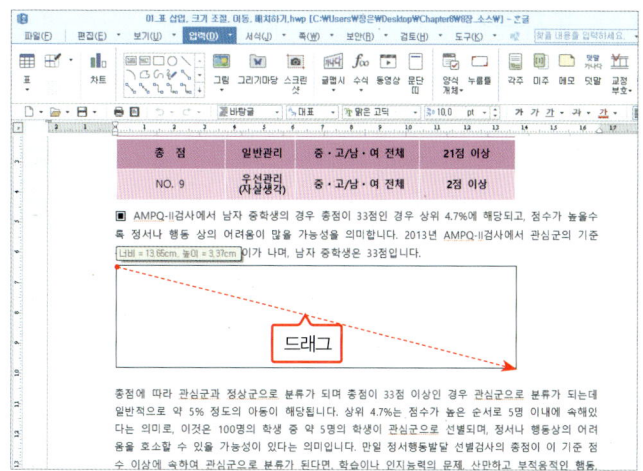

05 표 그리기 도구로 그리기

❶ [입력] 메뉴를 클릭하고 ❷ [표]의 내림 단추를 클릭합니다. ❸ 3줄×4칸만큼 드래그한 후 클릭합니다.

마우스 포인터가 표 그리기 모양으로 변경됩니다.

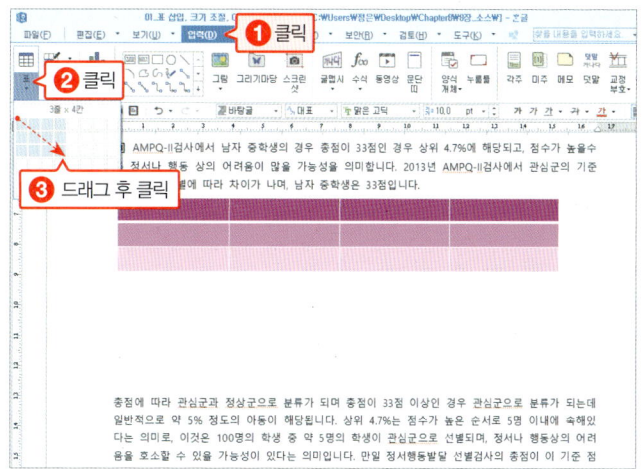

06 표가 시작될 위치를 기준으로 드래그하여 적당한 크기의 표를 그립니다.

표가 본문에 삽입됩니다.

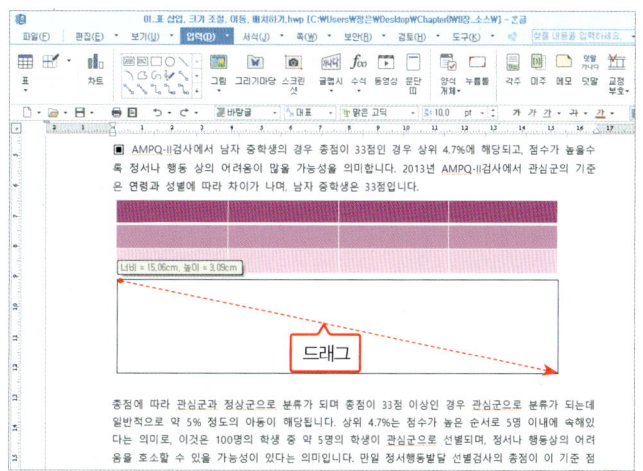

07 표 지우기

삽입한 표를 삭제해보겠습니다. 표 테두리를 클릭하고 Delete 를 누릅니다.

표가 지워집니다.

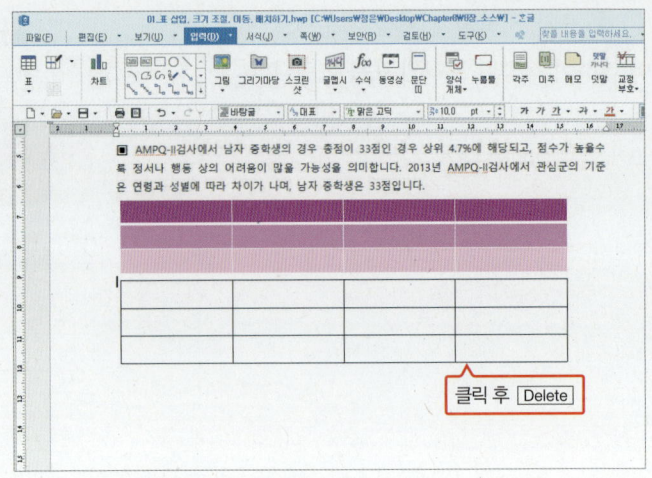

08 표 크기 조절하기

이미 삽입한 표의 전체 크기를 변경해보겠습니다. ❶ 표 테두리를 클릭하면 크기 조절점이 활성화됩니다. ❷ 표 크기 조절점을 드래그하여 적당한 크기로 변경합니다.

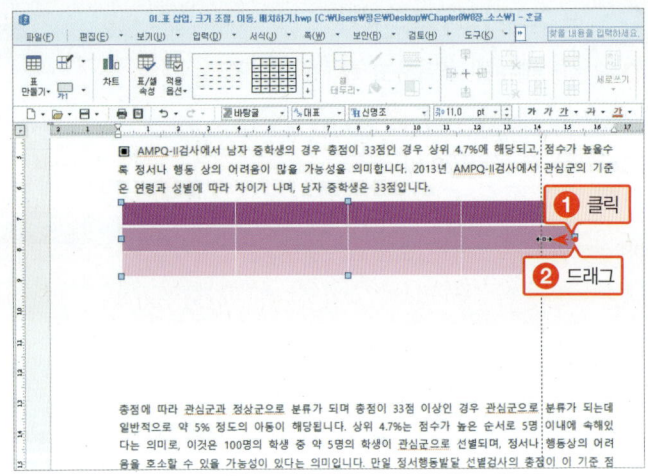

09 표 이동하기

그림이나 클립아트와 마찬가지로 표도 자유롭게 이동할 수 있습니다. 이때는 표 속성에서 [글자처럼 취급]에 체크 표시가 되어 있지 않아야 합니다. ❶ 표 테두리를 클릭하면 마우스 포인터가 이동하기 모양으로 변경됩니다. ❷ 표를 클릭한 채 원하는 위치로 드래그합니다.

표가 이동됩니다.

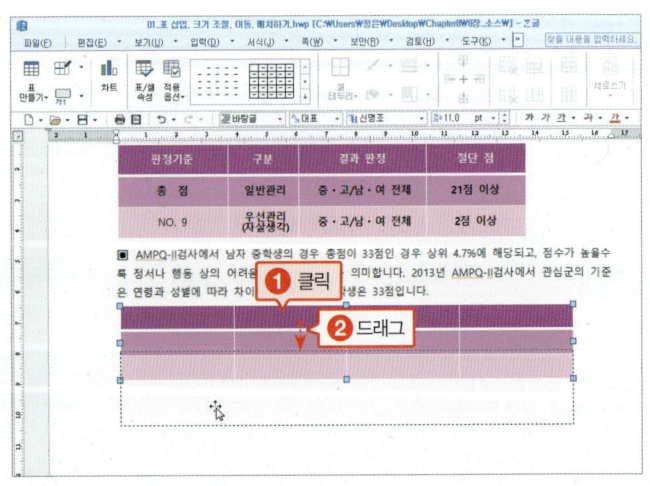

043

줄/칸 삽입 및 삭제하기

이미 만들어둔 표에 줄/칸을 추가해 편집하거나 불필요한 줄/칸을 삭제해야 하는 경우가 있습니다. 표에 줄과 칸을 삽입하고 삭제하는 방법을 알아보겠습니다.

실습 파일 | 한글\7장\줄 칸 삽입 및 삭제하기.hwp **완성 파일** | 한글\7장\줄 칸 삽입 및 삭제하기_완성.hwp

01 줄 삽입하기

표에서 배경이 노란색인 줄 아래에 한 줄을 추가해보겠습니다. ❶ 노란색 줄에서 임의의 셀을 클릭합니다. ❷ [표] 메뉴를 클릭하고 ❸ [아래에 줄 추가하기]를 클릭합니다.

노란색 줄의 아래에 한 줄이 추가됩니다. 셀 서식이 동일하게 적용되었음을 알 수 있습니다.

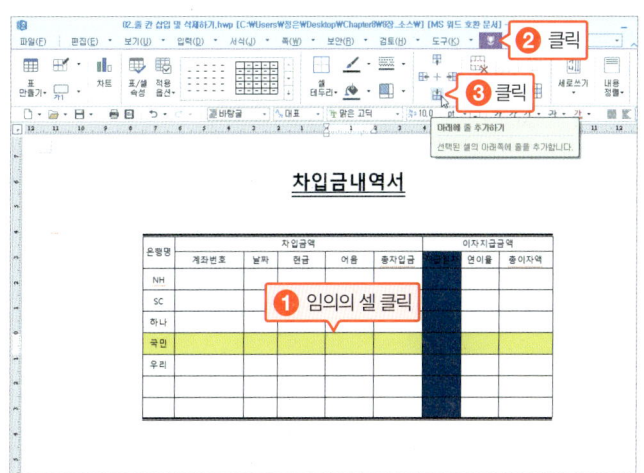

02 칸 삭제하기

표에서 배경색이 남색으로 표시된 칸을 삭제해보겠습니다. ❶ 삭제할 칸 중 임의의 셀을 클릭합니다. ❷ [표] 메뉴-[칸 지우기]를 클릭합니다.

'지급일자'에 해당하는 칸이 삭제됩니다.

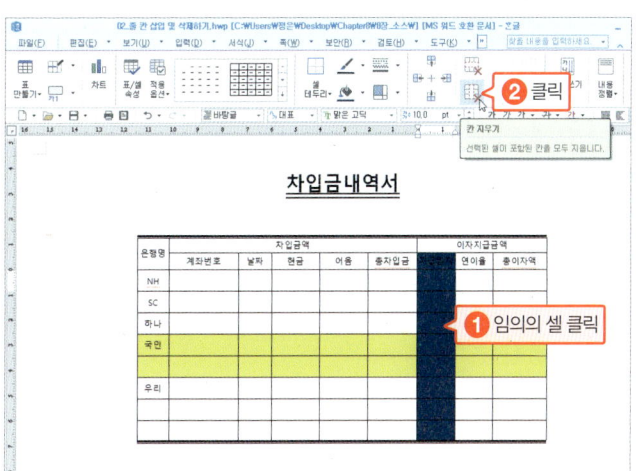

03 줄 삭제하기

새로 추가한 줄을 단축키로 삭제해보겠습니다. ❶ 삭제하고자 하는 줄에서 임의의 셀을 클릭하고 ❷ 단축키 [Alt] + [Delete]를 누릅니다. ❸ [줄/칸 지우기] 대화상자에서 [지우기]-[줄 지우기]를 클릭하고 ❹ [지우기]를 클릭합니다.

현재 커서가 있는 줄이 삭제됩니다.

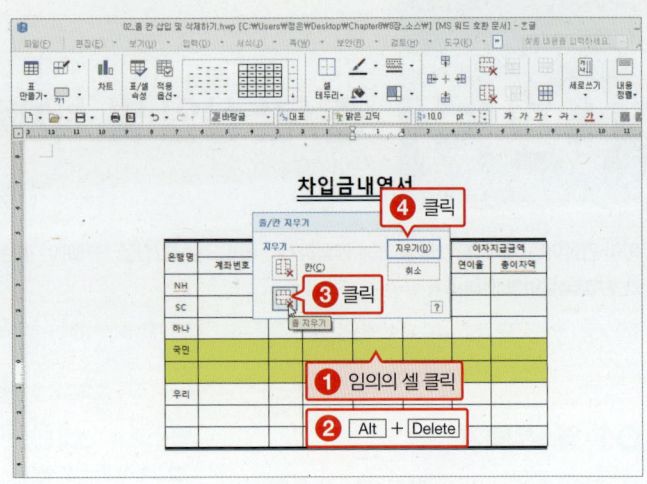

04 [Tab]으로 줄 추가하기

표의 맨 아래에 줄을 추가해보겠습니다. 이때는 마지막 셀을 이용해야 편리합니다. ❶ 표의 맨 아랫줄 마지막 셀을 클릭하고 ❷ [Tab]을 누릅니다.

표의 맨 아래에 한 줄이 추가됩니다.

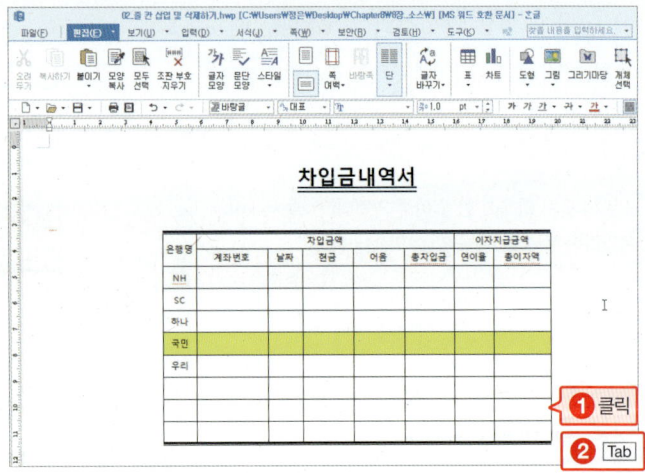

05 줄 더 추가하기

❶ 새로 추가된 줄의 맨 마지막 셀을 클릭하고 ❷ [Tab]을 누릅니다.

표의 맨 아래에 한 줄이 더 추가됩니다.

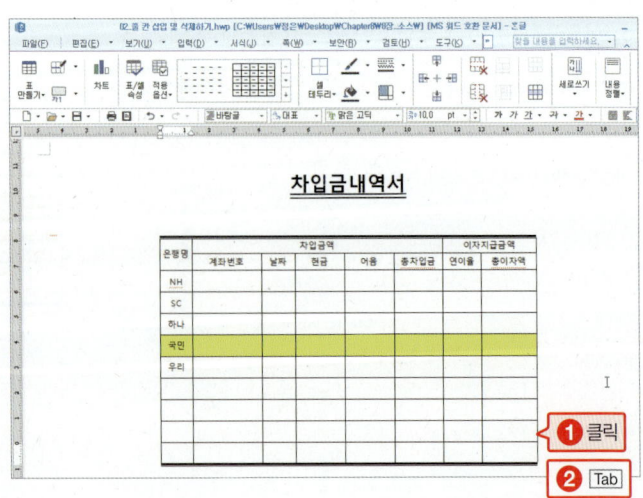

핵심기능실습

044 셀 합치고 나누기

셀 합치기는 두 개 이상의 셀을 하나로 합치는 기능이고, 셀 나누기는 하나의 셀을 두 개 이상의 셀로 나누는 기능입니다. 셀을 합치고 나누는 방법에 대해서 알아보겠습니다.

실습 파일 | 한글\7장\셀 합치고 나누기.hwp   완성 파일 | 한글\7장\셀 합치고 나누기_완성.hwp

01 셀 합치기

예제 문서의 표에서 항목별로 분리되어 있는 '요인' 셀을 하나로 합쳐보겠습니다. ❶ 합칠 셀 범위를 드래그하고 ❷ [표] 메뉴-[셀 합치기]를 클릭합니다.

네 개의 셀이 하나로 합쳐집니다.

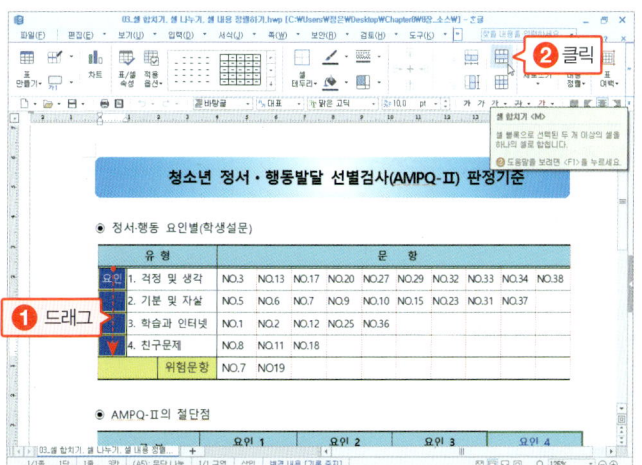

02 단축키 M으로 셀 합치기

'위험문항' 셀 역시 왼쪽에 있는 앞 셀과 분리되어 있습니다. 한 셀로 합쳐보겠습니다. ❶ 합칠 셀 범위를 드래그하고 ❷ M을 누릅니다.

두 셀이 하나로 합쳐집니다.

유 형					
요인	1. 걱정 및 생각	NO.3	NO.13	NO.17	NO.20
	2. 기분 및 자살	NO.5	NO.6	NO.7	NO.9
	3. 학습과 인터넷	NO.1	NO.2	NO.12	NO.25
	4. 친구문제	NO.8	NO.11	NO.18	
	위험문항	NO.7	NO19		

❶ 드래그 ❷ M

03 표 지우개를 이용해 셀 합치기

❶ 표에서 임의의 셀을 클릭하고 ❷ [표] 메뉴-[표 그리기]를 클릭한 후 ❸ [표 지우개]를 선택합니다.

마우스 포인터가 표 지우개 모양으로 변경됩니다.

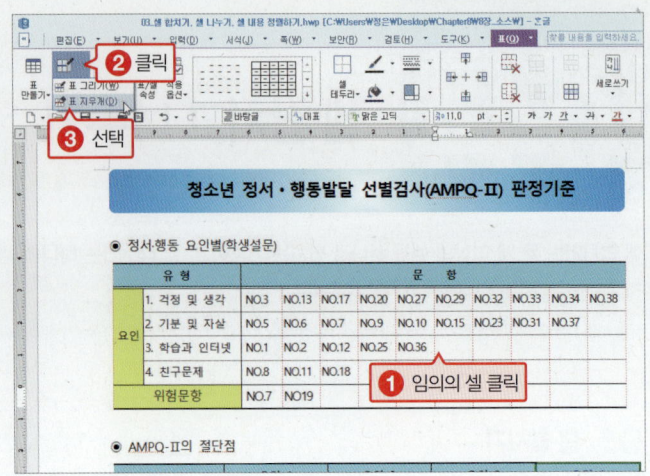

04 경계선 지우개로 지우기

❶ 지우려는 셀의 경계선을 클릭한 상태에서 ❷ 셀 경계 부분을 드래그합니다. 마우스 포인터를 조금씩 움직여보면 삭제할 셀의 경계선이 분홍색으로 표시되는데, 이때 마우스 왼쪽 버튼을 놓습니다.

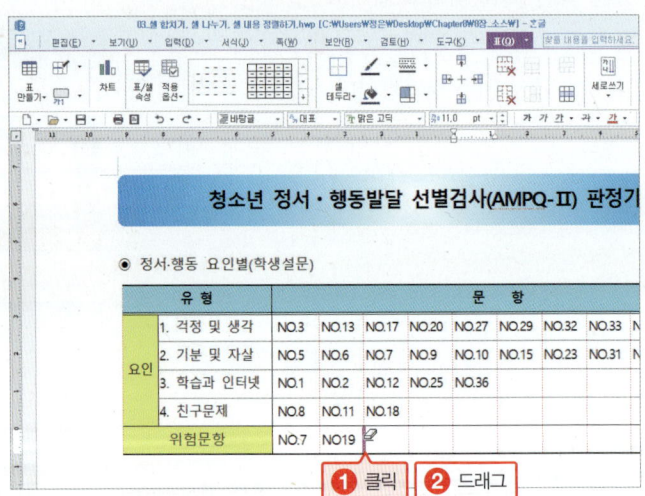

05 셀 경계선이 삭제되어 셀이 합쳐집니다.

유 형				
요인	1. 걱정 및 생각	NO.3	NO.13	NO.17	NO.20
	2. 기분 및 자살	NO.5	NO.6	NO.7	NO.9
	3. 학습과 인터넷	NO.1	NO.2	NO.12	NO.25
	4. 친구문제	NO.8	NO.11	NO.18	
위험문항		NO.7	NO19		

바로 통하는 TIP ▶ 표 지우개 상태에서는 셀 경계선을 계속 삭제할 수 있습니다. 표 지우개 상태를 해제하려면 표의 바깥을 클릭하거나 [ESC]를 누릅니다.

06 셀 나누기

두 번째 표에서 '중학생' 셀의 오른쪽에 있는 노란색 셀을 두 개로 나눠보겠습니다. ❶ 두 개로 나눌 셀을 클릭하고 ❷ [표] 메뉴-[셀 나누기]를 클릭합니다.

[셀 나누기] 대화상자가 나타납니다.

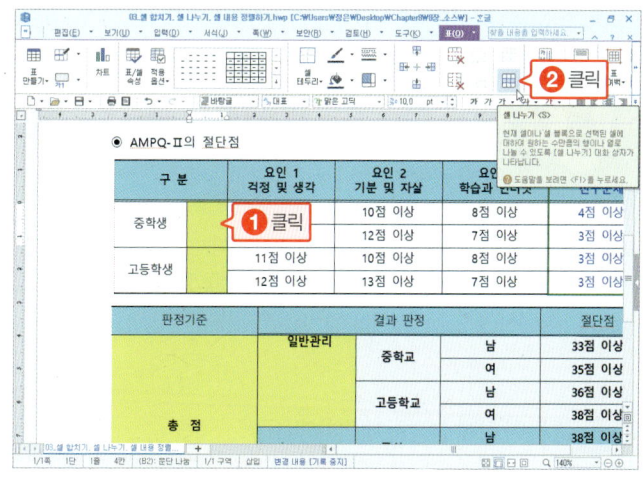

07 [셀 나누기] 대화상자에서 셀 나누기

❶ [셀 나누기] 대화상자의 [줄/칸 나누기]-[줄 수]에 2를 입력하고 ❷ [선택 사항]의 [줄 높이를 같게 나누기]에 체크 표시한 후 ❸ [나누기]를 클릭합니다.

셀이 두 칸으로 나눠집니다.

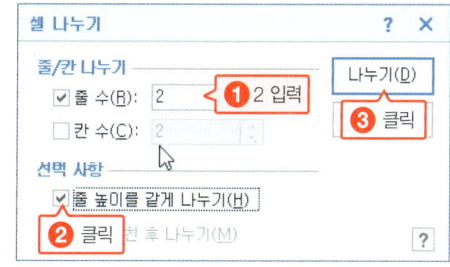

바로 통하는 TIP 나눌 셀을 클릭하고 F5 를 눌러 셀을 선택한 후 단축키 S 를 눌러도 [셀 나누기] 대화상자를 표시할 수 있습니다.

08 표 그리기로 셀 나누기

두 번째 표에서 '고등학생' 셀의 오른쪽 노란색 셀 가운데에 선을 그어 셀을 두 개로 나눠보겠습니다. 이웃한 셀의 선을 기준선으로 삼아 연장해 그립니다. ❶ [표] 메뉴-[표 그리기]를 클릭하고 ❷ [표 그리기]를 선택합니다. 마우스 포인터가 펜 ✎ 모양으로 변경됩니다. ❸ 노란색 셀과 이웃 셀의 가로선이 만나는 부분을 클릭하고 왼쪽으로 드래그하여 연장합니다.

셀이 두 칸으로 나눠집니다.

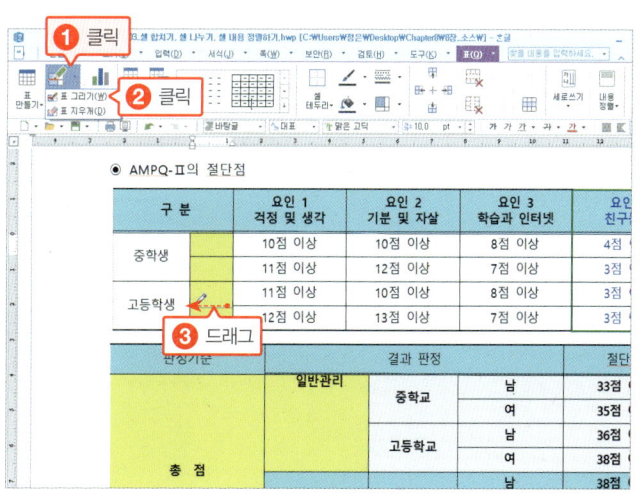

045 셀 높이와 폭 같게 설정하기

표에 내용을 입력해보면 어떤 칸은 내용이 많이 들어가고, 어떤 칸은 적게 들어가는 경우가 있습니다. 표 작업을 마무리할 때 표 내용의 길이에 상관없이 각 칸의 높이나 너비를 일정하게 설정해 보기 좋고 깔끔한 표를 만들어보겠습니다.

실습 파일 | 한글\7장\셀 높이와 폭 같게 설정하기.hwp   **완성 파일** | 한글\7장\셀 높이와 폭 같게 설정하기_완성.hwp

01 셀 높이 같게 설정하기(단축키 H)

예제 문서의 표에서 텍스트의 양에 상관없이 셀 높이를 일정하게 설정해보겠습니다. ❶ 제목 행을 제외한 표 전체 범위를 드래그하고 ❷ [표] 메뉴를 클릭한 후 ❸ [셀 높이 같게]를 클릭합니다.

선택한 모든 셀의 높이가 똑같게 맞춰집니다.

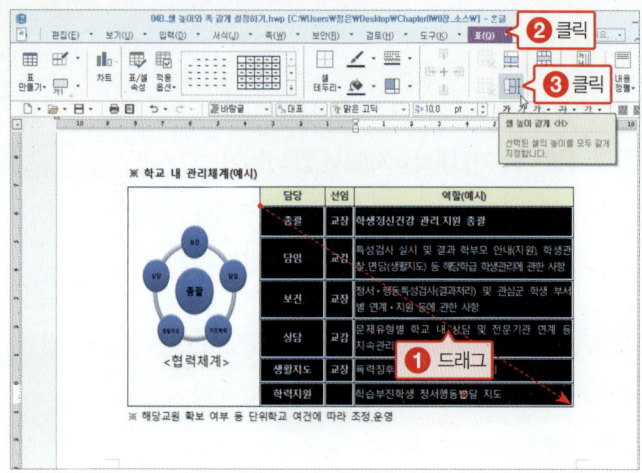

02 셀 너비 같게 설정하기(단축키 W)

'담당' 및 '선임'에 해당하는 셀 너비를 일정하게 설정해보겠습니다. ❶ '담당' 열과 '선임' 열을 드래그하고 ❷ [표] 메뉴-[셀 너비를 같게]를 클릭합니다.

선택한 모든 열의 너비가 똑같게 맞춰집니다.

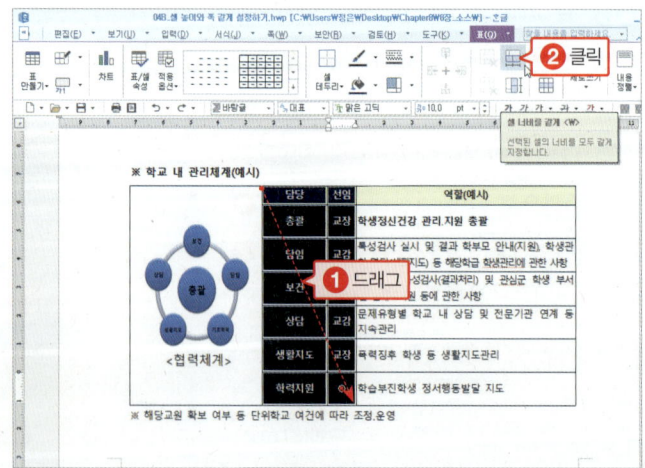

표 나누기, 붙이기, 여러 쪽 지원 기능 이용하기

표 작업을 하다 보면 내용이 길어져 다음 쪽으로 넘어가는 경우가 있습니다. 이때 표를 나눠서 다음 쪽에 배치하거나 반대로 앞 장에 이어 붙이는 등 표를 좀 더 보기 좋게 배치하는 방법을 알아보겠습니다.

실습 파일 | 한글\7장\표 나누기, 붙이기, 여러 쪽 지원 기능 이용하기.hwp   완성 파일 | 한글\7장\표 나누기, 붙이기, 여러 쪽 지원 기능 이용하기_완성.hwp

01 표 나누기(단축키 Ctrl + N , A)

예제 문서의 표가 길어서 마지막 칸의 일부가 다음 쪽으로 넘어갔습니다. 수요일과 토요일에 해당하는 줄을 기본 표에서 분리해 다음 쪽에 배치해보겠습니다. ❶ '(수)', '(토)'가 표시된 줄에서 임의의 셀을 클릭하고 ❷ [표] 메뉴를 클릭한 후 ❸ [표 나누기]를 클릭합니다.

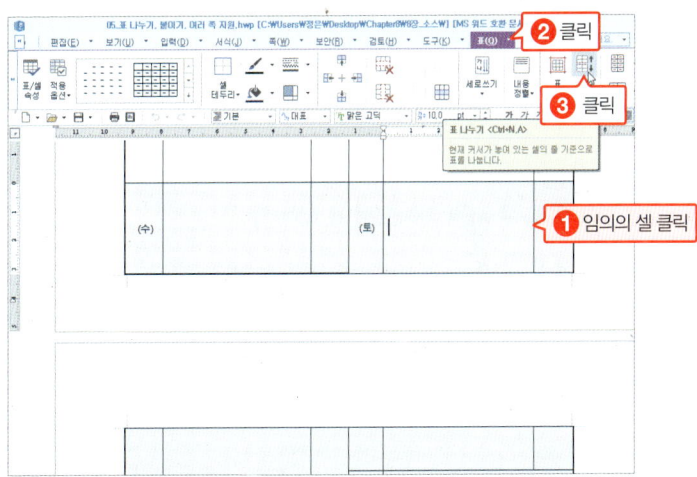

표가 나누어집니다.

02 표 앞을 클릭하고 단축키 Ctrl + Enter 를 눌러 분리된 표를 다음 쪽으로 넘깁니다.

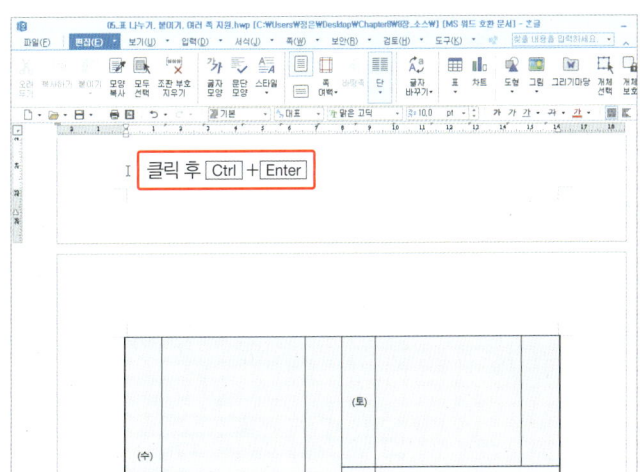

03 표 붙이기(단축키 [Ctrl]+[N], [Z])

두 개의 표를 하나로 붙여 연결해보겠습니다. ❶ '(화)', '(금)'이 표시된 줄에서 임의의 셀을 클릭하고 ❷ [표] 메뉴-[표 붙이기]를 클릭합니다.

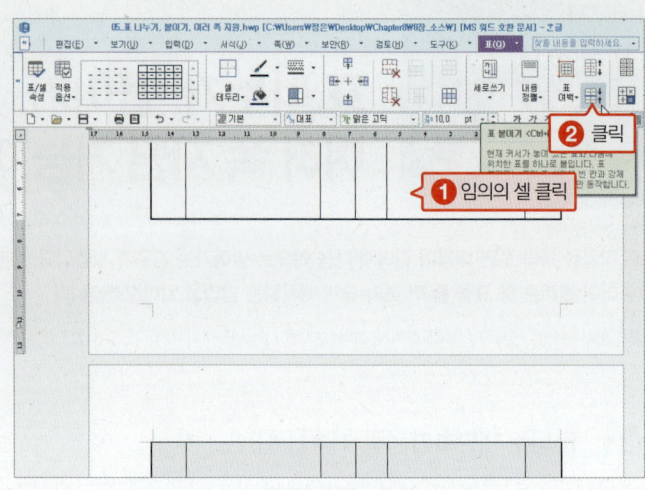

아래쪽으로 분리되었던 표가 위쪽 표에 다시 붙습니다.

바로 통하는 TIP 표 붙이기를 할 때는 서로 붙일 두 표의 칸 수가 동일해야만 합니다. 또한 붙이려면 나눠진 표가 아니라 붙여 넣을 표에서 임의의 셀을 클릭해야 합니다.

04 여러 쪽 지원 기능으로 표 나누기

표가 여러 쪽에 걸쳐 표시되는 경우 직접 표를 나누지 않고도 표가 잘리지 않게 여러 쪽에 표시하는 기능이 있습니다. 여러 쪽 지원 기능을 이용해 표를 배치해보겠습니다. 표 테두리를 더블클릭합니다.

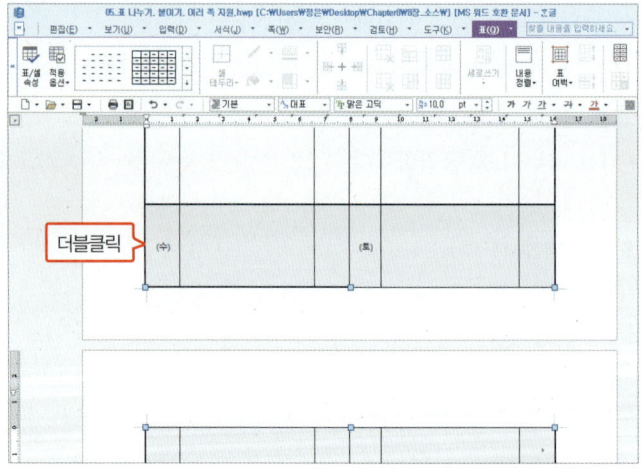

[표/셀 속성] 대화상자가 나타납니다.

05 셀 단위로 나누기

❶ [표/셀 속성] 대화상자의 [표] 탭을 클릭하고 ❷ [여러 쪽 지원]-[쪽 경계에서]-[셀 단위로 나눔]을 클릭한 후 ❸ [설정]을 클릭합니다.

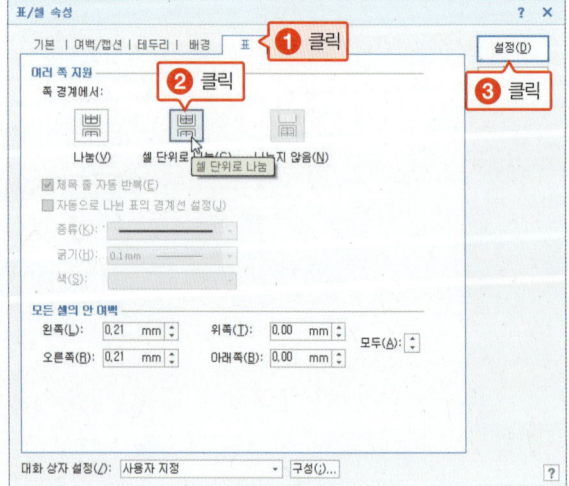

표의 셀이 중간에서 잘리지 않고 자연스럽게 나눠지면서 여러 쪽에 걸쳐 나타납니다.

핵심기능실습

047 표 셀 속성 지정하기

표의 특정 부분을 눈에 띄게 강조해야 할 때가 있습니다. 기본 서식 이외의 테두리를 적용하거나 배경색을 변경해 보기 좋게 꾸밀 수 있습니다. 표의 테두리와 배경색을 지정하는 방법을 알아보겠습니다.

실습 파일 | 한글\7장\표 셀 속성 지정하기.hwp **완성 파일** | 한글\7장\표 셀 속성 지정하기_완성.hwp

01 모든 셀 안쪽에 여백 설정하기

1쪽에 수록된 설문 관련 표 모양을 변경해보겠습니다. 우선 표 테두리와 텍스트 사이에 일정한 여백이 표시되도록 설정해야 합니다. 표 테두리를 더블클릭합니다. 또는 표 테두리를 클릭하고 [표] 메뉴-[표/셀 속성]을 클릭해도 됩니다.

[표/셀 속성] 대화상자가 나타납니다.

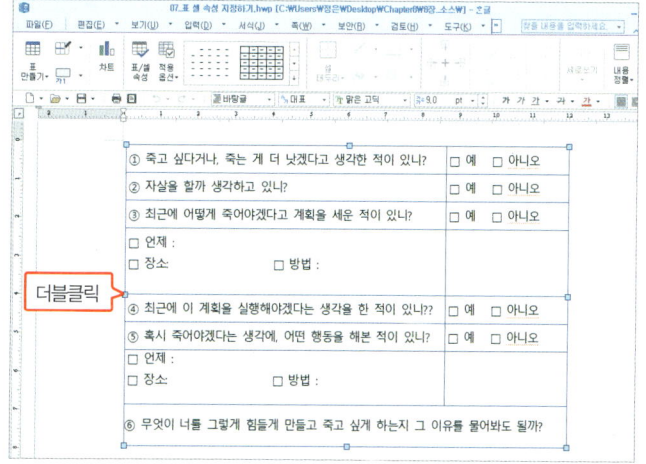

02 ❶ [표/셀 속성] 대화상자의 [표] 탭을 클릭하고 ❷ [모든 셀의 안 여백]-[모두]의 ▲를 두 번 클릭해 모든 셀의 안 여백을 2mm로 변경한 후 ❸ [설정]을 클릭합니다.

모든 셀의 안 여백이 2mm로 변경됩니다.

바로 통하는 TIP 표 선택을 취소하려면 ESC 를 누르거나 문서의 다른 위치를 클릭합니다.

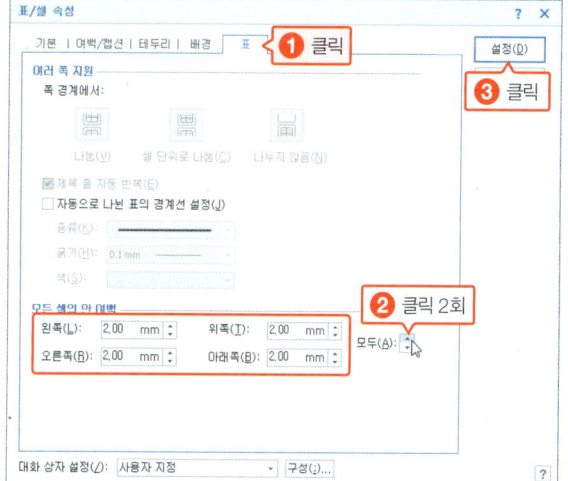

03 셀 배경색 채우기

표의 제목 셀이나 특이 사항이 있는 셀 등을 돋보이게 표시하고 싶다면 배경색을 채우는 방법이 유용합니다. 설문에 대한 답을 표시하는 셀에 배경색을 채워보겠습니다. ❶ 배경색을 채울 비연속 셀들을 Ctrl 을 누른 상태에서 모두 클릭합니다. ❷ [표] 메뉴-[셀 배경색]의 내림 단추를 클릭하고 ❸ [진달래색 60% 밝게]를 선택합니다.

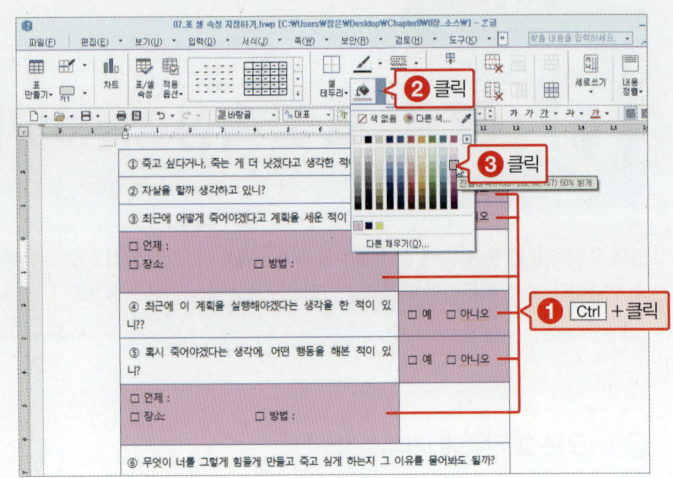

셀 배경색이 적용됩니다.

바로 통하는 TIP 셀 배경색을 채우는 방식에는 [표] 도구 상자에서 바로 적용하는 방법과 [셀/테두리 배경] 대화상자에서 변경하는 방법이 있습니다. 선 테두리를 적용할 때도 이 두 가지 방법을 동일하게 사용할 수 있습니다. [셀 테두리/배경] 대화상자를 이용하려면 Ctrl 을 누른 상태에서 배경색을 적용할 셀을 모두 클릭하고 마우스 오른쪽 버튼을 클릭하여 바로 가기 메뉴에서 [셀 테두리/배경]-[각 셀마다 적용]을 선택합니다.

04 표 안쪽 테두리 색 편집하기

[셀/테두리 배경] 대화상자에서 셀 테두리를 변경해보겠습니다. ❶ 셀 테두리 색을 변경할 표 전체 범위를 드래그합니다. ❷ 마우스 오른쪽 버튼을 클릭하고 단축 메뉴에서 [셀 테두리/배경]-[각 셀마다 적용]을 선택합니다.

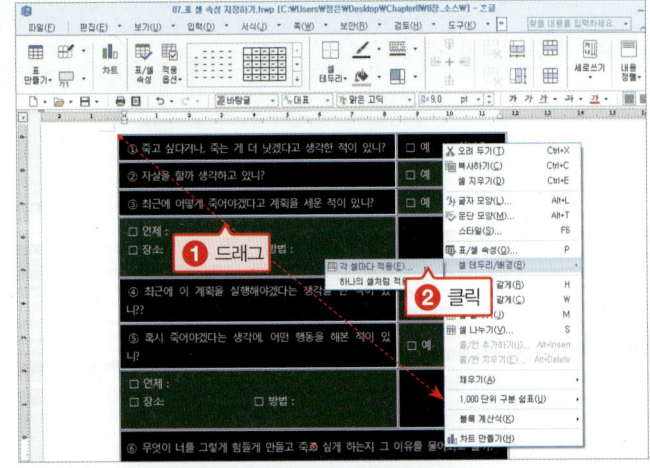

[셀 테두리/배경] 대화상자가 나타납니다.

05 ❶ [셀 테두리/배경] 대화상자의 [테두리] 탭에서 [테두리] – [종류] – [점선]을 선택합니다. ❷ [굵기]는 [0.3mm], [색]은 [진달래색]을 선택하고 ❸ [안쪽 모두]를 클릭한 후 ❹ [설정]을 클릭합니다.

표의 안쪽 테두리가 설정한 모양으로 바뀝니다.

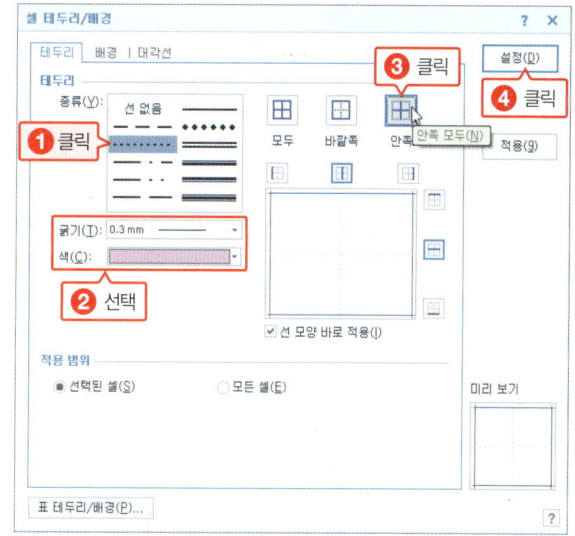

06 표 바깥쪽 셀 테두리 색 편집하기

표의 바깥쪽 테두리에 색을 지정해보겠습니다. ❶ 셀 테두리 색을 변경할 표 전체 범위를 드래그합니다. ❷ [표] 메뉴 – [셀 테두리 색]의 내림 단추를 클릭하고 ❸ [진달래색]을 선택합니다

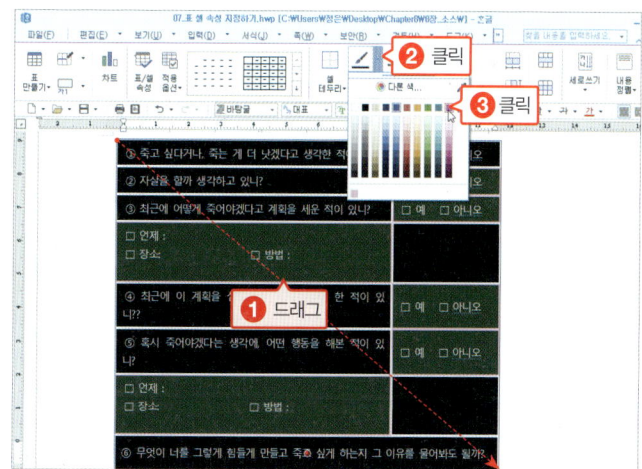

07 ❶ [표] 메뉴 – [셀 테두리]의 내림 단추를 클릭하고 ❷ [바깥쪽 모두]를 선택합니다.

선택 범위 바깥쪽 테두리 선 색이 설정한 색으로 변경되었습니다.

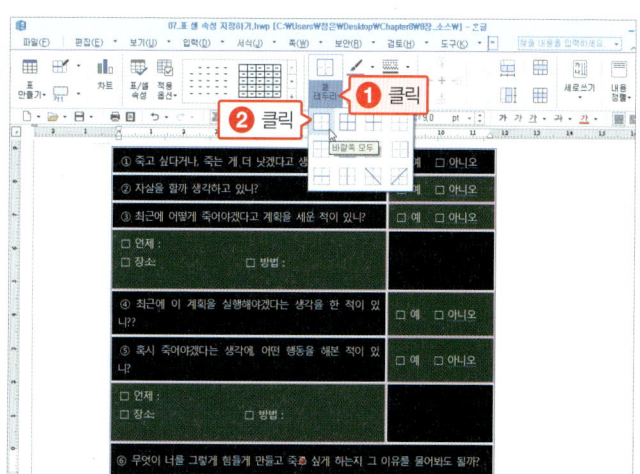

핵심기능실습 048

표 내용을 오름차순이나
내림차순으로 정렬하기

표에 삽입된 내용을 가, 나, 다 순서나 그 역순으로 정리할 수 있습니다. 숫자의 경우 작은 값이 위에 오도록 정렬하거나 그 반대로 정렬하는 것이 가능합니다. 정렬 기능을 이용하여 표의 내용을 기준에 맞게 오름차순, 혹은 내림차순으로 정리하는 방법에 대해서 알아보겠습니다.

실습 파일 | 한글\7장\표 내용을 오름차순이나 내림차순으로 정렬하기.hwp
완성 파일 | 한글\7장\표 내용을 오름차순이나 내림차순으로 정렬하기_완성.hwp

🔊 한눈에 보기   [표마당] 대화상자를 이용하여 표 스타일 변경하기

[표마당] 대화상자를 이용하여 간단하게 표 서식을 적용할 수 있습니다. 표를 선택한 후 [표] 메뉴-[표마당]을 클릭합니다. [표마당] 대화상자에서 다양한 [표마당 목록]을 확인할 수 있으며 셀 배경, 테두리 색과 스타일 등을 변경할 수 있습니다. [적용할 서식]이나 [적용 대상] 옵션을 설정하여 서식을 적용할 대상을 선택합니다.

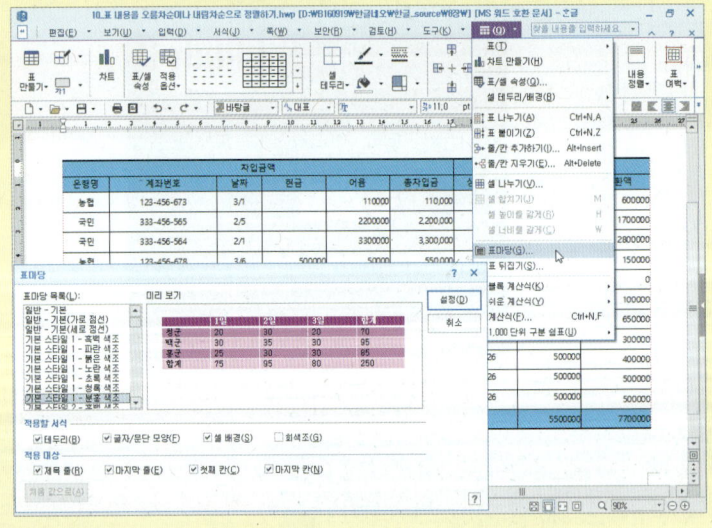

01 표 내용 정렬하기

예제 문서의 표 내용을 차입한 은행명, 미상환액에 따라 정렬해보겠습니다. '은행명(필드1)'은 오름차순으로 정렬하고, 은행 이름이 동일한 경우 '미상환액(필드9)'을 기준으로 큰 금액부터 표시되도록 내림차순으로 정렬하겠습니다. ❶ 표에서 은행명 행부터 미상환액 행까지 드래그하고 ❷ [도구] 메뉴를 클릭한 후 ❸ [정렬]을 클릭합니다.

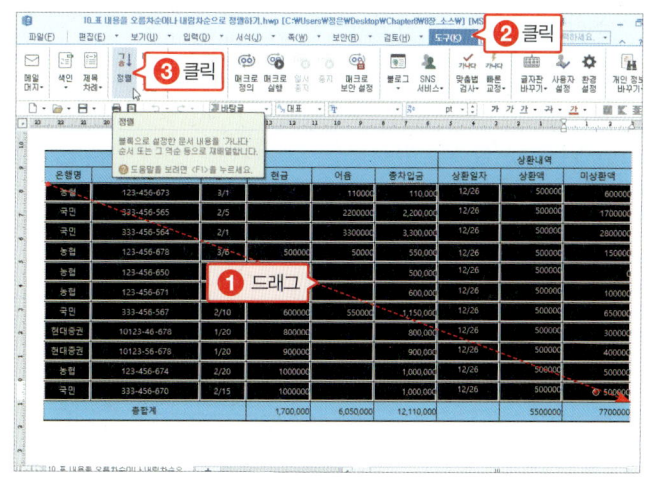

[정렬] 대화상자가 나타납니다.

바로 통하는 TIP 표를 정렬하기 위해 블록을 선택할 때는 실제 정렬해야 할 행만 선택합니다. 예제 문서에서는 항목명, 총합계 등은 선택하지 않습니다.

02 정렬 기준 선택하기

❶ [정렬] 대화상자의 [정렬 기준]에서 [기준 1]의 [위치]는 [필드1], [형식]은 [글자(가나다)]로 설정합니다. ❷ [기준 2]의 [위치]는 [필드9], [형식]은 [숫자(987)]로 설정하고 ❸ [실행]을 클릭합니다.

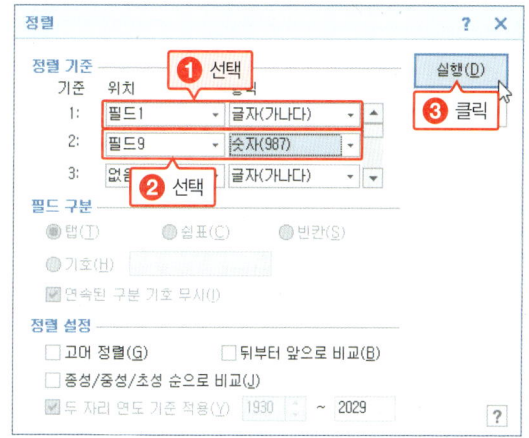

은행명이 우선 기준으로 적용되어 가나다 순서로 정렬됩니다. 은행명이 동일한 경우에는 미상환액이 큰 내역부터 위쪽으로 정렬됩니다.

03 은행명이 우선 기준으로 적용되어 가나다 순서로 정렬됩니다. 은행명이 동일한 경우에는 미상환액이 큰 내역부터 위쪽으로 정렬됩니다.

실습 파일 | 한글\7장\표 정렬하기.hwp **완성 파일** | 한글\7장\표 정렬하기_완성.hwp

차입금 내역표의 내용을 차입한 은행명, 총 차입금액에 따라 정렬해보겠습니다. 은행명을 기준으로 내림차순 정렬하고, 은행명이 동일한 경우에는 총 차입금액을 기준으로 내림차순 정렬해보겠습니다.

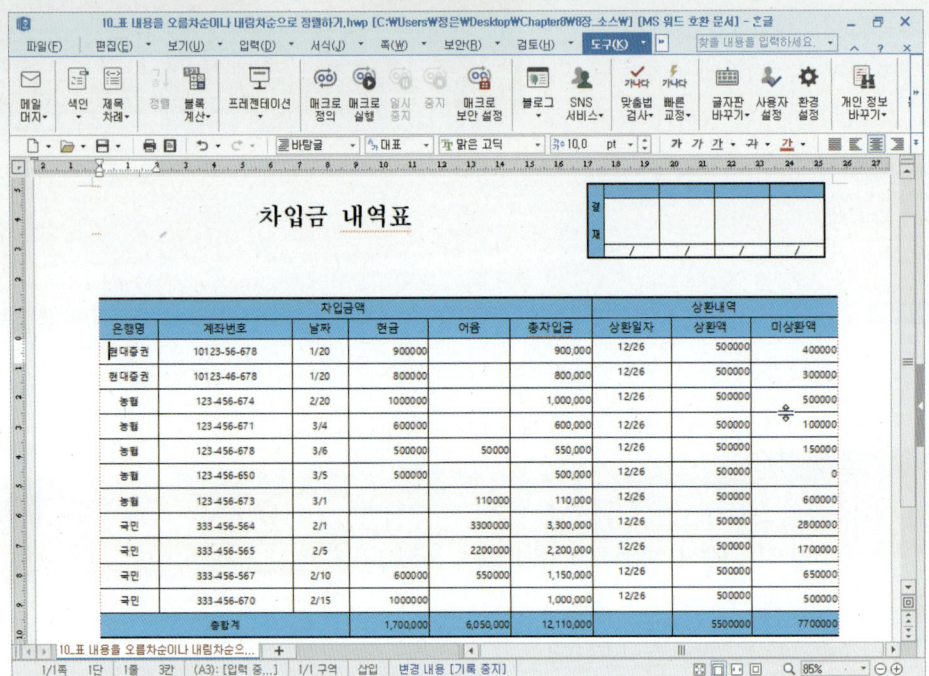

▲ 완성 파일

01 표에서 은행명 행부터 미상환액 행까지 드래그하고 [도구] 메뉴를 클릭한 후 [정렬]을 클릭합니다.

02 [정렬] 대화상자의 [정렬 기준]–[기준1]의 [위치]는 [필드1], [형식]은 [글자(하파타)]로 설정합니다. [기준2]의 [위치]는 [필드6], [형식]은 [숫자(987)]로 설정합니다.

03 [실행]을 클릭합니다.

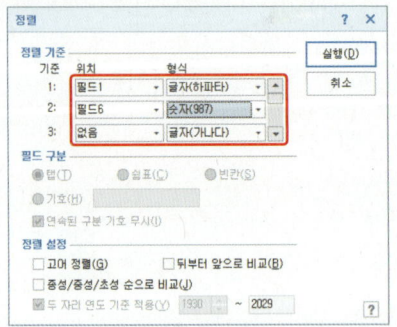

표 뒤집기와 키보드로 셀 크기 변경하기

이미 만들어둔 표의 줄, 칸을 뒤집거나 표 내용을 회전하여 배치할 때 표 뒤집기 기능을 사용할 수 있습니다. 일일이 표의 데이터를 옮겨 적지 않아도 한 번에 표 배치를 다시 할 수 있어 편리합니다.

실습 파일 | 한글\7장\표 뒤집기와 키보드로 셀 크기 변경하기.hwp **완성 파일** | 한글\7장\표 뒤집기와 키보드로 셀 크기 변경하기_완성.hwp

01 표 뒤집기

예제 문서의 표에서 후원 연도는 줄로, 후원자는 칸으로 표시되어 있습니다. 이 표의 줄과 칸을 뒤집어 후원 연도를 칸으로, 후원자를 줄로 표시해보겠습니다. ❶ 표에서 임의의 셀을 클릭합니다. ❷ [표] 메뉴의 펼침 단추를 클릭하고 ❸ [표 뒤집기]를 선택합니다.

[표 뒤집기] 대화상자가 나타납니다.

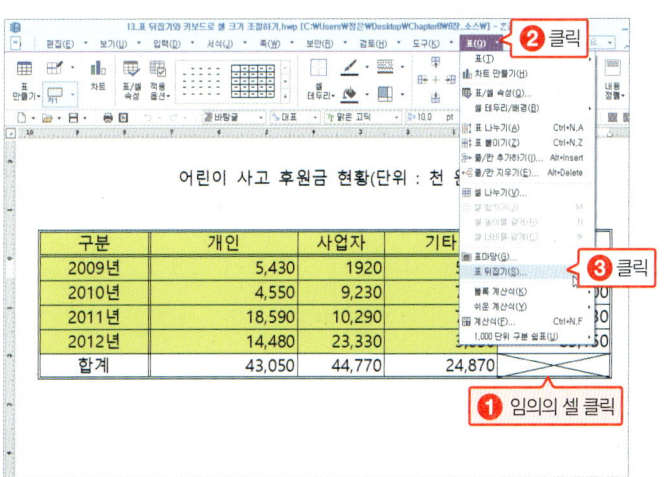

02 표 뒤집기 방법 선택하기

❶ [표 뒤집기] 대화상자에서 [대칭]−[줄/칸 뒤집기]를 클릭하고 ❷ [뒤집기]를 클릭합니다.

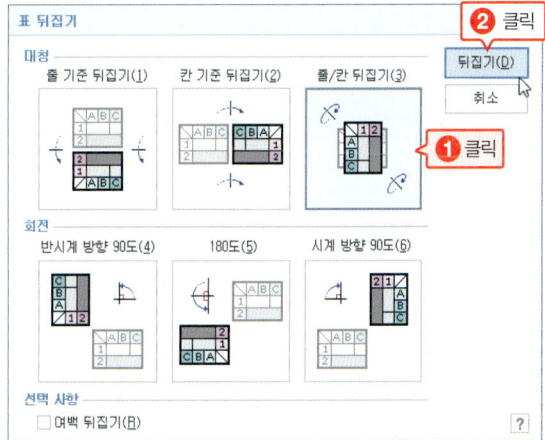

03 키보드를 이용하여 셀 크기 조절하기

표 모양이 정돈되지 않아 어색하게 보입니다. 줄, 칸의 크기와 너비를 조절해보겠습니다. ❶ 줄/칸 바꾸기가 완료된 표에서 임의의 셀을 클릭합니다. ❷ F5 를 세 번 눌러 표 전체를 선택합니다.

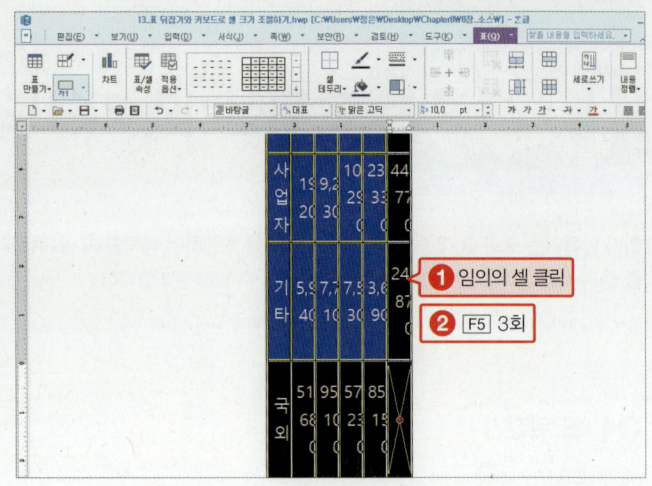

바로 통하는 TIP F5 를 한 번 누르면 표에서 커서가 위치한 해당 셀이 선택됩니다. 두 번 누르면 선택한 셀을 기준으로 키보드의 방향키를 눌러 표 범위를 선택할 수 있으며, 세 번 누르면 표 전체가 선택됩니다.

04

Ctrl 을 누른 상태에서 키보드의 방향키를 눌러 표의 크기를 적당히 조절합니다.

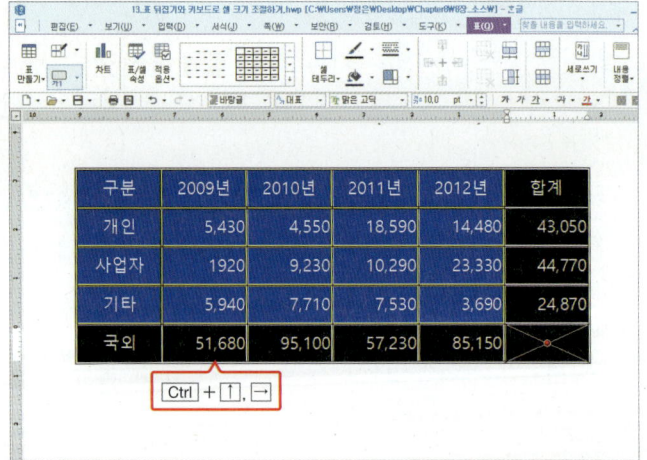

인쇄하기 및
고급 기능 활용하기

문서를 출력하는 방법과 한글 NEO 버전의 고급 기능 활용법에 대해 알아보겠습니다. 여백 설정부터 소책자 모양으로 인쇄하거나 문서 내의 개체 출력 여부를 선택하는 기능 등 한글 NEO 버전에서 제공하는 강력한 인쇄 기능을 소개합니다. 또한 원본 문서와 수정된 문서를 비교하면서 편집할 수 있도록 두 개의 문서를 한 화면에 나란히 배치하는 기능 및 문서의 바뀐 내용을 추적하고 개인 정보를 보호할 수 있는 한글 NEO 버전의 강력한 고급 기능을 알아봅니다.

050

인쇄 미리 보기로 출력 모양 확인하기

인쇄 미리 보기 기능을 이용하여 편집한 문서가 어떻게 인쇄 용지에 출력되는지 알아보겠습니다. 문서 전체 레이아웃 및 흑백 프린터를 사용한다면 문서를 회색조로 변경하여 미리 보기 상태 등을 확인할 수 있습니다.

실습 파일 | 한글\8장\인쇄 미리 보기로 출력 모양 확인하기.hwp   완성 파일 | 없음

01 인쇄 미리 보기 실행하기

인쇄 미리 보기를 실행해보겠습니다. 서식 도구 상자에서 [미리 보기]를 클릭하거나 ❶ [파일] 메뉴를 클릭하고 ❷ [미리 보기]를 선택합니다.

[미리 보기] 상태가 실행되었습니다.

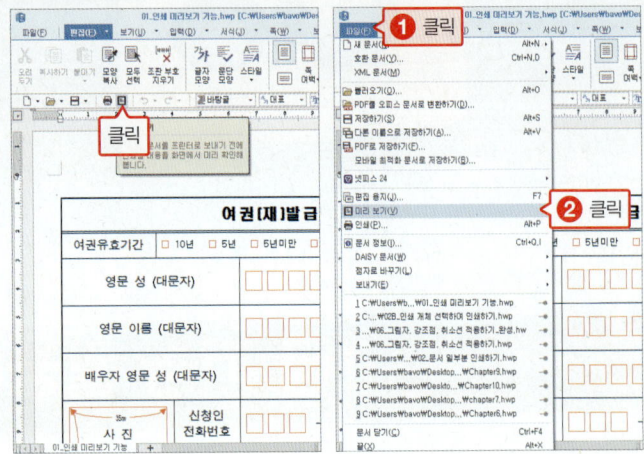

02 쪽 보기 변경하기

종이에 출력되는 모양을 확인하기 위해 쪽 보기를 변경할 수 있습니다. [미리 보기] 탭에서 [쪽 보기]를 클릭하고 [쪽 맞춤]을 선택합니다. 인쇄할 문서를 쪽 단위로 표시합니다.

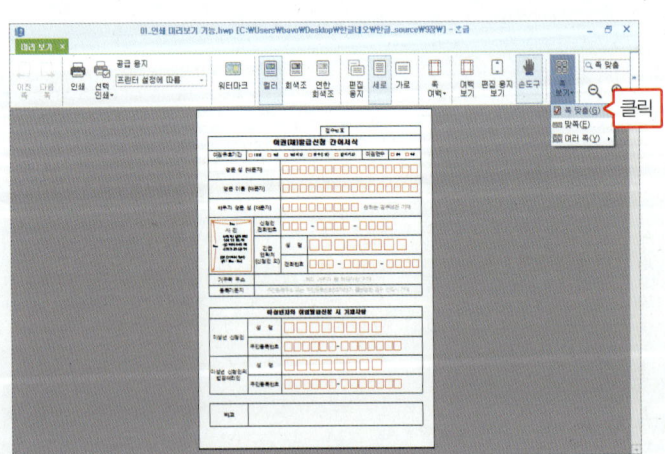

쉽고 빠른 한글 NOTE | 쪽 보기 종류

쪽 보기 종류는 크게 세 가지로 구분됩니다.

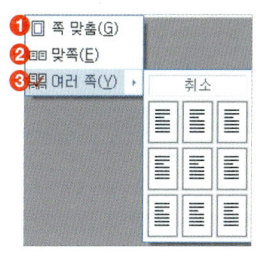

① **쪽 맞춤** : 문서의 한 쪽을 화면에 꽉 차게 표시하여 문서 전체의 레이아웃을 확인할 수 있습니다.

② **맞쪽** : 제본 형태로 인쇄할 경우 홀수 쪽이 1쪽으로 표시되고, 2쪽과 3쪽이 맞쪽으로 표현됩니다. 일반 서적처럼 양쪽 면을 한 번에 볼 수 있습니다.

③ **여러 쪽** : 홀/짝 쪽에 무관하게 사용자가 원하는 쪽수만큼 미리 보기에 표시합니다.

03 회색조로 보기

다양한 색상으로 작성한 문서를 흑색 프린터로 출력하고자 할 때 출력물의 모양을 예측해 볼 수 있습니다. [미리 보기] 탭에서 [회색조]를 클릭합니다.

문서가 회색조로 변경되었습니다.

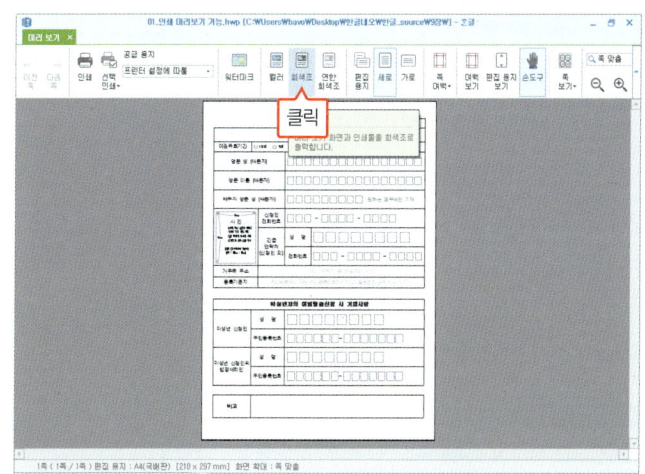

04 미리 보기 닫기

미리 보기와 인쇄를 마무리하고 미리 보기 상태를 닫을 때는 [미리 보기] 탭에서 [닫기]를 클릭합니다.

미리 보기 상태가 닫히고 편집 상태로 전환됩니다.

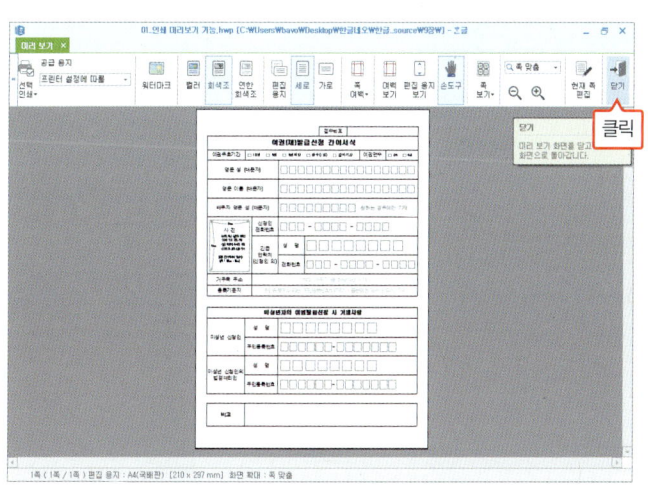

바로 통하는 TIP 인쇄 미리 보기 중 특정 쪽에 수정이 필요할 때는 [미리 보기] 탭에서 [현재 쪽 편집]을 클릭합니다. 현재 미리 보기에 표시된 쪽의 편집 상태로 이동합니다.

051

쪽 여백 설정하기

문서의 줄 간격 등의 문제로 문서를 한 장에 출력할 수 없을 때는 여백을 변경한 후 한 장에 맞춰 출력할 수 있습니다. 여백은 문서 작성을 시작하는 시점에 미리 설정하는 것이 가장 좋습니다.

실습 파일 | 한글\8장\쪽 여백 설정하기.hwp　　**완성 파일** | 한글\8장\쪽 여백 설정하기_완성.hwp

01 여러 쪽 보기

미리 보기 화면에서 2쪽 보기를 설정하여 문서에서 2쪽으로 넘어가는 내용이 있는지 확인해보겠습니다. ❶ [미리 보기] 탭에서 [쪽 보기]를 클릭하고 ❷ [여러 쪽]-[1줄×2칸]을 선택합니다.

문서의 마지막 줄이 2쪽으로 넘어가서 표시됩니다.

바로 통하는 TIP [여러 쪽] 기능은 메뉴에서 바로 선택할 수 있지만 줄, 칸을 선택할 때는 마우스 포인터를 움직여 적당한 칸을 지정한 후 클릭합니다.

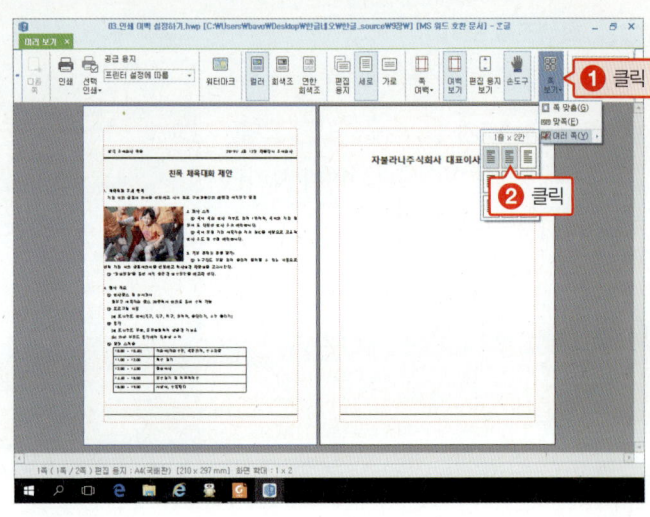

02 쪽 여백 설정하기

쪽 여백을 수정해 1쪽으로 인쇄할 수 있도록 설정해보겠습니다. ❶ [미리 보기] 탭에서 [쪽 여백]을 클릭하고 ❷ [쪽 여백 설정]을 선택합니다. ❸ [편집 용지] 대화상자의 [용지 여백]에서 [위쪽], [아래쪽], [머리말], [꼬리말]에 각각 10을 입력합니다.

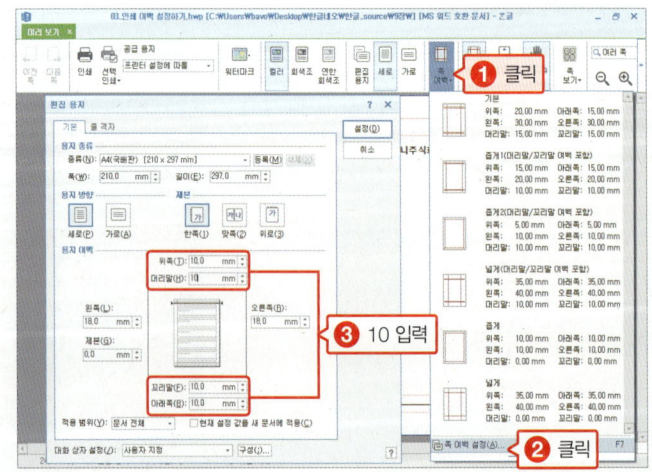

03 여백 설정을 변경하면서 2쪽으로 넘어갔던 내용이 1쪽에 모두 포함되는지 확인합니다.

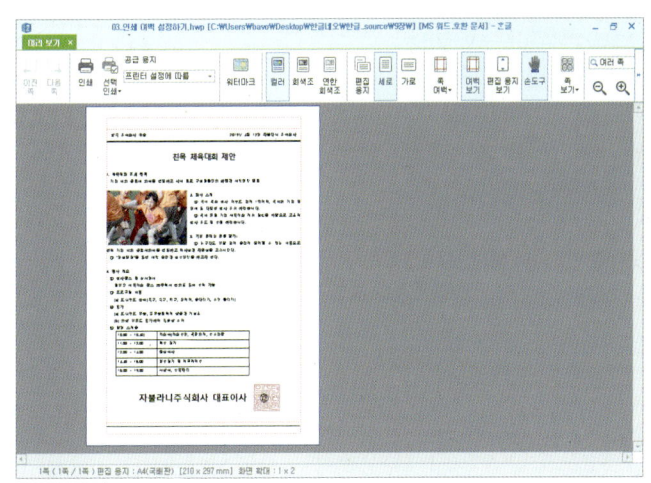

문서 일부분만 인쇄하기

문서를 인쇄하다 보면 문서 전체 쪽 중에서 일부만 인쇄해야 할 경우가 있습니다. 문서에서 특정 쪽만 골라 인쇄하는 방법을 알아보겠습니다.

실습 파일 | 한글\8장\문서 일부분만 인쇄하기.hwp **완성 파일** | 없음

O1 현재 쪽만 인쇄하기

편집 중인 문서에서 현재 쪽만 인쇄해보겠습니다. ❶ 서식 도구 상자에서 [인쇄]를 클릭합니다. ❷ [인쇄] 대화상자에서 [인쇄 범위]의 [현재 쪽]을 선택합니다. ❸ [인쇄]를 클릭합니다.

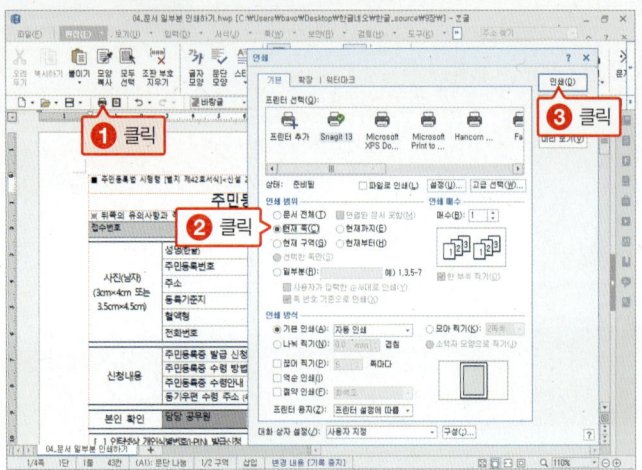

편집 중인 현재 쪽만 인쇄됩니다.

바로 통하는 TIP [인쇄] 대화상자를 여는 단축키는 Alt + P 입니다.

O2 지정한 쪽만 인쇄하기

한글 NEO 버전에서는 원하는 쪽, 일부 연속되는 쪽을 인쇄할 수 있습니다. 문서에서 1쪽과 3쪽~4쪽을 인쇄해보겠습니다. ❶ 단축키 Alt + P 를 눌러 [인쇄] 대화상자를 열고 ❷ [인쇄 범위]의 [일부분]에 **1,3-4**를 입력합니다. ❸ [인쇄]를 클릭합니다.

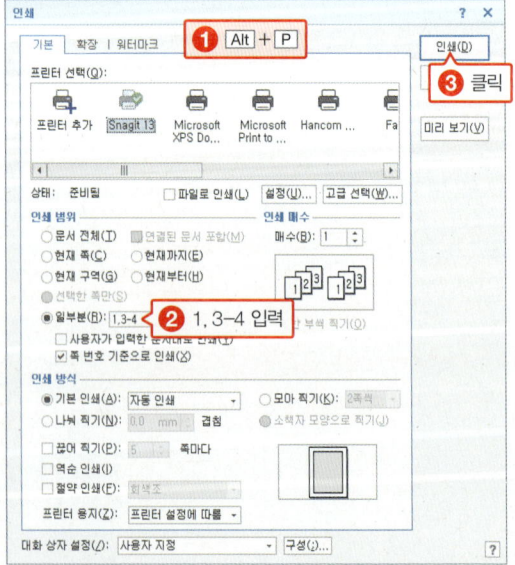

1, 3, 4쪽만 인쇄됩니다.

바로 통하는 TIP 특정 쪽을 구분할 경우에는 ','를 사용하며, 연속된 쪽을 연결할 때는 '-'를 이용합니다. 두 기호를 혼용해 사용할 수 있습니다.

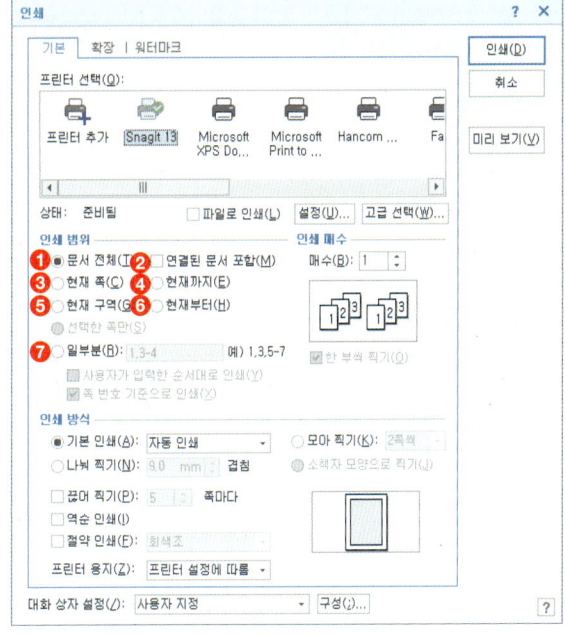

쉽고 빠른 한글 NOTE **다른 인쇄 범위 옵션 알아보기**

① **문서 전체** : 편집 중인 문서 전체를 인쇄합니다.

② **연결된 문서 포함** : 현재 문서에 다른 문서가 연결되어 있다면 연결된 문서도 같이 인쇄합니다.

③ **현재 쪽** : 편집 중인 현재 쪽만 인쇄합니다.

④ **현재까지** : 1쪽부터 편집 중인 현재 쪽까지 인쇄합니다.

⑤ **현재 구역** : 구역이 설정되어 있다면 현재 편집 중인 구역만 인쇄합니다.

⑥ **현재부터** : 편집 중인 현재 쪽부터 마지막 쪽까지 인쇄합니다.

⑦ **일부분** : 입력한 특정 쪽 혹은 특정 범위의 쪽만 인쇄합니다.

053 인쇄 방식 알아보기

인쇄 방식 옵션 중 기본 인쇄, 모아 찍기, 나눠 찍기, 소책자 모양으로 찍기, 끊어 찍기, 역순 인쇄, 절약 인쇄 등에 대해 알아보겠습니다.

실습 파일 | 한글\8장\인쇄 방식 알아보기.hwp   **완성 파일** | 없음

기본 인쇄

기본 인쇄 옵션에는 [자동 인쇄]와 [공급 용지에 맞추어]가 있습니다. 편집된 문서를 공급되는 용지에서 어떻게 배치하고 인쇄할 것인지를 지정합니다. [자동 인쇄]가 기본 값이며 [공급 용지에 맞추어]를 선택하면 편집 용지와 인쇄 용지가 다를 때 인쇄 용지에 맞춰 인쇄합니다.

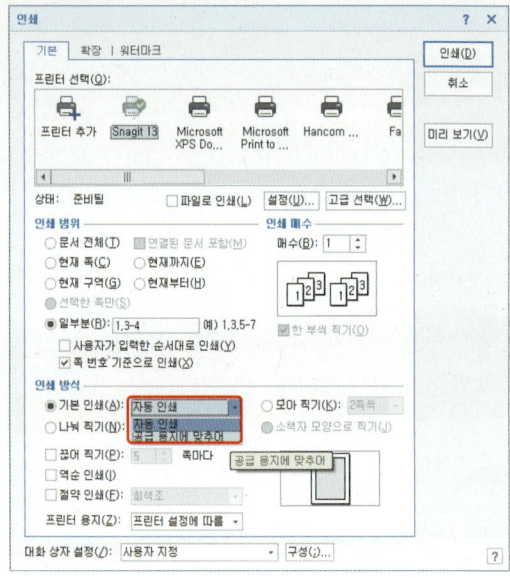

모아 찍기

[모아 찍기]는 용지 한 장에 여러 쪽을 모아 찍어 용지를 절약할 수 있는 기능입니다. [자동], [2쪽씩], [3쪽씩], [4쪽씩] 등의 옵션으로 여러 쪽을 한 장에 모아서 찍을 수 있습니다.

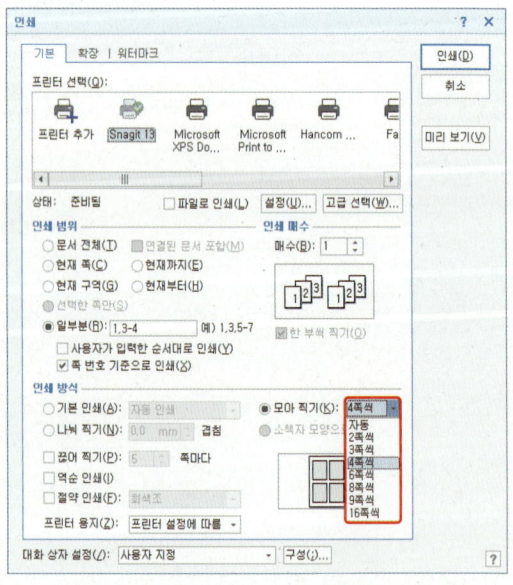

나눠 찍기

나눠 찍기는 A2처럼 큰 용지로 문서를 편집하고 A4 용지와 같은 작은 용지에 문서의 내용을 나누어 찍은 후 이어 붙일 수 있도록 도와주는 기능입니다. 다시 말해 A4 등의 작은 용지 프린터 사용자가 여러 장의 A4 용지를 이어 붙여 A2 용지와 같이 사이즈로 인쇄할 수 있도록 도와줍니다. 예를 들어 [인쇄 방식]에서 [나눠 찍기]를 클릭한 후 [겹침] 값에 5.0mm를 입력하고 [프린터 용지]를 작은 사이즈로 변경합니다. [미리 보기]를 클릭하면 [미리 보기] 상태에서 나눠 찍는 모양을 확인할 수 있습니다.

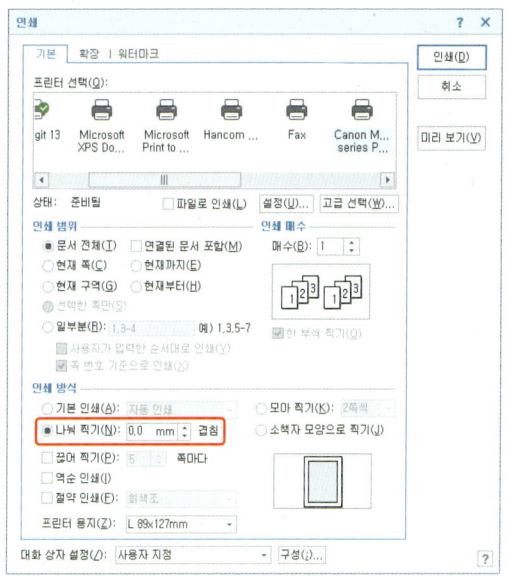

바로 통하는 TIP [나눠찍기]–[겹침] 값은 출력했을 때 나눠지는 부분의 겹침 정도를 설정하는 값입니다.

🔵 나눠 찍기 미리 보기

보통 실무에서는 A0나 A1 등의 대형 편집 용지를 기반으로 문서를 작성하고 이를 A4 용지 등으로 나눠 찍는 것이 일반적입니다. [미리 보기] 화면은 A4 문서를 [봉투 Monarch] 용지에 나눠 찍은 모양을 보여주는 예시입니다.

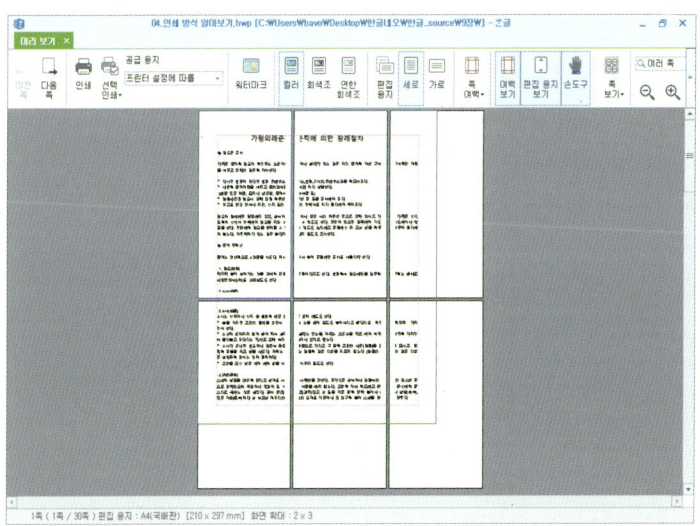

쉽고 빠른
한글
NOTE

끊어 찍기와 역순 찍기

[끊어 찍기]는 인쇄할 쪽이 많은 경우 10쪽, 100쪽 등으로 끊어서 찍는 기능입니다. 특정 프린터의 경우 발열 문제로 1회 연속 인쇄량이 제한될 수 있으므로 유용하게 사용할 수 있는 기능입니다.

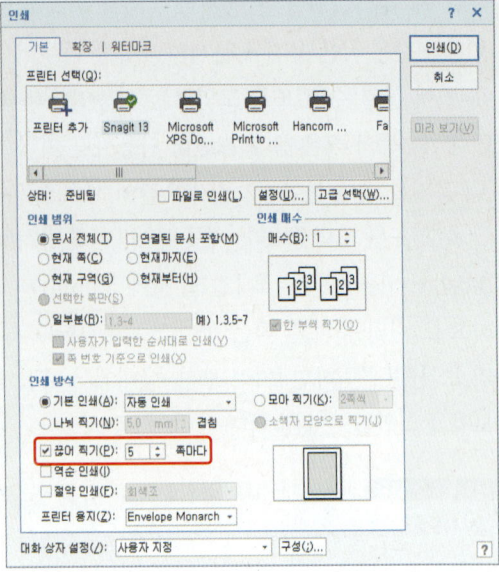

[역순 인쇄]는 마지막쪽부터 인쇄하여 아래쪽에 출력된 문서가 쌓이게 하는 기능입니다. 예를 들어 1쪽~10쪽의 문서를 역순으로 인쇄하면 마지막 쪽인 10쪽부터 인쇄하여 아래쪽에 쌓이게 하여 인쇄 결과물을 받아보았을 때 1쪽이 맨 위에 놓이도록 합니다. 요즘 출시되는 프린터의 경우에는 자동으로 역순 찍기 기능이 내장되어 있거나 용지가 뒤집어져서 출력되므로 실제 문서를 받아보았을 때 쪽 순서대로 정리된 채 출력됩니다. 역순 찍기 기능을 제공하지 않는 구형 프린터에서 유용하게 사용할 수 있습니다.

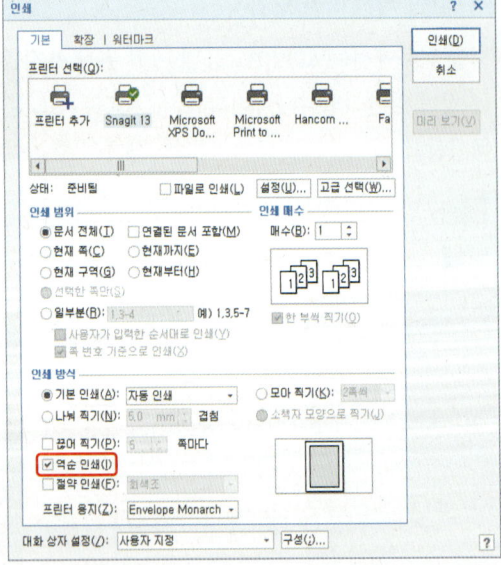

 **혼자해보기 04** **소책자 모양, 회색조로 인쇄하기**

실습 파일 | 한글\8장\소책자 모양 회색조로 인쇄하기.hwp   **완성 파일 |** 한글\없음

소책자 모양으로 인쇄하면 용지 한 장에 2쪽이 인쇄됩니다. 출력물을 모두 모아 반으로 접으면 페이지가 순서대로 배열됩니다. 예제 문서를 소책자 모양, 회색조 설정으로 인쇄해보겠습니다.

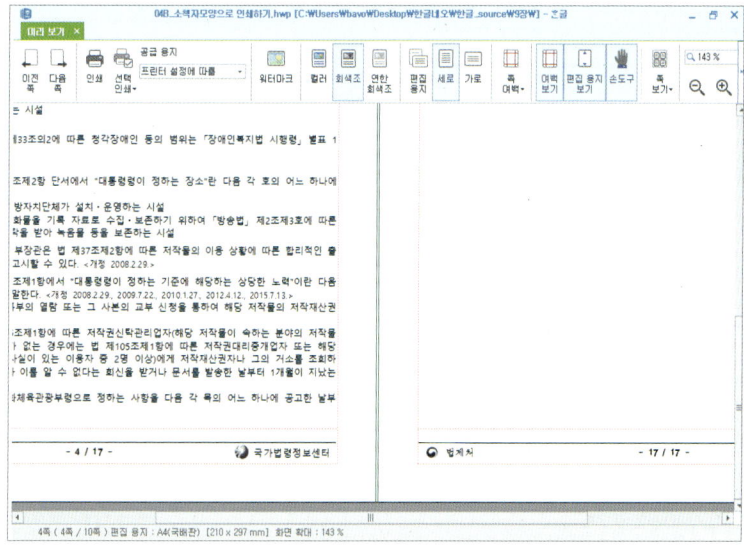

▲ 완성 파일

01 [인쇄] 대화상자의 [인쇄 방식]에서 [소책자 모양으로 찍기]를 선택합니다.

02 [절약 인쇄]에 체크 표시하고 [회색조]를 선택합니다. [미리 보기]를 클릭하여 소책자 모양으로 인쇄되는지 확인합니다. 쪽 보기를 적당하게 변경하고 하단의 쪽 번호를 확인합니다.

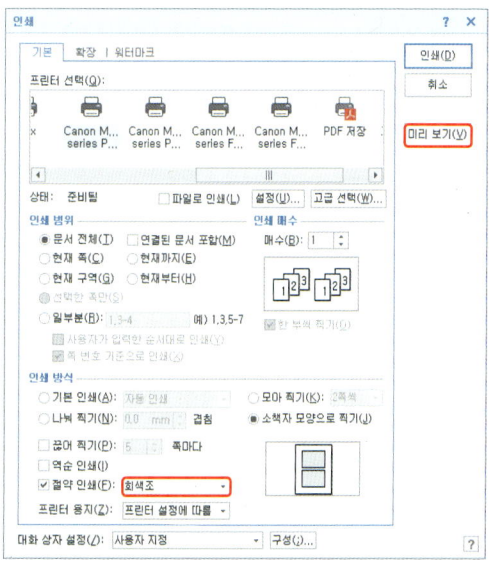

054 출력할 인쇄 용지 변경하기

문서를 편집할 때는 B5 용지를 사용했는데, 출력할 때는 A4 용지에 맞게 확대해서 출력하거나 반대로 A4 용지로 편집한 문서를 B5 크기로 축소해 인쇄할 수 있습니다. 출력할 인쇄 용지를 변경하여 편집한 용지와 상관없이 인쇄 용지를 크기에 맞게 확대하거나 축소해 인쇄해보겠습니다.

실습 파일 | 한글\8장\출력할 인쇄 용지 변경하기.hwp   **완성 파일** | 없음

01 A4로 편집한 문서를 B5 용지에 축소 인쇄하기

예제 문서의 경력확인서는 A4로 편집된 문서이므로 이 문서를 B5 용지에 인쇄해보겠습니다. ❶ [쪽] 메뉴를 클릭하고 ❷ [편집 용지]를 선택하거나 단축키 F7을 누릅니다. 단, A4/B5 용지의 비율 차이만큼 여백 차이가 발생합니다.

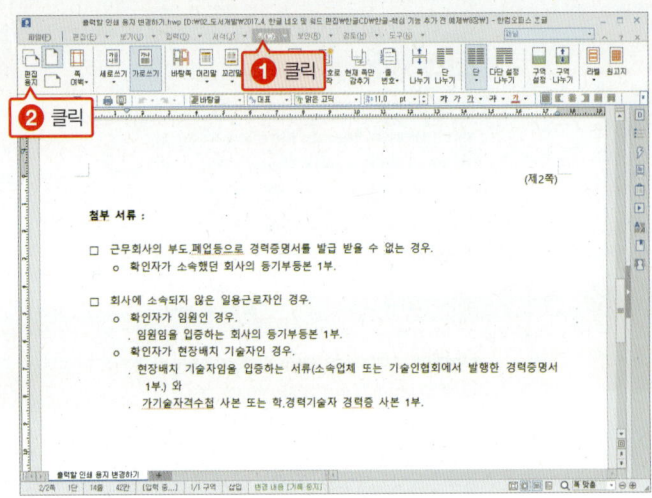

02

❶ [인쇄] 대화상자의 [인쇄 방식]–[기본 인쇄]를 선택하고 ❷ [공급 용지에 맞추어]를 선택합니다. ❸ [프린터 용지]를 [B5]로 변경합니다. ❹ [인쇄]를 클릭합니다.

B5 용지 크기에 맞춰 인쇄됩니다.

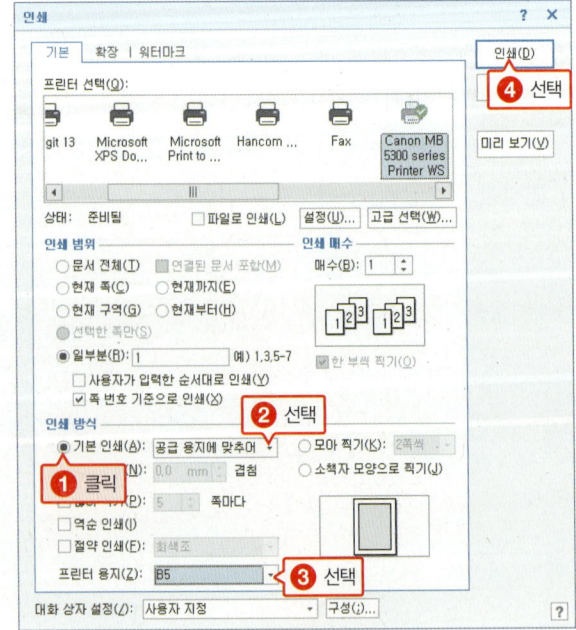

03 B5로 편집된 문서를 A4 용지에 확대 인쇄 하기

B5로 편집한 문서를 A4 용지에 맞춰 인쇄해보 겠습니다. ❶ [인쇄] 대화상자의 [인쇄 방식]에 서 [기본 인쇄]를 선택하고 ❷ [공급 용지에 맞 추어]를 선택합니다. ❸ [프린터 용지]를 [A4]로 변경합니다. ❹ [인쇄]를 클릭합니다.

A4 용지 크기에 맞춰 인쇄됩니다.

바로 통하는TIP 예제 문서는 A4 크기로 편집되어 있지만, 이 문 서가 B5로 편집되어 있다는 가정 하에 설명합니다.

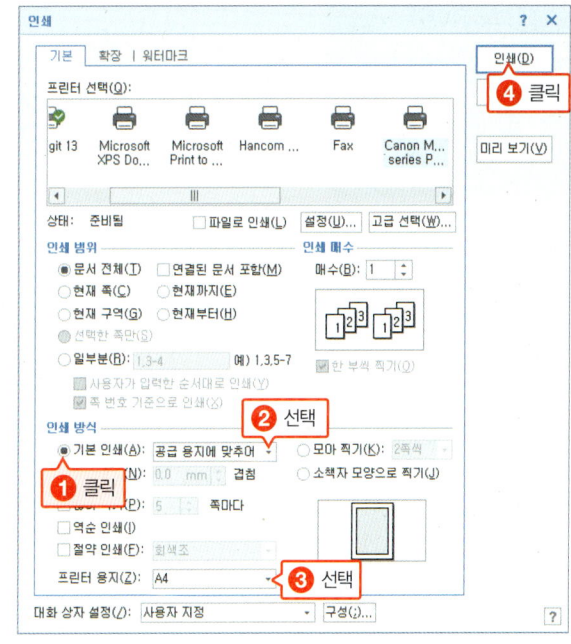

055 변경 내용 추적하기

원본 문서를 편집한 후 어떤 항목에서 어떻게 수정되었는지 확인해야 할 때가 있습니다. 문서를 수정한 후에는 수정된 부분을 일일이 확인하는 것이 쉽지 않으므로 문서를 변경하기 전에 미리 변경 내용 추적을 설정해 원본에서 바뀐 부분을 기록합니다.

실습 파일 | 한글\8장\변경 내용 추적하기.hwp   **완성 파일** | 한글\8장\변경 내용 추적하기_완성.hwp

01 변경 내용 추적 설정하기

문서가 편집될 때 변경된 내용이 무엇인지 확인할 수 있도록 변경 내용 추적 기능을 사용해보겠습니다. ❶ [검토] 메뉴를 클릭하고 ❷ [변경 내용 추적]을 클릭한 후 ❸ [변경 내용 추적]을 선택합니다.

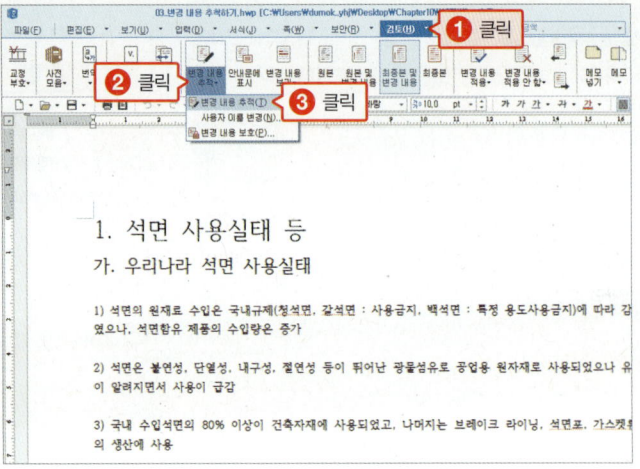

[변경 내용 추적] 기능이 활성화되면 화면 하단 상황선의 '변경 내용[기록 중지]'가 '변경 내용[기록 중]'으로 바뀝니다.

바로 통하는 TIP 상황선의 '변경 내용[기록 중지]'/'[기록 중]'을 클릭해 변경 내용 추적 기능을 설정하거나 해제할 수 있습니다.

02 변경 내용 적용하기

본문을 수정하면 수정한 부분이 빨간색 글씨와 밑줄로 표시됩니다. 변경한 내용을 문서에 적용해보겠습니다. ❶ [검토] 메뉴-[변경 내용 적용]을 클릭한 후 ❷ [문서에서 변경 내용 모두 적용]을 선택합니다.

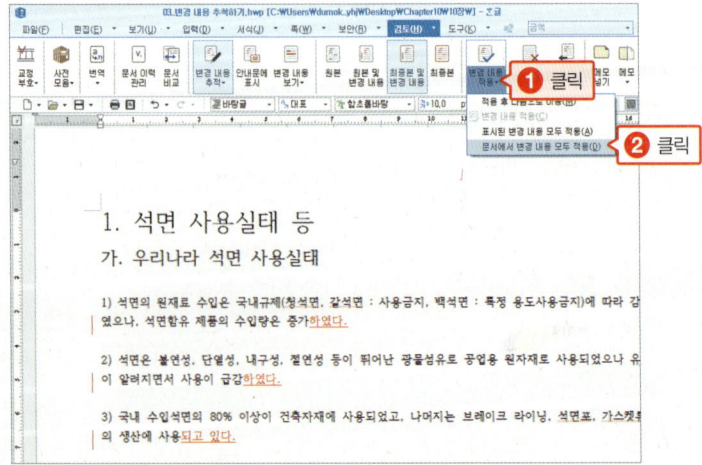

변경 내용 표시 방법 알아보기

문서에서 변경 내용을 표시하는 방법에는 [원본], [원본 및 변경 내용], [최종 본 및 변경 내용], [최종본] 등이 있습니다. 변경 내용 표시 방법은 [검토] 메뉴에서 설정합니다.

• **원본** : 변경 사항이 반영되지 않은 원본을 보여줍니다.

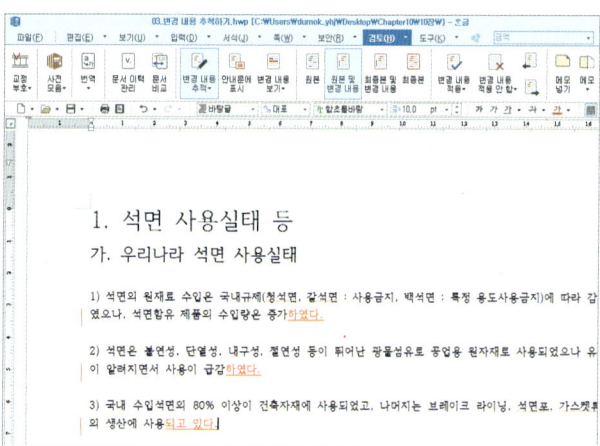

• **원본 및 변경 내용** : 원본 문서를 기준으로 변경 사항이 반영되어 삭제된 부분과 새로 삽입된 부분이 함께 표시됩니다.

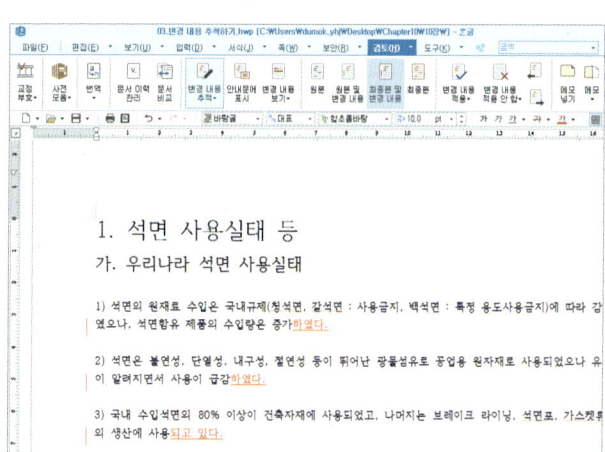

• **최종본 및 변경 내용** : 최종본 문서를 기준으로 변경 사항이 반영되어 삭제된 부분과 새로 삽입된 부분이 함께 표시됩니다. 원본 및 변경 내용 보기 상태와 화면에 나타나는 모양은 동일합니다.

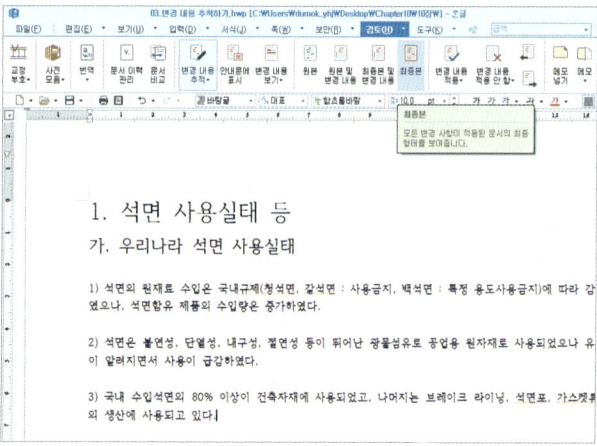

• **최종본** : 모든 수정이 완료된 최종본이 표시됩니다.

03 변경 내용 취소하기

❶ 변경한 내용을 취소하려면 [검토] 메뉴-[변경 내용 적용 안함]을 클릭하고 ❷ [취소 후 다음으로 이동]을 선택합니다. 변경 내용을 한 단계씩 취소할 수 있습니다.

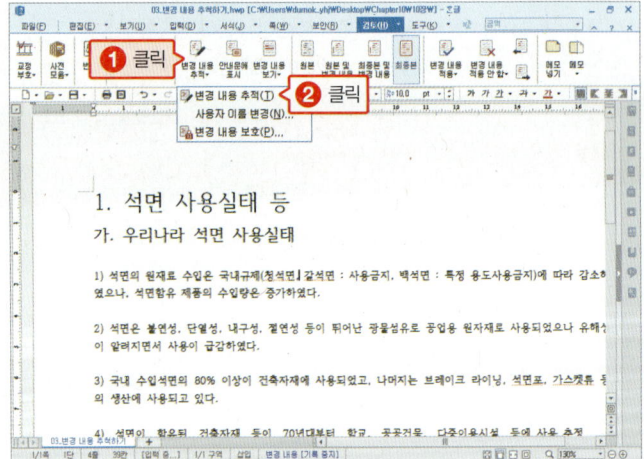

바로 통하는 TIP 전체 변경 내용을 모두 취소하고자 할 경우에는 [검토] 메뉴-[변경 내용 적용 안함]의 내림 단추를 클릭한 후 [문서에서 변경 내용 모두 취소]를 선택합니다. 변경 내용이 모두 취소되면 변경 전 원본 상태로 문서가 수정됩니다.

04 변경 내용 기록 중지하기

❶ 변경 내용 기록을 중지하려면 [검토] 메뉴-[변경 내용 추적]을 클릭한 후 ❷ [변경 내용 추적]을 선택합니다.

변경 내용 추적이 중지됩니다. 화면 하단 상황선의 '변경 내용[기록 중]'이 '변경 내용[기록 중지]'로 바뀝니다.

056

개인 정보 찾아 바꾸기와 보안 암호 사용하기

최근 개인 정보 보호의 중요성이 대두되고 있습니다. 개인 정보는 사용자 이름, 주소, 생년월일, 이메일, 주민등록번호 등을 의미합니다. 한글 NEO 버전에서는 문서 내의 개인 정보를 보호 문자로 변경할 수 있습니다. 문서에 포함된 개인 정보 중 원하는 정보만 찾을 수 있고 한 번에 변경할 수도 있습니다.

실습 파일 | 한글\8장\개인 정보 찾아 바꾸기와 보안 암호 사용하기.hwp   완성 파일 | 한글\8장\개인 정보 찾아 바꾸기와 보안 암호 사용하기_완성.hwp

01 이메일 주소 일부 숨기기

문서에 포함된 이메일 주소의 일부를 숨겨보겠습니다. ① [보안] 메뉴를 클릭하고 ② [개인 정보 찾아서 보호]를 클릭합니다. ③ [개인 정보 보호하기] 대화상자에서 [전자 우편]에 체크 표시합니다. ④ [표시 형식 선택]을 클릭합니다. ⑤ [표시 형식 선택] 대화상자의 [항목]에서 [전자우편]을 선택하고 ⑥ [형식 목록]에서 [T**@TT,TT,TT]를 선택합니다. ⑦ [설정]을 클릭합니다.

[개인 정보 보호하기] 대화상자로 되돌아옵니다.

02 이메일 정보 모두 보호하기

이메일 정보를 모두 보호하겠습니다. ① [모두 보호]를 클릭합니다. ② [개인 정보 보호 암호 설정] 대화상자에서 [보호 암호 설정], [암호 확인] 항목에 **12345**를 입력합니다. ③ [설정]을 클릭하면 ④ 개인 정보를 보호했다는 메시지가 나타납니다. [확인]을 클릭합니다. ⑤ [개인 정보 보호하기] 대화상자에서 [닫기]를 클릭합니다.

이메일 주소 일부가 숨겨집니다.

03 보호 해제하기

개인 정보가 보호된 문서를 해제할 때는
[보안] 메뉴-[보호 해제]를 클릭합니다.
숨겨졌던 이메일 주소의 일부가 다시 표
시됩니다.

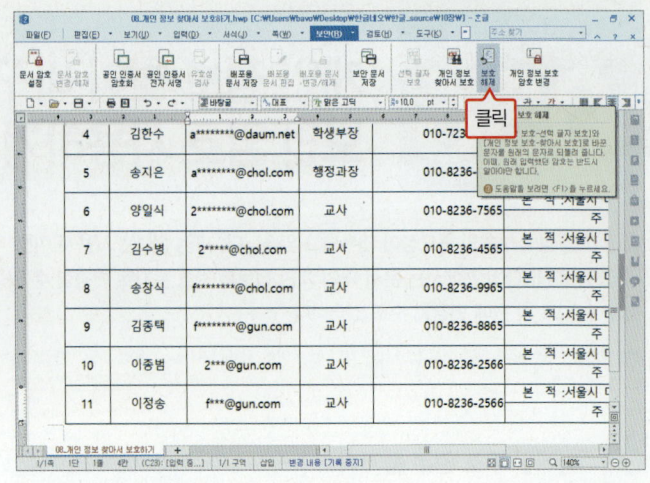

04 전화번호 찾아 숨기기

전화번호의 일부를 숨겨보겠습니다. ❶
[보안] 메뉴-[개인 정보 찾아서 보호]를
클릭합니다. ❷ [개인 정보 보호하기] 대
화상자에서 [전화번호]에 체크 표시하고
❸ [표시 형식 선택]을 클릭합니다. ❹
[표시 형식 선택] 대화상자의 [항목]에서
[전화번호]를 선택합니다. ❺ [형식 목록]
에서 [NNN-****-NNNN]를 선택하
고 ❻ [설정]을 클릭합니다. ❼ [모두 보
호]를 클릭하여 문서 내의 모든 전화번
호를 보호합니다. ❽ 개인 정보를 보호
했다는 메시지가 나타납니다. [확인]을
클릭합니다. ❾ [개인 정보 보호하기] 대
화상자에서 [닫기]를 클릭합니다.

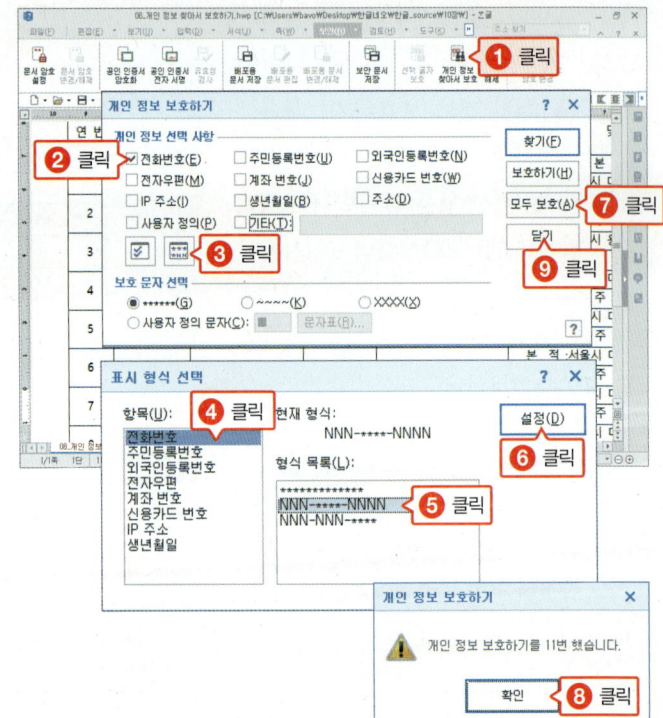

05 개인 정보 보호된 문서 저장하기

개인 정보가 보호된 문서는 앞서 설정한 비밀번호를 아는 사용자만 열람할 수 있습니다. ❶ 다른 이름으로 저장하기 위해 서식 도구 상자에서 [저장하기]의 내림 단추를 클릭하고 ❷ [다른 이름으로 저장하기]를 선택합니다. 단축키 Alt + V 를 눌러도 됩니다. ❸ [다른 이름으로 저장하기] 대화상자에서 [저장 위치]로 [바탕 화면]을 선택합니다. ❹ [파일 이름]에 알맞은 이름을 입력합니다. ❺ [저장]을 클릭합니다. ❻ [닫기]를 클릭해 현재 실행 중인 한글 NEO를 종료합니다.

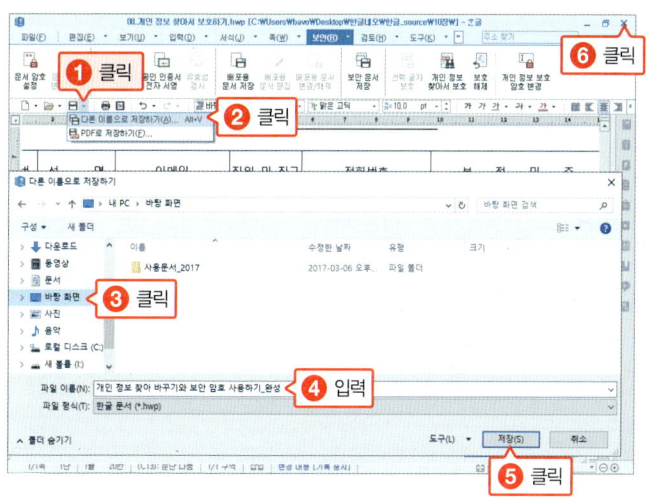

'개인 정보 찾아 바꾸기와 보안 암호 사용하기_완성' 문서가 바탕 화면에 저장됩니다.

06 개인 정보 보호된 문서 불러오기

개인 정보가 보호된 문서를 불러와 개인 정보를 열람할 수 있도록 [보호 해제]를 실행해보겠습니다. 바탕 화면에서 앞서 저장한 파일을 더블클릭하여 문서를 실행합니다. ❶ [보안] 메뉴-[보호 해제]를 클릭합니다. ❷ [개인 정보 보안] 대화상자에서 [현재 암호]에 설정한 암호 **12345**를 입력합니다. ❸ [확인]을 클릭합니다.

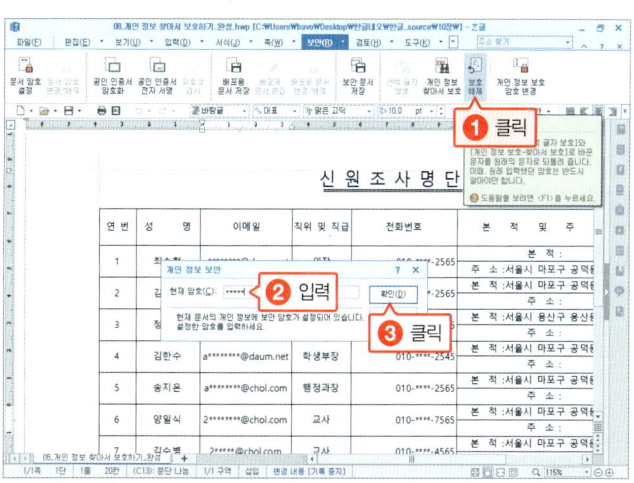

모든 개인 정보 보호가 해제되어 내용을 열람할 수 있습니다.

실습 파일 | 한글\8장\개인 정보 모두 숨기기.hwp   **완성 파일** | 한글\8장\개인 정보 모두 숨기기_완성.hwp

신원조사명단 문서 내에 포함된 이메일, 전화번호, 주소와 같은 개인 정보를 찾아서 보호 기능으로 숨겨보겠습니다.

신 원 조 사 명 단

연번	성 명	이메일	직위 및 직급	전화번호	본 적 및 주 소	비 고
1	최수형	XXXXXXXXX@daum.net	원장	XXX-1236-2565	본 적 : 주 소 :XXXXXXXXXX 333	본적 없음
2	김성주	XXXXXX@daum.net	부원장	XXX-4236-2565	본 적 :XXXXXXXXXX 122 주 소 :	
3	정영일	XXXXXXXX@daum.net	원감	XXX-6236-2565	본 적 :서울시 용산구 용산동 123 주 소 :	
4	김한수	XXXXXXXX@daum.net	학생부장	XXX-7236-2545	본 적 :XXXXXXXXXX 123 주 소 :	
5	송지은	XXXXXXXXX@chol.com	행정과장	XXX-8236-2565	본 적 :XXXXXXXXXX 123 주 소 :	
6	양일식	XXXXXXXXX@chol.com	교사	XXX-8236-7565	본 적 :XXXXXXXXXX 123 주 소 :	
7	김수병	XXXXXX@chol.com	교사	XXX-8236-4565	본 적 :XXXXXXXXXX 123 주 소 :	
8	송창식	XXXXXXXXX@chol.com	교사	XXX-8236-9965	본 적 :XXXXXXXXXX 123 주 소 :	
9	김종택	XXXXXXXXX@gun.com	교사	XXX-8236-8865	본 적 :XXXXXXXXXX 123 주 소 :	
10	이종범	XXXX@gun.com	교사	XXX-8236-2566	본 적 :XXXXXXXXXX 123 주 소 :	
11	이정송	XXXX@gun.com	교사	XXX-8236-2566	본 적 :XXXXXXXXXX 123 주 소 :	

▲ 완성 파일

01 [개인 정보 보호하기] 대화상자에서 [전화번호], [전자우편], [주소]에 체크 표시합니다.

02 [표시 형식 선택]을 클릭합니다.

03 [전화번호], [전자우편]의 표시 형식을 선택한 후 [설정]을 클릭합니다.

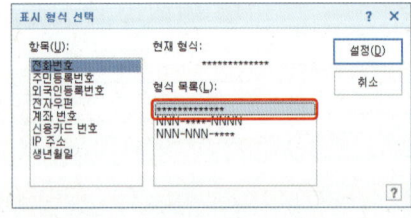
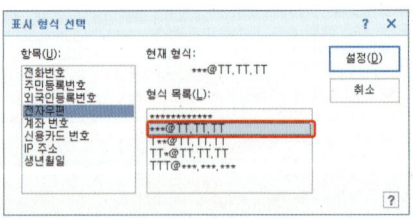

04 [개인 정보 보호하기] 대화상자의 [보호 문자 선택]에서 [XXXXX]를 선택한 후 [모두 보호]를 클릭하여 모든 정보를 숨기기합니다. 여기서는 암호를 12345로 설정했습니다.

회사에서 바로 통하는 실습 예제 다운로드하기

이 책에 사용된 모든 실습 및 완성 예제 파일은 한빛미디어 홈페이지(www.hanbit.co.kr/media)에서 다운로드할 수 있습니다. 예제 파일은 따라 하기를 진행할 때마다 사용되므로 컴퓨터에 복사해두고 활용합니다.

1 한빛미디어 홈페이지(www.hanbit.co.kr/media)로 접속합니다. 로그인 후 화면 오른쪽 아래에서 [자료실] 버튼을 클릭합니다.

2 자료실 도서 검색란에 도서명을 입력하고, 찾는 도서의 제목 부분을 클릭합니다.

3 선택한 도서 정보가 표시되면 오른쪽에 있는 다운로드 아이콘을 클릭합니다.

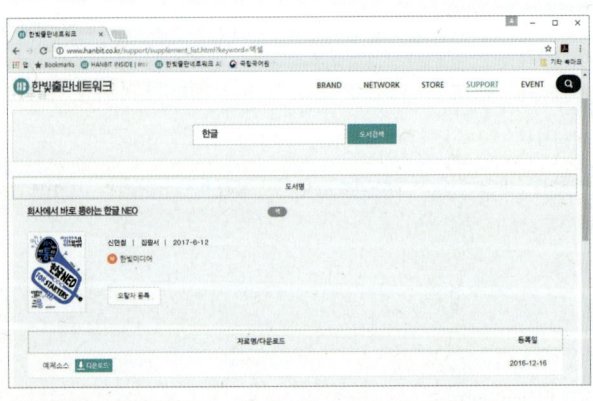

다운로드한 예제 파일은 일반적으로 [다운로드] 폴더에 저장되며, 사용하는 웹브라우저 설정에 따라 다를 수 있습니다.

독자 Q&A 학습하다 부딪히는 문제가 있다면 한빛미디어 홈페이지(www.hanbit.co.kr/media)에서 화면 왼쪽 아래에 있는 [지원] 버튼을 클릭해 문의하거나 저자 이메일로 보내 쉽게 해결할 수 있습니다.